『学者文库』

日语条件表达的
语用视角研究

徐秀姿◎著

吉林大学出版社

·长春·

图书在版编目（CIP）数据

日语条件表达的语用视角研究 ／ 徐秀姿著 . —长春：
吉林大学出版社，2020.7

ISBN 978－7－5692－6813－3

Ⅰ.①日… Ⅱ.①徐… Ⅲ.①日语—语言表达—研究
Ⅳ.①H364

中国版本图书馆 CIP 数据核字（2020）第 142227 号

书　　名	日语条件表达的语用视角研究
	RIYU TIAOJIAN BIAODA DE YUYONG SHIJIAO YANJIU
作　　者	徐秀姿 著
策划编辑	李潇潇
责任编辑	刘子贵
责任校对	李潇潇
装帧设计	中联华文
出版发行	吉林大学出版社
社　　址	长春市人民大街 4059 号
邮政编码	130021
发行电话	0431－89580028/29/21
网　　址	http：//www. jlup. com. cn
电子邮箱	jdcbs@ jlu. edu. cn
印　　刷	三河市华东印刷有限公司
开　　本	710mm×1000mm　1/16
印　　张	20.5
字　　数	290 千字
版　　次	2020 年 7 月第 1 版
印　　次	2020 年 7 月第 1 次
书　　号	ISBN 978－7－5692－6813－3
定　　价	95.00 元

推荐词

本书是徐秀姿把博士论文进一步充实、完善形成的，论述了一个在日语研究中一直被忽视的问题——发话的问题。

在日语的研究中，基于日语的现实，从早期研究开始就把句子分为内容和表达说话者态度的形式两部分，这点已经较为成熟，甚至超过其他语言的类似研究。术语上，从山田语法的"思想"和"陈述"，变化为"命题"和"语气"，而现在通常称之为"命题"和"情态"。情态是说话者说出一句话时的态度、语气、立场，而对于发话本身，虽然日语中存在某些形式，在研究中始终未得到应有的重视。

如：「人手が必要なら、あそこに失業者がたくさんいるよ」，表面上前后两项并不存在条件关系，应该理解为「人手が必要なら、教えてあげるが、あそこに失業者がたくさんいるよ」；又如：「あなたはしばらく入所していたから、今何でもずっと高いのよ」，同样前后两项并无因果关系，应该理解为「あなたはしばらく入所していたから、現今の事情が分からないだろう。教えてあげるが、今何でもずっと高いのよ」。这两个句子中的「教えてあげるが」即发话。这类表达发话的形式，虽然大多并不出现于字面，但确是明确表达出说话者"我要告诉你"这一主观态度。实际上也可以说每个句子都有一个发话形式，只不过一般会被省略。

这类发话表达，是语用学中的一个重要内容，历来常常被忽略。从这一意义上说，徐秀姿的这一研究，对于日语研究，具有创新性的意义。本书列入的一些发话的条件表达形式，能够给予日语研究者一定的启发。

除上述发话外，还有一些同样表达了说话者主观态度的表达方式，特别是其中被称作"评价"的一系列形式。如：「かつて華々しく活躍ししばしば新聞をにぎわせていたが、今は山奥で<u>ひっそりと</u>

1

暮らしている」「中国には狂牛病なんて<u>しゃれた</u>病気はないから安心して食べていいよ」。这类"评价"表达可以作为发话表达的延伸研究内容考虑。

　　总之,发话的研究为我们的日语研究开辟了一个新的领域。在此,谨向读者推荐此书。

吴　侃

2019.11

摘要

　　日语中的条件表达，一直是日语研究中的热点与难点之一。典型的条件表达通常指卜·バ·タラ·ナラ连接的复句形式，由于这四种形式分别有很多意义用法，彼此之间又有语义的扩张现象，从语义层面对这些错综复杂的意义用法及其异同进行考察、分析的研究比较多；还包括一些周边表达，至此也有一些考察分析。但从语用视角进行考察的研究则相对较少。

　　本书把条件表达定义为"表示假定且顺接的因果关系的逻辑句"，基于语用视角，考察卜·バ·タラ·ナラ这几个日语条件表达的典型形式与「場合」「時」等周边形式。即把从句与主句间用卜·バ·タラ·ナラ或其他周边形式连接、主句表示未实现事项的现代日语条件句作为主要研究对象，必要时把复合辞形的句子也作为考察的对象。

　　首先是日语条件表达的典型形式卜·バ·タラ·ナラ。

　　本书认为条件句中从句与主句的关系，可以视作是"图"与"地"、或者是前景和背景的关系。从哪部分为前提、哪部分为焦点这个视角，重新审视日语条件句，将其分为两类，将前项为前提（背景）、后项为焦点的条件句称为"后项焦点条件句"；反之，前项为焦点、后项为前提（背景）的条件句称为"前项焦点条件句"。本书对后项焦点条件句和前项焦点条件句，分别进行了考察，试图描绘出日语主要条件表达的全貌。具体进行了以下研究。

　　对后项焦点条件句，本书基于发话三层结构理论进行了研究。首先回顾了关于句子概念结构的主要先行研究，分析了它们之间的共同点和不同之处之后，考察了命题层次、情态层次和发话层次中日语条件句的例句，表明了条件句研究中导入发话三层结构理论的合理性。

然后基于发话三层结构理论，把日语条件句分为（I say ＜if P, it is〔Q〕＞）（Ⅰ型）、（I say ＜if P, M〔Q〕＞）（Ⅱ型）和（I say ＜it is〔Q〕＞, if P）（Ⅲ型）三类。其中Ⅰ型和Ⅱ型分别为命题层次的条件句和情态层次的条件句，为普通条件句；Ⅲ型为发话层次的条件句，为疑似条件句。

普通条件句中，前项P修饰后项Q，表示命题和情态层次的条件和结果、态度和推论等的关系。如果P成立，那么Q也成立，P为Q的充分条件。不少句子内含如果P不成立的话，Q也不成立的意思。而疑似条件句中，前项P位于后项Q的外部，修饰Q这个发话，表示发话成立的前提条件。有些句子含有元语言意义，表示P中所示说法不成立的话，Q中所示说法也不成立。

本书考察了三个层次中卜·バ·タラ·ナラ的分布。以四种条件句的原型用法为中心来看的话，命题层次中容易出现卜和バ，情态层次中容易出现タラ和ナラ，但和ナラ表示判断（情态）的特征相比，タラ侧重事态（命题）。另一方面，在发话层次中，卜·バ·タラ·ナラ四种用法都能见到，但作为单纯形最多出现在发话层次中的是ナラ。

本书列举了发话层次条件句的下位分类，认为与命题层次和情态层次相比，它具有不同的意义特征。具体列举了以下几点。

首先存在一个很大的差异：命题层次和情态层次条件句，主要为针对真伪条件的假定；而发话层次条件句，则主要为针对合适性的假定。

其次，命题层次和情态层次条件句中，P和Q存在于一个发话内，组合起来才构成一个意义完整的句子；而在发话层次条件句中，对于句子的完成，前项P不一定是不可或缺的，不少句子中即使省略了前项P，仅留后项Q，句子也能成立。前者中P和Q为依存关系；而在后者中，两者为一种修饰与被修饰的关系。

其他，在命题层次和情态层次条件句中，Q 基本为非过去时制；而发话层次条件句中则不一定如此。发话层次条件句关注的不是后项事态实现的未定，而是后项中所示发话是否合适这样一种关于合适性的未定。

本书对日语条件句中前项和后项的时间先后关系，在命题层次、情态层次和发话层次中进行了考察。

命题层次中ト・バ较容易出现，前项和后项间的时间关系为 P → Q 的关系，而且是一种紧密的时间关系，接近"同时"。

情态层次中，较容易出现タラ和ナラ。ナラ条件句中，前项和后项都为动作性动词时，呈现 P ← Q 的时间关系。而前项和后项两个或者一个不是动作性动词，而是状态性动词、或者是反事实假设的用法时，P ← Q 这个制约就不起作用，可以呈现 P → Q 的时间关系。与ナラ表示判断这个特征相比，タラ侧重表示事态，而且由于它来自表示完了意思的「タ」，对于ナラ的分析就不适用于タラ，所以タラ和ト・バ一样，只有 P → Q 一种时间关系。

在发话层次中，P 表示 Q 这个发话成立的前提，有 P 这个前提，才有 Q 这个发话，所以也是 P → Q 的时间关系。

与ト・バ・タラ只有一种时间先后关系相比，ナラ有两种时间先后关系。这是由于日语条件句分别表示不同的发话层次，ナラ条件句与ト・バ相比，处于不同的发话层次，与タラ比则性质不同这些特征所带来的。

本书对前项焦点条件句的考察，主要以ドウ条件句为代表。观察其后项谓语的种类，主要有三种：最多的为「いい」类，其次为可能动词，其他为状态动词和动词否定形式等状态性谓语。归纳其意义用法，表示的是"（今后）怎样做（说）好（能达成某个好的结果）"。

从对ドウ条件句的语料调查的结果来看，バ和タラ后项焦点条

件句和前项焦点条件句两种都能构成，且バ和タラ各占例句的一半，这点显示出在和前项焦点条件句共起的倾向上，バ和タラ之间没有明显差异。而与此相对应地，在ドウ条件句中，基本没有看到ト和ナラ的例句。

本书对「といい」「ばいい」「たらいい」等所谓评价性用法，也从前提—焦点的视角进行了考察。将在ドウ条件句的调查中极少出现的「といい」也纳入视野，认为「といい」「ばいい」「たらいい」构成前项焦点条件句，而「ならいい」则是后项焦点条件句的用法。同时认为除了「といい」「ばいい」「たらいい」以外，「なければならない（いけない・だめ）」「ないといけない（だめ）」等也可以纳入前项焦点条件句的体系中。

本书认为先行研究中被视为焦点（或选择）用法的ナラ是一种广义的主题提示的用法，对非条件句中的ナラ的两种用法，非条件句中的ナラ和条件句中的ナラ的关联，运用统一的视角进行了考察。

具体地本书认为ナラ起着把聚光灯对准其前面名词（或副词等）X的作用，与ハ相比，ナラ把聚光灯对准其前面的名词，使之焦点化。而焦点化后的名词，就成为已完成注册的东西，成为已知的主题。然后就其前面的名词在后项展开叙述，后项成为焦点。换言之，ナラ包含了两个阶段的处理。ナラ中聚光灯所对准的对象，和ハ不同，具有从几个东西中进行选择的特征。选择项在先行语境中可以被言语化，也可以没有被言语化。极端的情况下，甚至可以出现疑问词。

通过对ナラ信息结构、ナラ把X焦点化的方式，及句子的焦点的分析，本书认为非条件句的ナラ包含了以下两个阶段的处理。第一阶段，在纵聚合关系上，通过会话的明示和心内处理，从语境或是脑里的母集合（如X、A、B、C、D）中，选出一个X。第二阶段，在横组合关系上，提示句子的焦点Y。

承前主题的ナラ是从前述内容中承接X作为主题，焦点的ナラ

是从满足谓语内容的事项中选择一项 X 作为主题来进行提示，使之焦点化。而一旦成为焦点后的名词 X，就成为已经登录注册的东西，构成已知的主题。然后关于 X 怎么样，在后项中予以提及，后项成为焦点。这点与承前主题的ナラ并没有本质性的不同。即承前主题的ナラ和焦点的ナラ这非条件句的ナラ的两个用法间是平行的。非条件句的ナラ尽管把前项焦点化了，但那仅仅是使其凸显出来，成为已登录的东西，成为已知的主题，句子的焦点仍然在后项上。这点和条件句的ナラ呈现后项焦点的倾向是一致的。同时与条件句相同，非条件句的ナラ也不能用于完全确定的主题上，体现出了条件句的ナラ和非条件句的ナラ的平行性。非条件句的ナラ的本质是假定性和选择性。

除了日语条件表达的典型形式ト・バ・タラ・ナラ，本书还关注了条件表达的周边形式。

本书首先考察了条件表达周边形式「場合」的意义用法，讨论了其三种意义用法间的关联，分析了「場合」从状态、情况、局面的用法中获得表示条件的用法的机制。并考察了表示条件的用法的「場合」的使用场合及其存在意义的问题。

「場合」的基本意义用法是作名词使用，表示状态、情况和局面的类型，即某种事态类型。当这样的「場合」作为接续助词使用时，就变成了表示前项事态和后项事态间的关系，表示前项所示事态类型实现时，后项所示事态必然实现。即「場合」表示条件的用法是从表示状态、情况、局面的用法中派生出来的。

除了决定条件句以外，假定条件句、一般条件句、事实性条件句、表示反复关系的条件句与テモ接续条件句都可以用「場合」来表示。「場合」之所以不能表示决定条件句，是因为没有假定性的决定条件句不是事态类型，不能用「場合」来表示。

「場合」与「と・ば・たら・なら」之间的很大的差异为文体上的差异，与「と・ば・たら・なら」在书面语与口语中都广泛使用不

同，「場合」多用于法律条文、「広報紙」等正式的书面文章中，起着补充其他条件句的作用。与「と・ば・たら・なら」相似，可以表示条件，另一方面在使用文体、句子结构上起着补充其他条件句的作用，这是「場合」的存在意义所在。

「場合」表示条件的用法，必须在意义上要满足前项与后项之间存在事态类型间条件结果的关系这个条件，但前项是否使用表示完了的形式、句末形式是否使用推量的形式，则不太重要，即在形式上没有特别的要求。

本书还以代表性的表示时间关系的「時」为研究对象，考察了日语中时间范畴与条件范畴的关系。

接受表示行为、状态的连体修饰的「時」构成句子中的连用小句，根据意义用法的不同，有充当格助词、表示时间的名词性用法，也有表示条件关系的接续助词性的用法。表示时间关系的「時」，通常可以特定为如某人或者某地这样具体的事项，而表示条件关系的「時」则没法特定，一般是就不特定多数而言。从时制的观点看，两者间也存在差异。表示时间关系的「時」通常指过去时制、现在或将来等的非过去时制，而「時」假定状况的用法中，则没有过去、非过去这样的时制上的对照。换言之，表示事态类型的「時」与「場合」一样获得了表示条件关系的用法。

与中文的"时"相比，表示条件的「時」也可以与过去时制共起，但不表示过去，而是假定事态的完了，与中文有共通之处。先行研究中所指出的时间领域与逻辑领域由相同的词汇表示的语言现象，不仅在中文、英语、德语、韩语中，也能在日语中观察到。

日语中从时间范畴向条件范畴扩张的除了「時」以外，接续助词「たら」也是跨时间范畴与条件范畴的。

本书还以"的话"为中心，讨论了中文条件句与日语条件句的关联、意义功能与语用功能。

「的话」与「と」「ば」「たら」「なら」都是助词，都位于条件复句前项小句的末尾，都表示假定条件，有很多相似之处。对它们的对照研究可以作为中文与日语条件句的对照研究的切入点。另一方面，日语中还有「条件節＋の話」结构。本书对中文的"的话"与日语条件句及「条件節＋の話」结构的关系也进行了考察。

"的话"在句中除了单独使用外，经常和"如果""如""如果说""假如""假使""假定""假若""要是""要""要说""只要""倘若""若是""若要""万一""一旦""果真""不然""要不然""否则"等连词一起使用。

而日语的条件句则位于前项的末尾，后接主句构成条件句。常与副词「もし」一起使用，但「もし」不是必需的。在对译语料库中，翻译成"的话"的日语原文的条件句，除了典型的条件表达「と」「ば」「たら」「なら」以外，还有「日には」「時は」「場合（に）（は）」「限り（は）」「ちゃ」「ては」「（の）では」「以上は」等。

日语条件句中，假定条件句、一般条件句、事实性条件句、表示反复关系的条件句、决定条件句、テモ接续条件句都可以译成"的话"。

本书讨论了"的话"与日语条件句及「条件節＋の話」结构的关联。「条件節＋の話」结构中可以看到若干特征。①该结构所处的句子，常在前后用虚线、破折号或者是括号括起来，作为插入成分插入进句子里。②常用于倒装句中。「条件節＋の話」结构的典型用法是对说话内容、表达方式的补充说明。③「条件節＋の話」结构的句末常出现「が」「けど」等接续助词（包含接续助词结束句子的用法）。④「条件節＋の話」结构的句前常出现接续词「ただし」「もっとも」、副词「もちろん」「あくまでも」、感叹词「まあ」「いや」等。

「条件節＋の話」结构与普通条件句相比较，经常作为插入成分、倒装句来使用。对于主句来说不是必需的成分，而是补充成分，或者解释其背景、前提条件，或者进行补充说明，起着某种语用上的作用。

如果普通条件句用「P ならば、Q。」来表示的话,「条件節＋の話」结构的典型用法可以表示为「Q。P ならばの話だが。」。普通条件句中,条件句与主句紧密相连,而「条件節＋の話」结构则是从主句中独立出来的特殊的假定表达。

本书也考察了汉语"的话"与日语条件小句的句法特征与语义功能。

本书主要从附着对象的构造单位这个角度讨论日语条件小句的情况,与汉语进行对比。

从句法特征上看,汉语的"的话"与日语的条件小句具有基本相同的特点。小句、复句、短语、单词都可以充当被附着成分"X";单词中,除了谓词性词与体词性词外,副词以及含有对前述内容回指、具有明确表述性的个别连词也可以充当。

"的话"有表示假设－结果、让步－结果、比较等的广泛的关联功能,而日语中则用不同的形式来表示这些不同的关联功能。不过不论是"的话"还是日语的条件小句,都表示或然性的情态功能。

本书从"提出假设""阐释原因""排除例外"等讨论了「的話」与「と」「ば」「たら」「なら」的的语义功能。这些对命题真伪进行假设的功能是基于语义而产生的功能,与语用功能是不同的。

对于日语与汉语的条件句,除了语义学范畴的研究外,还有必要进行语用学范畴的研究,弄清通过条件－结果这样的发话,说话者所实施的行为的目的。

本书从"对言语行为提出假设""对思维行为提出假设""对某一说法提出假设""同时认可前后两个事项""对前项进行强烈否定""对前项与后项中的人(组织)给予负面评价"等讨论了中文与日语条件表达的语用功能。

这些条件句的语用功能在于对某种说法、某个发话行为合适性的假设。如果前项所示的某种说法、某个发话行为是合适的、可以得到

认可、进行实施的话，那么后项中所示的说法、结论就成立。这些条件句的语用功能，在汉语与日语中并没有太大的区别。在句法上，"对言语行为提出假设"时，汉语中为了避免与非短语结构"的话"重叠，假设助词"的话"通常被省略；"对前项与后项中的人（组织）给予负面评价"时，日语有固定的句式，而中文则需要补充"不愧"等副词或补全述语部分内容。这表明这些语用功能是假设条件句所普遍具有的功能。

这些条件句中，前项经常为修饰后项而使用，很多时候甚至可以省略。可以认为是广义范围内的语用元语言现象。

目　次

第一章　序章

1.1　本書の研究対象

　本書は日本語の条件文を研究対象とするものであるが、日本語の条件文あるいは条件表現といえば、多くのものが研究の対象になりうる。

　田中寛（2005：277）ではト・バ・タラ・ナラの主要な四形式を中核とし、その周辺には「テハ」の弱条件、あるいは既定主観条件、「テモ」および「トハイエ」、さらに「ヨウガ」「テデモ」「テマデ」などの譲歩（逆条件）、「トコロ」「限り」「以上」などの個別的な条件形、「トイエバ」「トナルト」などの後置詞型条件形の用法があげられている。即ち順接条件文のほか、逆接条件文も条件表現の下位分類として扱われている。他に「タラ」「ト」形式と「とき」「際」「場合」「たび」などの表現との交渉、重なりも指摘されている[1]。

　蓮沼等（2001：vii－viii）では条件表現には条件文、理由文、逆接の文があるとしている。その枠の下では「と・ば・たら・なら」の他に、「から・ので」「て」「ために」「のだから」「ても」「でも」「のに」「けれども・が」なども研究対象になっている。

　前田（1991：55－56）は小泉（1987）において「条件文、原因・理由文、譲歩文」の三者に「論理文」という名称が与えられたのを受け入れ、論理文を「仮定的」と「事実的」に分類し、「条件文」を「仮定的」且つ「順接」の「因果関係」を表す「論理文」と位置

---

[1] 田中寛（2005：301）を参照されたい。

づけている。

　他に、中里（1997）は順接条件を表す「には」「からには」「以上」を研究対象にしている。

　一方、条件文にはト・バ・タラ・ナラという単純形のほか、前掲の田中のトイエバ・トナルトのような、いわゆる複合辞形あるいは後置詞形のものも多く存在している。前田（1991：56）では単一形式以外に、「複合形式」（「とすれば・とするなら・としたら・とすると」など）、「ノダによる合成形式」（「のなら・のだったら」など）、口語形式（「くらいなら・ようものなら」など）のほか、その他の形式（「ては（ちゃ）・では（じゃ）・のでは（んじゃ）・場合・限り・しないことには・日には・が最後・次第」など）も条件文の体系に収められている。

　本研究の日本語条件文に対する認識は基本的には前田（1991）に似て、条件文を仮定的且つ順接の因果関係を表す論理文であると定義する。

　前田（1991：59－60）は、「仮定的」とは「事実的」なレアリティー（＝事実関係）に対するものであるとし、レアリティーが未定である場合（＝「仮説的」）と、事実に反する事柄を、それが実現した場合を想定して仮定する場合（＝「反事実的」）の二種類に分けている。

　レアリティーが未定というのは、普通は後件が未定であるということで[2]、前件は未実現の場合（狭義的な仮定）でも、実現した場合（いわゆる既定の場合）でも構わないのである。前件が未実現の前者の場合は、該当の事柄が実現した場合を仮定し、推論や判断をするが、前件が実現した事柄である後者の場合は、現実に行われた

---

[2] ここで言っている「後件が未定である」というのは、広義的な意味での「未定」で、必ずしも事柄の未実現ということではない。詳しくは第四章4.2を参照されたい。

ある事柄に基づいて、推論や判断をする。両者の間は、仮定する時に基づいている事柄は、発話時にはまだ実現していないのか、実際にもう実現したものなのかという違いがあるにすぎない。本研究ではこの種の違いは特に問題にせず、二つとも研究対象にしている。言い換えれば、広義的な仮定の条件文を問題にする。一方、先行研究には、必然確定や偶然確定[3]などの確定的な用法[4]や、「事実的用法」[5]と呼ばれている、前件とも後件とも現実に行われた事柄を表す、いわゆる発見・きっかけ・継起・契機を表す用法の条件文がある。この種の条件文と、仮定的条件文とは、意味用法上つながっているところが多く、一線を画するような違いがないと思われるが、これらは過去に起こった特定の二つの出来事の時間関係を表しているので、条件文ではなく状況間の時間関係を述べる文であると考えた方がいいと思われる[6]。言い換えれば、上述の仮定的条件文とは性質を異にしているので、本研究の研究対象から除く。

　一方、「反事実的」或はいわゆる反実仮想と呼ばれる用法は、本研究が見なしている条件文の一種ではあるが、普通の条件文と比べ、独自な意味用法を持っていて、より複雑な様相を呈しているため、更なる研究が必要であると思い、本研究では個別の例の他は、この種の条件文も研究対象から外しておく。

　条件文にはト・バ・タラ・ナラという単純形の他に、複合辞形あるいは後置詞形のものも多く存在しているのは、上述のとおりである。複合辞形と単純形は明確な違いがなく、意味的につながっている場合が多いが、複合辞化すると、違った用法が生じる場合もある

[3] この両者の間には、前件と後件の間に、因果関係があるものなのか、ないものなのかの区別があると思われる。
[4] 益岡（2000：153−175）を参照されたい。
[5] 蓮沼（1993：73−97）を参照されたい。
[6] 中島（1989：103）を参照されたい。

ので[7]、本研究ではト・バ・タラ・ナラの単純形を主な研究対象にし、必要な場合に複合辞も一緒に視野に入れておくことにする。

それゆえ、前田の条件文に対する定義づけには賛成するが、具体的にどんなものが入っているのかは、必ずしも前田と同じではない。

一方、日本語の条件表現には、ト・バ・タラ・ナラの典型的な形式の他に、「場合」などのような周辺形式もあるのは上述した通りである。こういう条件表現の周辺形式はどういう振舞い方をしているのか、典型的な形式との間にはどういう関係があるのかも究明する必要がある。

また、日本語の条件表現と中国語の条件表現の間には、どんな共通点と相違点があるのかも、本書の視野に入れて、「的話」などを中心に、意味的機能と語用的機能を考察する。

以上をまとめれば、本研究では、仮定的且つ順接の因果関係を表す論理文が条件文である、という定義づけのもとに、従属節にはト・バ・タラ・ナラのような典型的な接続助詞や、「場合」などの周辺的なものからなる条件節が現れ、主節は未実現の事柄を表しているような、現代日本語の条件文を主な研究対象にする。必要な場合には複合辞形のものも考察の対象に入れる。以下本研究では、条件文の従属節（条件節）と主節（帰結節）のことを、それぞれ前件と後件、或はＰとＱで呼ぶ場合もある。

1.2　本書の視点と理論的な背景

日本語の条件文の研究は、従来から日本語文法研究の一大項目と

---

[7] 例えば、中右（1994a：50−51）では、「れば」と「とすれば」の違いを次のように述べている。「れば」は主節と条件節の事態間に密接なつながりがあり、事態間の条件・帰結の関係が含まれるが、「とすれば」は「れば」の特別な場合で、「とする」は語義的に「と仮定する」と解釈されるので、「とすれば」という形が全体でひとつのまとまりをなし、命題認識領域での推論関係を合図するものになるのである。

して注目され、おびただしい成果があげられている。しかし、条件文における前件と後件で、どちらが前提で、どちらが焦点になるのかについては、あまり注目されていなかった。

　山梨（1995：11－12）によれば、われわれがある対象を認知する場合には、その対象のもっとも際立った部分に焦点をあてながら認知していくのである。この場合、一般にこの際立っている部分ないしは焦点化されている部分は「図」（figure）、その背景になっている部分は「地」（ground）とみなされる。別の見方からすれば、前景となっている部分が図、背景となっている部分が地ということになる。

　前景・背景、図・地がかかわる認知の問題は、言葉の理解のプロセスに密接にかかわるだけでなく、その区分は、「新情報を構成する部分は図、旧情報を構成する部分は地」などのように、言語表現の認知的側面の違いにも関係している。さらに、図と地の区分は、外部世界の状況や事態に関する、われわれの認識のプロセスにも一般的に反映されている。例えば、外部世界のイヴェントを特徴づける因果関係をみる場合、原因にかかわる事象は地で、結果にかかわる事象は図などとして理解される傾向が一般的に認められる。もちろん、外部世界に関するこの種の認知的な把握は、あくまで一般的な傾向であり、この図と地の区分が逆転されて理解される場合も考えられると述べられている[8]。

　ここからは原因結果文と同様に、条件文における従属節と主節の関係も、こういう図と地、或は前景と背景の関係と見られていいのではないかと思われる。

　山梨（2000）では図－地の認知と関連した現象として、背景化のプロセスが、いわゆる文法化のプロセスを誘発する要因として重要

[8]　山梨（1995：13－15）を参照されたい。

5

な役割をになう例として、次の（1-1）（1-2）を挙げている。

　　（1-1）a：だったら…。

　　　　　b：（そうしたいん　そうであるの）だったら…。

　　（1-2）a：すれば！

　　　　　b：すれば、（いい）！（二つとも山梨 2000：81）

　この二つの例に対し、山梨は、（1-1）aの「だったら」は、bから明らかなように、その背後には、「そうしたいん　そうであるの」に対応する条件節の命題が背景化されている。（1-1）aの「だったら」は、この種の背景化のプロセスにもとづく文法化をへて確立された接続詞の用法とみなすことができる。これに対し、（1-2）aの「すれば！」は、bから明らかなように、条件文の後件の命題（「いい」「よい」等）が背景化のプロセスにもとづく文法化をへて確立した用法であると説明している[9]。

　この（1-1）（1-2）からは次の（1-3）が作られている。

　　（1-3）a：だったら、すれば！

　　　　　b：（そうしたいん）だったら、すれば（いい）！（山梨 2000：81）

　山梨は背景化のプロセスが、文法化のプロセスを誘発していることを述べているが、ここからは、条件文における従属節と主節の関係も、上述の図と地、或は前景と背景の関係と見られていいことが分かる。

　坂原（1985）は条件文の前件と後件の背景-焦点の関係に注目し、条件文は多くの場合に、2段階方式がとられていると述べている。

　　第1段階は、信念のストックに前件を加える。または前件により可能世界（の集合）が選び出される。第2段階は、更新された信念体系、または可能世界（の集合）で、後件の真偽を決定する。

[9] 山梨（2000：81）を参照されたい。

　この場合、前件には後件断定の背景の役割が与えられ、主要な関心の対象は後件である。クワイン（Quine、1972）は、条件文の日常的使用では、条件文の発話は、条件文の断定というより、むしろ条件つき後件の断定であると述べている。デュクロ（Ducrot、1972、1973）は、条件文は後件の限定的断定であると考える。また、ヘイマン（Haiman、1978）では、文が主題と述部に分析されることからの連想により、前件が主題で、後件が述部であると主張されている。これはみな同じことを言っているわけで、要するに、前件が背景で、後件が焦点である。（傍点は原著のまま）[10]

　つまり、普通の条件文においては、前件には背景の役割が与えられ、前提になり、後件が関心の対象、即ち焦点になっているのである。

　一方、坂原（1985）は条件文の中には、背景と焦点の関係が逆転しているものもあると指摘している。

　このとき条件文 "p ならば q" は、"なにならば、q か？" また、もっと自然な言い方では、"q のためにはどうあれば良いか？" に対する答となる。[11]

　坂原（1985：116）では「与えられた条件のもとでどんな結果が起こるか予想する推論もあれば、与えられた結果から遡及して原因を探る推論もある」として、この両方が日本語ではたまたま同じ言語形式で表されても不思議ではないとしている。そして日本語の主語では、はとがにより、背景と焦点の分布が表示されるのに対し、条件文ではこういう便利な標識がないので、語用論的に処理せざるを得ないと述べている。

　前提−焦点の視点からみれば、今までの条件文の研究のほとんどが、前件が前提で、後件が焦点になっている条件文についてである。

[10] 坂原（1985：111−112）より引用。
[11] 坂原（1985：113）より引用。

どうも条件文といえば、前件が前提で後件が焦点になるものである、という考え方が黙認されているようである。これは条件文に対する定義づけからも伺われている。

仁田（1987：17）では我々の世界には、ある出来事や事柄は、他のある出来事や事柄の成立・存在に条件づけられて、成立している（成立する）ものがあるとして、条件づけを表す従属節について、次のように定義している。

　　従属節に描き出された出来事・事柄が、言い切り節に描き出された出来事・事柄の成立を何らかの点において条件づける、といった関係にあるものとして描き出されている時、その従属節を条件づけを表す従属節と仮に呼んでおく。[12]

益岡・田窪（1992：192）では条件の表現は、ある事態と別の事態との依存関係を表すとし、益岡（1993b：2）では、条件表現を「後件（主節）で表される事態の成立が前件（条件節）で表される事態の成立に依存し、かつ、前件が非現実の事態を表すもの」と規定している。

これらはすべて条件文の前件が後件成立の前提で、後件が前件に依存しているという見方である。つまり前件が背景で、後件が焦点になっている普通の条件文のことを言っている。

一方、上述の坂原の指摘したような、背景と焦点の関係が逆転しているもの、即ち前件に焦点の置かれている条件文もあるが、これに対する研究は多くない。

本研究では、条件文の前件と後件で、どちらが前提（背景）で、どちらが焦点なのか、という視点から日本語の条件文を見直し、前件が前提（背景）で後件が焦点になっている条件文を「後件焦点条

---

[12] 仁田（1987：17）より引用。

件文」、逆に前件が焦点になって、後件が前提（背景）になっている条件文を「前件焦点条件文」と呼ぶことにする。そして本研究の主な目的は、後件焦点条件文と前件焦点条件文について、それぞれ考察を行い、日本語の条件文の全貌を見出そうとすることにある。

　一方、前提－焦点を問題にすると、それは日本語の主題と主語を議論する際の視点の一つであることは周知の通りである。

　奥田（1956：277－278）は、わたしたちが文でなにかをつたえるという観点から、文を《根拠》と《説明》との相関的な部分に分けている。文の根拠は文脈と場面とによって《あたえられたもの》で、話し手と聞き手の間に明らかになっていて、それにたいして《あたらしいこと》の説明が加えられると述べている。

　主語については、根拠になることもできるし、反対に説明になることもできる。そして、主語が説明になるか、根拠になるかということは、まったく話し手のおかれている条件が決めると述べている。「……は」と「……が」との使い分けについては、次のように説明している。

　　こうした通達・陳述的なむすびつきが、日本語では「……は」と「……が」とのつかいわけによって形態論的に表示されている。主語が述語とのむすびつきにおいて根拠であるばあいには、「……は」のかたちが主語になる。このばあい、述語、あるいはそれにむすびついているほかのくみたて部分が説明になる。はんたいに、述語が根拠になって、主語が説明になるばあいには、主語は「……が」のかたちをとる。主語は、形態論的な表示をともないながら、根拠になるものと説明になるものとにわかれる。わたしは根拠になる主語のことを主題的な主語といい、説明になる主語のことを指定的な主語という。[13]

　奥田は「は」も「が」も主語と見なしているが、本研究では普通

[13] 奥田（1956：278）より引用。

の言い方に従い、「は」は主題を表すマーカーで、「が」は主語を表すマーカーと呼ぶことにする。

　ここからは、術語こそ異なっているが、奥田の「根拠」と「説明」という概念は、上述の「前提（背景）」と「焦点」という見方に似ていると思われ、日本語のハとガの問題についても、前提－焦点の視点から見ることができることが分かる。

　先行研究にあるように、日本語では主題と条件、特にハとバは語源的に密接な関連性があるとされている。現代の日本語においても、条件文と主題ないし主語との関連が見られる。それゆえ、本研究では条件文と主題文との関連も視野に入れて、考察してみる。

　一方、日本語の条件表現には、ト・バ・タラ・ナラの典型的な形式の他に、「場合」などのような周辺形式もあることは、先行研究でも取り上げられているが、典型的な形式の研究に比べれば、周辺形式についての研究が少ないのが現状である。「場合」「時」などの周辺形式はどういう意味・用法を持っているのか、典型的な形式との間にどんな違いがあるのか、また条件を表す用法を獲得する条件は何なのかなど、明らかにする必要がある。

　そして、日本語と同じく、中国語でも条件表現や仮定表現が多様性を呈して、研究者の関心を呼んでいる。条件表現をめぐり日中対照をすれば、何か見えてくるのではないかと思われるが、紙幅の関係で、本書は「的話」などを中心に、中国語の「的話」と日本語の条件節と「条件節＋の話」構文との関連や、中国語と日本語の条件表現の意味的機能と語用的機能を考察する。

　本書の目的は、語用的な視点から日本語の条件表現の典型的な形式と周辺的な形式をそれぞれ多角度的に考察し、日本語の条件文の全貌を見出そうとすることにある。

1.3　本書の研究方法

　本研究は日本語の条件文を、後件焦点条件文と、前件焦点条件文に分けて、考察を行うが、一つの条件文が、後件焦点条件文なのか、それとも前件焦点条件文なのかは、文脈において判断しなければならない。文脈によっては、前件焦点条件文にもとれるし、後件焦点条件文にもとれるものが少なくない。議論の便宜上、本研究では前件焦点条件文としては、前件に疑問詞が現れた、明かに前件に焦点が置かれていると判断できる条件文を中心に検討する。それ以外の条件文は、特別な文脈がない限りは、後件焦点条件文として考察している。

　後件焦点条件文と、前件焦点条件文とでは、異なった意味特徴を持っているので、それぞれ違った方法で研究していく。

　後件焦点条件文は、今まで多くの先行研究の研究対象になってきたものである。ト・バ・タラ・ナラについて、それぞれの意味用法をはじめ、用法上の共通点と相違点、お互いの意味領域への拡張、時制制限、文末のモダリティ制約など、多様な視点から考察が行われてきた。

　この中で、文の概念構造から条件文の研究を行ったものが注目される。「文の概念レベル」は一般性の高い文法概念であり、日本語の文論研究では従来から文の階層的な構造に注目する見方が、一つの大きな研究の流れを形成してきた[14]。この視点から見れば、今までの研究は条件文の前件 P と後件 Q の命題間の条件帰結関係を論究するものが多い。文論としての概念構造からの研究では、判断などモダリティにかかわるものも視野に入れられている。それゆえ、概念構造からの研究は日本語条件文の研究に寄与するところが大

---

[14] 益岡（1997：86−87）を参照されたい。

きい。

　しかし、文論レベルだけでは、条件文の研究の中で、発話という
レベルが無視され、少なからぬ例文が条件文の体系から除外され、
日本語条件文の全貌が見えなくなるおそれがある。

　一方、毛利（1980）は Lyons（1977）をもとに、(I say 〈M〔p〕〉).
という「発話の三層構造」を提案した。文は命題レベル・モダリテ
ィレベルと発話レベルからなるという考え方である。発話レベルを
考慮に入れた三層構造理論は語用論的視点に基づいている。

　本研究では、まず文の概念構造に関する主な先行研究を概観し、
お互いの共通点と相違点を対照して、条件文の研究における発話三
層構造理論の合理性を主張しようとする。そして、この発話三層構
造理論に基づき、日本語の後件焦点条件文について分類し、それぞ
れのレベルにおける条件文を見て、特に発話レベルにおける条件文
の特徴を分析してみる。

　前件焦点条件文については、今まであまりまとまった研究がなか
った。本研究では、前件に疑問副詞「どう」が含まれた条件文（ド
ウ条件文）を中心に、中日対訳コーパスから例文を抽出し、前件と
後件の構文的特徴を分析し、ト・バ・タラ・ナラ四種の条件節が前
件焦点条件文における分布をみる。

　その上、焦点という視点で、条件文と主題の関連をみる。

　一方、日本語条件表現の周辺形式としてあげられるものは多くあ
るが、本書は「場合」「時」「の話」などを主として考察する。最
後に日中対照の視点から日本語条件文と中国語条件文の意味機能
と語用機能をまとめる。

1.4 本書の構成

本書は十五章から構成されている。

第一章は序章で、本書の研究対象、研究の視点とその理論的な背景、目的、研究方法と構成を紹介する。

第二章から第八章までは条件表現の典型的な形式ト・バ・タラ・ナラについてである。この中で第二章から第五章までは後件焦点条件文について、第六章は前件焦点条件文についての考察であり、第七章と第八章は条件文と主題文との関連及び非節のナラについて考察する。

1.3 に説明があったように、本書では前件焦点条件文としては、前件に疑問詞の現れたものを中心にしていて、それ以外は、後件焦点条件文として考察しているため、第二章から第五章においては、便宜上、「後件焦点条件文」と書かずに、ただ「条件文」と呼ぶことを断っておく。

具体的に第二章では、まず発表時間順に文の概念構造に関する主な先行研究を概観しながら、それぞれ条件表現に言及した箇所を見ていく。そしてお互いの共通点と相違点を比較しながら、命題レベル、モダリティレベルと発話レベルにおける日本語条件文の例文を考察し、条件文の研究における発話三層構造理論の合理性を主張しようとする。

第三章では、発話三層構造理論にしたがい、日本語条件文の様相を大まかに描くことが主な目的である。具体的には発話の三層構造において、日本語の条件文はそれぞれどうなっているのかという視点から、日本語条件文を分類し、それぞれの条件文の特徴をみる。

第四章では、発話レベルの条件文について、その下位分類を概観し、命題レベルとモダリティレベルの条件文と比べ、どんな特徴を

持っているのかをみる。

　第五章では、命題レベル・モダリティレベルと発話レベルにおいて、日本語条件文の前件と後件の間の時間的先後関係を見る。

　第六章は、前件焦点条件文についての研究である。具体的には疑問副詞「どう」が含まれた条件文を中心に、中日対訳コーパスから条件文を抽出し、前件と後件の構文的特徴を分析し、ト・バ・タラ・ナラ四種の条件節が前件焦点条件文における分布をみる。

　第七章では、三上氏の研究とそれ以降の主な研究を先行研究として概観した上で、特に非節のナラについて、焦点という視点から、条件文と主題文との関連をみる。

　第八章ではハと非節のナラの情報構造を分析し、主題の受取りのナラと、焦点のナラという非節のナラの二つの用法の間の関連、そして、非節のナラと条件節のナラとの間の関連についてみる。

　第九章から第十一章までは条件表現の周辺形式について考察する。この中で第九章と第十章では「場合」の意味用法、存在意義と条件用法を獲得する条件を分析し、第十一章では「時」を中心に、日本語における時間関係と条件関係の関連をみる。

　第十二章から第十四章までは条件表現の日中対照を試みる。この中で第十二章では中国語の「的話」と日本語の条件節と「条件節＋の話」構文との関連、第十三章では中国語と日本語の条件表現の意味的機能、第十四章ではその語用的機能について考察する。

　第十五章では本書の終章で、本書の主な内容をまとめ、今後の研究課題を示す。

第二章　文の概念構造と条件文[15]

2.1　文の概念構造に関する先行研究

　1.3 でふれたように、益岡（1997：86−87）は、「文の概念レベル」は一般性の高い文法概念であり、日本語の文論研究では従来から文の階層的な構造に注目する見方が、一つの大きな研究の流れを形成してきた、と指摘している。三上（1959）、南（1974）、毛利（1980）、中右（1994a、1994b）、益岡（1993a、1997）、角田（2004）など、日本語の研究の中で、文の概念構造の研究、特に複文における従属文の構造についての研究が少なくなく、その後の研究に示唆するところが大きい。一方、欧米の言語研究の中でも、文の概念領域（ドメイン）という視点から複文の研究を行うものがあり、Sweetser（2000）がその中の一つである。これらの先行研究はお互いに通じているところも多ければ、違っている点も多い。

　本章は文の概念構造に関する先行研究を概観し、お互いの共通点と相違点を比較しながら、命題レベル、モダリティレベルと発話レベルにおける日本語の条件文の例文を考察し、条件文の研究における発話三層構造理論の合理性を主張しようとする。

　まず発表時間順に文の概念構造に関する主な先行研究を概観し、特にそれぞれ条件表現に言及した箇所を見ていきたい。

　文の構造に関する研究は、山田孝雄氏の述体句と喚体句、時枝誠

---

[15] 本章の主な内容は「文の概念構造に関する研究の共通点と相違点——日本語条件文をめぐって」という論文にまとめられ、発表されている（刘晓芳《日本教育与日本学研究--大学日语教育研究国际研讨会论文集（2012）》，华东理工大学出版社，2013 年）。

記氏の詞と辞の分類など、ずっと昔にさかのぼることができ[16]、研究の歴史が長い。大坂（2011：19）によれば、日本語文は客観的な内容を表す部分と、主観的な発話態度を表す部分という、二つの要素に分けられるとする考え方が、現在一般的に受け入れられている。

　　三上（dictum と modus）、渡辺実（叙述と陳述）、寺村秀夫（コトとムード）、そして既に名を挙げたが益岡隆志の「命題」と「モダリティ」、仁田義雄の「言表事態」と「言表態度」など、名称や規定に違いはあれど、その主張の根幹はほぼ一致している。[17]

　ほかに、奥田（1984）の「文の対象的な内容」と「文のモーダルな意味」（modus）の見方があり、大坂（2011）は奥田の modus と上に挙げた説との異なりを指摘している。

　文の概念構造に関する研究成果が多く、いろんな説があるが、文の概念構造そのものを研究するのが本章の目的ではないので、ここではその中で従属文、特に条件文にふれているものを中心に、三上説、南説、毛利説、中右説、益岡説、Sweetser 説、角田説を見ていきたい。

2.1.1　三上説

　三上（1959（1972）：115－127）は、「コト」と「ムウド」の概念を主張している。

　三上（1955（1972））では、一文中の用言どうしの係り係られ関係に注目し、用言の活用形の係り方について、「単式」「軟式」「硬式」「遊式」の4つを区別した。副詞以下の品詞を四式に割り当てると、次のようになる。

[16] 尾上（1990：6）を参照されたい。
[17] 大坂（2011：19）より引用。

単式——連体詞、連用詞、格助詞、並助詞、準体詞
軟式——係副詞、係助詞、何々スル「ト」
硬式——承前詞、係副詞、係助詞、接続助詞
遊式——間投詞、間投的切助詞、接続助詞、（動詞の活用形はいろいろ）[18]

　三上は、係りとしては自分を受け結んでくれる活用形に向って、どういう影響を及ぼすかという「拘束力」と、上のどれどれの係りを自己にまとめるかという「負担力」によって、「単式」等を区別している。

活用形	係る力	結ぶ力
単式の中立形	無	不定
軟式の仮定形	弱	小
硬式の自立形	強	大[19]

　条件表現について、三上は「スレバ」は代表的な軟式であるが、「シタラ」はそれより硬く、「スルナラ」はさらに硬い、「スルト」は反対に軟いと述べている[20]。

2.1.2　南説

　南（1974：105－153）は「ことがら的側面（または世界）」と「陳述的側面（または世界）」の二つの存在を認め、文の構造において、従属句をＡの類、Ｂの類、Ｃの類の三つに分けている。具体的には〜ナガラ（継続）と共通した特徴を持つものをＡの類、〜ノデと共通した特徴を持つものをＢの類、〜ガと共通した特徴を持つ

[18] 三上（1955（1972）：280）より引用。
[19] 三上（1955（1972）：278）より引用。
[20] 三上（1959（1972）：183）を参照されたい。

ものをCの類としている。それに述語的部分があり、Dの段階になる。条件節「〜タラ」「〜ト」「〜ナラ」「〜バ」はすべてB類に属するとみなしている。

　この4つの段階について、Aの段階では陳述的な性格がすくなく、ことがら的性格がもっぱら問題になる。Bの段階では、前の段階より意味の限定の程度が進んでくる。この段階の意味の一般的性格は、その文で表現されるべきことがらに対する言語主体の認定である。Cの段階になると、陳述的な性格がいちじるしく増し、その一般的特徴は、そこで表現されている内容に対する「言語主体の態度」である。Dの段階での意味の一般的性格は、相手に対する、言語主体のなんらかの働きかけであると述べられている[21]。

2.1.3　毛利説

　Lyons（1977）をもとに、毛利（1980 :64−72）は（I say　〈M〔p〕〉）.という「発話の三層構造」を提案した。まず発話された文はすべてS＝〈M〔p〕〉.という構造を持つと思われる。ここのpは命題（Proposition）のことで、「〜が〜である〔こと〕」「〜が〜する〔こと〕」をあらわすものである。Mは法（Modality）のことで、話者の判断部分になる。話者から相手に向って文として発話するからには、そこに話者の判断すなわちM部分が付け加わっているのであるが、そのMの内容がいわば無色透明であって、直接表現されていない場合がある。毛利はこういうMをM＝'it is (so)'とあらわし、Mary is a pretty girl.は次のような構造を持っていることになる。

---

[21] 南（1974 : 154−179）を参照されたい。

S=〈 It is 〔Mary is a pretty girl〕 〉.
　　　M　　　　　p　　　　　　　　22

　文 S を発話するという発話行為をも形にあらわして定式化すると、S は話者から相手にむかって主張されるのであるから、"〈〔p〕が M であることを〉いう"、すわなち（I say　〈M〔p〕〉）になる。この（I say　〈M〔p〕〉）を発話の三層構造という。

　この三層構造をなぜわざわざ考えなければならないかという問題に対して、毛利は「人間が日常生活でものをいうときには、その場その場の状況に応じて、微妙な真理に左右されつつ発話するのであって、その微妙なことばづかいを正しく理解するためにはどうしてもこの三層構造が必要である」と述べた。毛利は次の否定の文を例にして、

　（2−1）John will not pass the examination.（毛利 1980：68）
その発話される状況を考えてみると、いろいろあるが、大きく分けて、

　　① ジョンは不合格になる、ということが起ると言う。
　　② ジョンが合格する〔とあなたは思っているらしいが、そんな〕ことはないだろうと言う。
　　③ ジョンが合格する、ということが起るとは、私は言わない。
の 3 通りである。①は「p 部分」の否定、②为「M 部分」の否定、③は「'I-say' 部分」の否定であると分析している23。

　条件文については、毛利は特に疑似条件文と、「'I-say' 部分」即ち発話の部分の条件文の二種に関心を持っているようだ。毛利の疑似仮定の概念は Jespersen からきたもので、次のような場合のも

22　毛利（1980：67）より引用。
23　毛利（1980：64−72）を参照されたい。

19

のである。「『if-clause が、修辞的に、①対照を示したり、②二つ
の陳述が同様に真であることを示すために用いられる場合』の用法
であるとしている」[24]。一方、発話の部分の条件文の典型的な例と
しては、次の文を取り上げている。

　（2－2）There are some cookies on the sideboard, if you want to have
them.（もし、ほしければ、戸棚にクッキーがあるよ）（毛利 1980 :
69）

　（2－2）では P は Q の十分条件ではなく、「『Q ということを
話者が相手に教える』ための条件である。『P ならば、教えてあげ
るが、実は Q だ』ということで、この構造は（I say 〈it is〔Q〕〉,
if P）.であって、この if P は表現されていないという 'I say' とい
う部分にかかる」と説明している[25]。

2.1.4　中右説

　中右（1994b）は階層意味論モデル（Hierarchical Semantics Model）
を提案し、その全体構造は図 2－1 のような樹形図によって表示さ
れている。

　中右（1994b）の理論は主に次のようなものである。文の意味の
基本骨格はモダリティと命題内容の二極構造からなり、決定的視点
は主観と客観の区別である。命題内容が客観的磁場を形づくるのに
対し、モダリティは主観的磁場を形づくる。モダリティは大きく S
モダリティと D モダリティとに二分され、それが二層構造をなし
ている。S モダリティとは命題態度なのに対し、D モダリティとは
発話態度である。前者は文に内在的な義務的意味成分なのに対し、

---

[24]　毛利（1980：138）を参照されたい。
[25]　毛利（1980：69－70）を参照されたい。

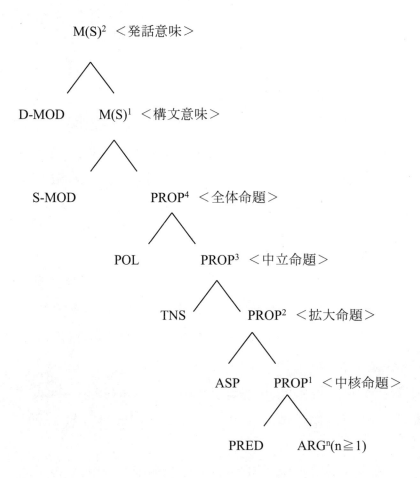

図2−1　中右実の階層意味論モデルの樹形図[26]

後者は談話要因に起因する随意的意味成分である[27]。

　中右（1994a：43）では、条件表現と関係があるのは、このモデルの上位二層構造の部分［D-MOD［S-MOD［PROP］］］で、この枠組みで条件文の条件節と主節との間の多様な意味関係を類別し、適切に記述することができるとして、「結論的にいえば、条件文にかぎらず、複文に含まれる意味関係の可能な解釈は三つのレベ

---

[26] 中右（1994b：15）より引用。
[27] 中右（1994b：20、53）を参照されたい。

ルのいずれかで成り立っていることがわかる。すなわち、①命題内容（全体命題）領域、②命題認識（Sモダリティ）領域、そして③発話行為（Dモダリティ）領域である」と述べている。

　この三つのレベルについては、「命題内容領域では、現実世界の客観的事態間の条件・帰結の関係があてはまる。命題認識領域では、前件の命題内容の真実性を前提として、後件の命題内容の真実性を結論づける主観的推論関係があてはまる。そして最後に、発話行為領域では、条件節の中身が主節を軸とした発話行為を適切に遂行するための留保条件、ただし書き、前置き、ていねいさの対人関係的配慮など、多様な談話機能を果たすのである」と説明している[28]。

　中右（1994b：97－112、161）では条件節を含む従属接続詞については、命題内容成分としての客観的用法と、Dモダリティとしての主観的用法を主に論じている。Dモダリティとみなすのは次のような例である。

　（2－3）Your slip is showing, in case you are not aware of it.（お気づきでなければ、下着の裾が見えていますよ。）　（中右 1994b：106）[29]

　ここの条件節は客観的な出来事の間の条件・帰結の関係でもないし、主節命題が真になるための条件を述べているのでもない。むしろ、話し手が自分の発話行為に留保条件を付け加えている、つまり、条件節の内容が主節を誘発する主観的動機づけとなっているという理由で、ifはDモダリティ表現としての用法であると説明されている[30]。

---

[28]　中右（1994a：44）を参照されたい。
[29]　中右（1994b）では例（2－3）とともに "If you parked your car there then, where is it now?"（あのとき、あそこに駐車したというのなら、いまはどこにあるの？）という例も取り上げ、（2－3）と同一視しているが、これは反実仮想で、別に扱った方がいいと思い、ここでは扱わないことにする。
[30]　中右（1994b：106）を参照されたい。

2.1.5　益岡説[31]

　益岡は文の成立を支える概念に4つの有意義な段階の区別があると主張している。文としてのまとまりは、概念的領域における4つの段階を経て構築されるというわけで、このような概念の諸段階を、益岡は「文の概念レベル」と呼んでいる[32]。

　益岡の主張は主に次のようなものである。

　文のまとまりを支える概念における最も基本的な領域として、文の表現主体からは独立した対象にかかわるものと、表現する主体にかかわるものの2つを分けることができる。文は客体としての対象にかかわる概念の領域に、主体にかかわる概念の領域が加わって成立するものと見ることができる。この二つの領域の違いを文成立の段階の違いとして捉え、それぞれ「対象領域のレベル（命題のレベル）」と、「主体領域のレベル（モダリティのレベル）」と名づけ、それぞれの内部にまた2つのレベルの違いを認めることができるとしている。

　まず、対象領域のレベルについては、表現主体からは独立した対象としての事態が指し示されるわけであるが、ある事態を一つの型（タイプ）として指し示すレベルと、ある型の事態が特定の時空間に個別的事態として現れる（あるいは現れた）ものを指し示すレベルとが区別される。これら2つのレベルの違いを「事態の型の命名のレベル」（「事態命名のレベル」）、「個別的現象のレベル」（「現象のレベル」）と呼び分ける。一方、主体領域のレベルというのは、表現主体にかかわる概念が問題となるものであるが、ここでも性格

---

[31] 益岡氏が初めて条件表現と文の概念レベルについて論じたのは（1993a）においてである。益岡（1997）では益岡（1993a）において「命名のレベル」だったのが「事態命名のレベル」に訂正された。本節では益岡（1997）に基づいている。

[32] 益岡（1997：79）を参照されたい。

の異なる 2 種類のものを区別することができる。そのうちの一つは、事態のあり方（様相）に対する表現主体の判断であって、「真偽判断のモダリティ」（「判断のレベル」）と呼んでいる。もう一つは、ある事態及びそれに対する判断を表現・伝達するという主体の発話行為にかかわるものである。これは「表現類型のモダリティ」（「表現・伝達のレベル」）と呼ぶ。益岡は文はこれら 4 種の概念領域が階層的に積み重なることによって成立するものと見ている[33]。

　条件文に関しては、益岡は条件節の形式の分化は、上述の文の概念レベルを鮮やかに投影するものであるとしている。具体的にレバ形式は、時空間を超えて成り立つ一般的な因果関係の前件を表すことを基本とするので、事態命名のレベルに、タラ形式は基本的に特定の時空間に実現する個別的な事態を表現するので、現象のレベルに、ナラ形式はある事態を真であると仮定した上で提示する表現であるので、判断のレベルにおける条件節を表しているとされている[34]。

　益岡（2006b：35－36）は益岡（1993a（1997））の見方の基本を引き継ぎ、「文の概念レベル」を「文の意味的階層」に置き換え、レバ形式・タラ形式・ナラ形式はそれぞれ「一般事態階層」「個別事態階層」と「判断階層」における条件設定であるとしている。

2.1.6　Sweetser 説

　Sweetser（2000）は、発話とは内容、認識、言語行為の三位一体であるという考え方である。すなわち、A：現実世界（＝内容）領域（content domain）、B：認識領域（epistemic domain）、C：言語行為（＝会話）領域（speech-act domain）という 3 つの領域（＝世

---

[33] 益岡（1997：79－82、108－110）を参照されたい。
[34] 益岡（1997：105－114）を参照されたい。

界）（domain）が設定されている。著者によれば、印欧語における知覚動詞の意味変化や英語の法助動詞の意味体系を統一的に説明するには、こうした 3 領域を想定することが必要であり、認識領域や言語行為領域は現実世界領域からメタファー（的構造化）によって体系的に結びつけられるという。

　まず、「現実世界領域」とは、私たちを取り巻く客観的、現実的な状況の場である。そこでは、外的な事象（「雨が降る」）があり、義務や許可といった社会的関係（「明日は会社に行かなければならない」）が取り決められている。次に、「認識領域」とは、話し手の内的な心的態度の場である。そこでは、話し手自身の判断や思考（「あれは太郎に違いない」）が表出される。最後に、「言語行為領域」とは、話し手から聞き手への言語行為の場である。そこでは、言明、質問、通達、宣言、命名（「この船をエリザベス号と命名する」）などが遂行される。著者の独創性は、知覚動詞や法助動詞だけでなく、英語の接続詞や条件文もまた、これら 3 領域において意味が分析・記述される（それゆえ、それら 3 種類の用法を有している）ことを実証した点にあるとされている[35]。

　具体的に条件文になると、Sweetser はこの 3 領域において、if-then 接続が表しているのはそれぞれ、帰結部で述べられている事象や事態が実現することの十分条件、帰結部で表されている命題が真であると結論するための十分条件、後件の言語行為が遂行されるかどうかは、前件の事態が実現するかどうかにかかっているというタイプの条件文であると述べている[36]。

　そして、接続は、「内容」「認識」「言語行為」という 3 領域の中の（少なくとも）1 領域に当てはまると解釈され得ること、どの

---

[35] Sweetser（2000：iii－iv 訳者まえがき）を参照されたい。
[36] Sweetser（2000：107－110、161－169）を参照されたい。

解釈が「正しい」のかを決定するのは、形式ではなく、並置された
2 つの節が、内容を表していると見るのか、認識を表していると見
るのか、それとも、言語行為を表していると見るのか、ということ
に関する語用論的動機づけのある選択の仕方であると述べている
[37]。

2.1.7　角田説

　角田（2004 : 22）は日本語の多様な接続表現の使い分けの骨子に
は、中右、Sweetser の述べているような領域、domains の違いを反
映しているとして、「日本語では、主節のモダリティ、および従属
節と主節の連接が表す意味関係によって、使える接続表現が異な
る」ことを主張している。

　角田（2004）は多様な接続表現を、従属節がどのような主節のモ
ダリティと共起するか、また従属節と主節がどういった意味関係で
結びつくか、という点から考察し、条件、原因・理由、逆接といっ
た意味の違いにかかわらず、システマティックな関係があるとし、
中右と Sweetser の提案する三つの領域をふまえ、五つのレベルに
分けることを提案した。Ⅰ「現象描写」、Ⅱ「判断」、Ⅲ「働きか
け」、Ⅳ「判断の根拠」、Ⅴ「発話行為の前提」という分け方であ
る。この五つのレベルを用いることによって、原因・理由を表す接
続表現、逆接を表す接続表現と、条件を表す接続表現の三つのグル
ープの違いを示すことができ、その用法を組織的に述べることがで
きるとしている。この枠組みを角田は「節連接とモダリティの階層」
と呼んでいる[38]。

　具体的には、「まず、全体が大きく三つのレベルに分けられる。

---

[37] Sweetser（2000 : 107－110）を参照されたい。
[38] 角田（2004 : 1－2、5）を参照されたい。

それら三つのレベルの特徴をおおまかに述べると、一つは従属節と主節の結びつきが、従属節で表す事態と、主節で表す事態との、出来事としてのつながりを中心とするものである。あとの二つは、従属節と主節の結びつきが、出来事、言い換えれば命題部分ではなく、特にモダリティ部分にかかわるものである。一つのレベルは判断を表すモダリティ、もう一つのレベルは発話行為を表すモダリティとの関係が深い」[39]。「はじめの出来事としてのつながりを表すレベルは、さらに三つのレベルに分けられる。それが以下のⅠからⅢのレベルである。これらは特に主節の文末のモダリティに注目して分けてある。このようにして、全体として五つのレベルに分けられる」[40]と述べている。

　条件を表す接続表現については、ト、バ、タラは、主に事態と事態を結ぶレベルの接続を表す場合に用いるが、それぞれレベルに違いがあり、ある制限のもとでⅣ「判断の根拠」およびⅤ「発話行為の前提」のレベル、あるいはそれに近いレベルで用いることができるとしている。一方、ナラは特別で、もっぱらⅣ「判断の根拠」、Ⅴ「発話行為の前提」のレベルの連接を表す。Ⅰ「現象描写」、Ⅱ「判断」、Ⅲ「働きかけ」のレベルの接続関係は、表すことができないわけではないが、今日ではバ、タラなどで言い換える方が自然である。つまり、ナラは条件を表す節の連接の中でも、Ⅳ「判断の根拠」とⅤ「発話行為の前提」、すなわち、従属節の内容が主節のモダリティ部分と呼応するという接続関係のために、特に存在する接続表現であると述べている[41]。

[39] 角田（2004：11）を参照されたい。
[40] 角田（2004：12）を参照されたい。
[41] 角田（2004：47−61）を参照されたい。

2.2　先行研究に関する考察

　2.1 で文の概念構造に関する主な先行研究を概観してきたが、諸説で共通しているのは、客観的世界と主観的世界との対立の認識であろう。三上の「コト」と「ムウド」、南の「ことがら的側面」と「陳述的側面」、毛利の「命題（Proposition、p）」と「法（Modality、M）」、中右の「命題内容」と「モダリティ」、益岡の「対象領域のレベル（命題のレベル）」と「主体領域のレベル（モダリティのレベル）」、Sweetser の "content domain" と "epistemic domain"、角田のⅠ、Ⅱ、ⅢとⅣ、Ⅴの区別、それぞれ表現が違っていても、客観的世界と主観的世界の対立はどの説でも認められている。

　一方、発話というレベルにおいては、見方が異なってくる。

　毛利説では "p" と "M" の他に "'I-say' 部分" があり、Sweetser 説では "content domain" と "epistemic domain" の他に "speech-act domain" がある。"'I-say' 部分" も "speech-act domain" も両説では独立した領域で、他の二領域と並んで三層構造をなしている。

　一方、他の説では発話というレベルがあるにもかかわらず、三層構造までは主張していない。南説では相手に対する言語主体の働きかけを表す D の段階が発話レベルに当たり、益岡説では「モダリティのレベル」の下位分類に、「表現・伝達のレベル」があり、中右説には談話領域レベルでの発話主体の態度表明の D モダリティがある。しかしそれぞれこれらをモダリティの一段階として扱っていて、二極対立を主張しているのである。

　例えば益岡の「表現・伝達のレベル」は「モダリティのレベル」の下位分類の一つで、「真偽判断のモダリティ」とともに「モダリティのレベル」をなし、「対象領域のレベル（命題のレベル）」と一緒に「文の概念レベル」をなしていて、二層構造になっている。

中右の「Dモダリティ」は「Sモダリティ」とともに「モダリティ」をなし、命題内容と一緒に文の意味の基本骨格をなしていて、二極構造である。他に三上の「コト」と「ムウド」、南の「ことがら的側面（または世界）」と「陳述的側面（または世界）」の分類からも、二極対立を主張していると思われる。角田説にはV「発話行為の前提」という発話のレベルがあるが、Ⅳ「判断の根拠」と一緒にモダリティ部分にかかわるものであるとされている。

　こういう文の概念構造に対する認識の違いは、それぞれの説の条件文に対する認識の違いをもたらしてくる。次は、これらの説の文の概念構造及び条件文に対する認識についての、共通点と相違点を具体的に見ていきたい。こういう説の中では他の説への言及も所々出ているため、お互いの関連性についてもふれておきたい。

2.2.1　南説と益岡説

　南説の「Aの段階」、「Bの段階」、「Cの段階」、「Dの段階」という四つの段階と、益岡説の「事態命名のレベル」、「現象のレベル」、「判断のレベル」、「表現・伝達のレベル」という四つのレベルは、ほぼ対応するものであるとされている[42]。こういう概念構造上の共通した認識から、両説の従属節に対する認識も非常に似ている。南説では従属句はA、B、Cの三つに分け、益岡説ではレバ形式は事態命名のレベル、タラ形式は現象のレベル、ナラ形式は判断のレベルにおける条件節を表すとしている。言い換えれば、両説とも文の概念レベルでは四つの段階を認めている一方、従属節になると、前の三つの段階しかかかわりなく、表現・伝達のレベルは関与していないのである。

---

[42] 益岡（1997：116）を参照されたい。

　もちろん、条件節になると、両説では大きな違いが現れてくる。このような見方の違いが生じる理由について、益岡は所与の従属節がどの段階に属するかの判定について、南（1974）が、従属節の内部にどれだけの範囲の要素が表れ得るか、という基準を立てていると分析している。従属節の内部というのは、接続要素に先行する部分のことであり、条件節で言えば、「れば／たら／なら」に先行する部分ということになる。この基準のもとでは、南の指摘にあるように、レバ形式、タラ形式、ナラ形式の間に大差は見られないように思われる。一方、益岡説では、従属節の段階を問題にするときに対象にすべきものは、接続要素を含む従属節全体であって、接続要素に先行する部分ではないと考えている。条件節の場合で言えば、従属節と言う時は、「れば／たら／なら」という接続要素を含む「〜れば」、「〜たら」、「〜なら」という表現全体を対象とすべきであって、接続要素に先行する部分だけを対象にすきべではないと、益岡（1997）は述べている[43]。

　こういう従属節、特に条件節についての判定の基準の違いがあるにもかかわらず、南説と益岡説は共通したところが多く、益岡（1997）が指摘したとおり、益岡説は南氏の研究の延長線上に位置づけるべきものである[44]。条件節の接続要素に先行する部分を対象にすべきか、接続要素を含む表現全体を対象にすべきかの違いがあるが、条件文研究の際、主節は対象から除外し、従属節を重要視する視点は同じである。

2.2.2　益岡説と Sweetser 説

　益岡（1993a、1997）は Sweetser 説にもふれ、Sweetser の見方は、

---

[43] 益岡（1997：116−117）を参照されたい。
[44] 益岡（1997：116）を参照されたい。

文の概念レベルの条件節への投影という自分の考えに通じるところがあるとした。「概略的に言えば、Sweetser のいう "content domain"、"epistemic domain"、"speech-act domain" は、本稿での『命題のレベル』、『判断のレベル』、『表現・伝達のレベル』にそれぞれ対応するものと見ることができる。したがって、条件表現をこれら3つの領域のものに分けて考察していこうとする Sweetser の視点は、条件表現を文の概念レベルの観点から見ていこうとする本章の姿勢と、基本的に同じ方向にあるものと言えよう」と述べている[45]。図示すると、以下のようになる。

Sweetser 説		益岡説
content domain	⇔	命題のレベル
epistemic domain	⇔	判断のレベル
speech-act domain	⇔	表現・伝達のレベル

図2−2　Sweetser の "domain" と益岡の「レベル」の対応関係[46]

　Sweetser の "domain" と益岡の「概念レベル」はどういうふうに対応しているのか、益岡（1993、1997）では詳しい説明がなされていない。確かに Sweetser のもとの英語の術語をみても、または澤田治美の訳語（「現実世界領域」「認識領域」「言語行為領域」）をみても、益岡の3つのレベルとは似ているような気がする。しかし複文に関するそれぞれの論述、特に条件文にしぼってみれば、以上述べたように、益岡は4つの概念構造のレベルを設定しているにもかかわらず、条件文では前の3つのレベルの存在しかないと考えているのに対し、Sweetser は条件文の意味論的分析をとおして、3

---

[45] 益岡（1993a：32−33、1997：114−115）を参照されたい。
[46] 益岡の説明に従う。図中の⇔は左右の二項目が対応していることを示している。

つの領域を想定することの有用性を主張している。しかもこの3つのレベルまたは領域は、両説では実は違った捉え方をされている。益岡説では事態命名レベルと現象レベルは、ともに命題のレベルにまとめられているので、結局二極対立になっているのに対して、Sweetser ではそれぞれ違った3つのドメインになっている。

　これでは益岡が述べたように、「命題のレベル」、「判断のレベル」、「表現・伝達のレベル」が、"content domain"、"epistemic domain"、"speech-act domain" にそれぞれ対応するのではなく、レバ形式とタラ形式が命題のレベルで "content domain" に対応し、ナラ形式は判断のレベルで、"epistemic domain" に対応するということになるのではないかと思われる。図示すると、図2−3のとおりになる。これなら、上述したように、益岡の条件文の分析では「表現・伝達のレベル」というレベルがないことになる。言い換えれば、"speech-act domain" に対応するものが欠けている（図中は？で示している）。これが益岡説と Sweetser 説との大きな違いであると思われる。

Sweetser 説		益岡説
content domain	⇔	命題のレベル（レバ形式・タラ形式）
epistemic domain	⇔	判断のレベル（ナラ形式）
speech-act domain	⇔	？

図2−3　Sweetser の "domain" と益岡の「レベル」の実際の対応関係

　この違いは何を物語っているのだろうか。益岡説では「表現・伝達のレベル」は主節にかかわるレベルであるが、従属節の研究ではこのレベルは対象から除外され、重要視されているのは従属節である。言い換えれば、益岡説では、主節との関係よりも、従属節がどの文の概念レベルに属するのか、ということを重要視し問題にして

いると言っていいだろう。一方、Sweetser 説は語用論的コンテクストにおいて、従属節だけでなく、主節との関係も重要視しているのではないかと思われる。特に 3 つの領域の中で、言語行為条件文における主節は、もっぱら言明、質問、通達、宣言、命名など、話し手から聞き手へ遂行される言語行為を表す文なので、従属節だけでなく、主節も一緒に視野に入れられていると思われる。

　それゆえ、益岡のレベルと Sweetser の domains は、観点が異なっているのである。

　この点について角田（2004）にも似たような議論が見られている。

　また、疑問に思われる点は、Sweetser の domains との比較に関する点である。益岡の「概念レベル」というのは、従属節の中でどのようなことを述べるかという問題である。一方、Sweetser の条件節と domains の議論は「従属節と主節の結びつき方」について述べているものである。益岡は「従属節」の中でどのようなことを述べるかという観点からバ、タラ、ナラを三つの「概念レベル」に分類しているのであって、主節との関係には言及していない。つまり、従属節と主節の結びつき方を三つの領域との関係で述べているわけではない。したがって、Sweetser の domains の議論とは観点が異なっているので、比較するのには無理がある。[47]

2.2.3　中右説と Sweetser 説と益岡説

　中右（1994b）のエピローグの最後に既存理論のリストがあり、文の発話解釈のための一般的枠組みを提案したものとして、a. Langacker（1975）の「機能層位論」、b. Lyons（1977）のモダリティ論と発話解釈三層構造論、c. Sweetser（1990）の発話解釈三大認知領域モデルの三つが並べられている。Sweetser 説については、「これによれば『発話行為領域』『認識領域』『内容（現実世界）領域』

---

[47] 角田（2004：9）より引用。

の三つの経験領域が区別される。ただ外見だけからいえば、これらは階層意味論モデルの上位二層構造［D-MOD［S-MOD［PROP⁴］］］の三つの意味領域に対応している」と述べている。a、b、cの説について、「これらの枠組みを正当に評価し、その長短を有意味に比較考量するためには独立した論考が必要である。ここではただ、これらの枠組みが階層意味論と深く接点を結ぶところがある一方、同時に対立するところもある、ということを書き添えておくだけにとどめたい。率直にいって、わたしとしては、見て見ぬふりをして通りすぎるわけにはゆかない理論群である」と述べている[48]。

　ここで気づかれるのは、［D-MOD［S-MOD［PROP⁴］］］という三つの意味領域が、Lyonsの発話解釈三層構造論と、Sweetserの発話解釈三大認知領域モデルとは、よく似ているように見えるにもかかわらず、中右は終始命題とモダリティの二極対立を主張しているという点である。

　中右のDモダリティは談話領域に帰属するレベルで、三層構造における発話領域に似ている性格を持っていると言える。それでも中右は終始二極対立を主張しているのは、命題態度のSモダリティは文に内在的な義務的意味成分であるのに対し、発話態度のDモダリティは談話要因に起因する随意的意味成分であるとしている[49]からである。中右によれば、「Dモダリティはもともと文内性質ではなく、むしろ文外性質である。文の意味内容としては、必要不可欠な構成成分ではないからである。」[50]これは三層構造理論においては、発話レベルは独立した概念レベルになっているのと大きく異なっている。

　一方、中右説と益岡説とでは、モダリティに対する見方が、具体

[48]　中右（1994b：452）を参照されたい。
[49]　中右（1994b：21、42、53）を参照されたい。
[50]　中右（1994b：97）を参照されたい。

的な分類では細かいところに違いがあるにもかかわらず、共通しているところが多い。

　具体的に、中右説では、SモダリティS-MODとは、命題内容を作用域とするモダリティのことで、話し手が発話時点において全体命題PROP[4]（の真偽いずれかの値）に対してとる信任態度（コミットメント）のことをいう[51]。一方、Dモダリティは談話領域レベルでの発話主体の態度表明、つまり発話・伝達態度のことである[52]。

　中右のSモダリティ、Dモダリティと益岡のモダリティを比較してみると、Sモダリティは大体益岡の判断系の一次的モダリティにあたるのが分かる。Dモダリティについては、伝達態度・ていねいさと表現類型のモダリティは、益岡説では表現系のモダリティであるのに対して、取り立てのモダリティは益岡説では判断系の二次的モダリティになっている[53]。

　しかし、このDモダリティと表現・伝達モダリティが、それぞれ従属節に現れ得るかどうかについては、両説で大きな違いがある。益岡説の条件文の研究では表現・伝達モダリティが除外されているのに対し、2.1.4でふれたように、中右説では条件節を含む従属接続詞については、Dモダリティとしての主観的用法があるとされている。

2.2.4　角田説——中右説とSweetser説と比較して

　角田説は中右、Sweetserの三つの領域、domainsの考察からさらに発展したものであるとされている[54]。日本語の多様な接続表現の使い分けの骨子には、中右、Sweetserの述べているような領域、

[51] 中右（1994b：53−58）を参照されたい。
[52] 中右（1994b：58−67）を参照されたい。
[53] 益岡のモダリティについての説明は益岡（1991：44、173−188）を参照されたい。
[54] 角田（2004：19）を参照されたい。

domains（これらを「認知領域」と呼ぶ）の違いが反映していると
みなし、日本語では、主節のモダリティ、および従属節と主節の連
接が表す意味関係によって、使える接続表現が異なるということを
主張している[55]。

　角田説の五つのレベルの違いは、中右（1986、1994b（本書では
1994a））と Sweetser（1990）の提案する領域の違いと密接な関係
がある。「中右と Sweetser は別々の観点に立っているが、二人の
述べている三つの領域はほぼ合致している。本論は、その三つの領
域をふまえ、さらに検討を加えた結果、全体を三つではなく、五つ
のレベルに分けることを提案する。五つのレベルに分けることによ
り、日本語の接続表現を体系的に説明することができる」としてい
る[56]。中右説については「日本語の個々の接続表現の違いが三つの
領域と相関関係にあることについては、示唆してはいるものの、明
言してはいない。また、ナラについて以外は、主節との連接関係に
ついて詳しくは述べていない。本論で述べている内容への発展性を
示唆してはいるけれども、明確には述べていない。」と説明してい
る[57]。自分の説と、中右説、Sweetser 説との相違点については、「特
に異なっているのは、本論がⅡ『判断』、Ⅲ『働きかけ』をたてて
いることである」としている[58]。一方、角田説の五つのレベルの基
本になっている三つのレベルで、二つは同じモダリティにかかわる
とみなしているのは、中右説とよく似通うところがあると思われる。

　角田は自分の説と中右説・Sweetser 説との関連を次のように示
している。

---

[55] 角田（2004：22）を参照されたい。
[56] 角田（2004：2）を参照されたい。
[57] 角田（2004：7）を参照されたい。
[58] 角田（2004：19）を参照されたい。

表 2−1　角田説と中右説・Sweetser 説との関連[59]

角田		中右	Sweetser
Ⅰ	現象	命題内容領域	content domain
Ⅱ	判断	なし	なし
Ⅲ	働きかけ	なし	なし
Ⅳ	判断の根拠	命題認識領域	epistemic domain
Ⅴ	発話行為の前提	発話行為領域	speech-act domain

　角田説は細かいところまで注意が届いている。一方、区分けが細かすぎ、それぞれのレベルがつながっているところがあり、区分けしにくい場合も少なくない。一番難しいところはⅡ「判断」とⅣ「判断の根拠」、Ⅲ「働きかけ」とⅤ「発話行為の前提」の区分けではないかと思われる。その区分けの基準について、角田は「ⅠからⅢまでのレベルが、主節のモダリティとの共起関係と、従属節と主節の間の出来事としてのつながりに注目しているのに対し、以下のⅣとⅤのレベルは、従属節と主節が、出来事としてのつながりではなく、主節のモダリティ部分との結びつきの関係を表している」[60]と説明しているが、出来事としてのつながりなのか、モダリティ部分との結びつきなのか、明白な区別ができるかどうかが問題である。「判断」と「働きかけ」そのものがモダリティの一種だし、出来事とモダリティをはっきり切断することが難しいように思われる。角田本人も「ただし、Ⅱ『判断』とⅣ『判断の根拠』は、主節で判断を述べるという点で、連続しているように見える場合もある。」「Ⅲ『働きかけ』とⅤ『発話行為の前提』は、主節に『命令』、『依頼』、などの『働きかけ』の形が現れるという点で、連続しているように

[59]　角田（2004：22）より引用。表題は本書の執筆者が加えた。
[60]　角田（2004：12）より引用。

見える場合もある」と述べている[61]。

　この問題点は、角田（2004）においては、五つのレベルが徹底されてはいないということからも反映されている。角田（2004）において、第3章の「ノダの思考プロセス」では、前の第2章「節の連接とモダリティ」と違い、「五つに分けるほどの細かい違いは見られない。おおまかに、Ⅰ『現象描写』、Ⅳ『判断の根拠』のレベル、Ⅴ『発話行為の前提』の三つのレベルに関係が深いと考えられる」[62]ことになった。そして第5章の「節の連接と思考プロセス」においても、「以下の論では五つに分けるほどの細かい違いが出ないので、ここではおおまかに三つのレベルにおける従属節と主節の結びつきを見る。三つのレベルとは、『事態間レベル』（Ⅰ『現象描写』、Ⅱ『判断』、Ⅲ『働きかけ』のレベル）、Ⅳ『判断の根拠』、Ⅴ『発話行為の前提』の三つである」[63]ということになっている。第2章の接続表現に対しては、「本論では、それぞれの接続表現により異なる、従属節と主節との連接における制限から、節の連接全体をおおまかに五つのレベルに分ける。この五つのレベルは、条件を表す接続表現、原因・理由を表す接続表現、逆接を表す接続表現など、それぞれのグループ間に一貫したシステムを提示することを可能にする」としている[64]。しかしなぜ第2章で五つの違いの区分けができるのに、第3章と第5章では五つに分けるほどの細かい違いが出来ないのかは、説明していない。

　もう一つ区分の難しいところは、Ⅱ「判断」とⅢ「働きかけ」である。これらは同じ出来事としてのつながりに注目しているものとされているが、判断も働きかけもモダリティがかかわっている。角

---

[61] 角田（2004：13）を参照されたい。
[62] 角田（2004：69）を参照されたい。
[63] 角田（2004：155）を参照されたい。
[64] 角田（2004：9）を参照されたい。

田（2004）では願望、意志はⅡ「判断」に入っているが、Ⅲ「働きかけ」との曖昧性については、本人も「例えば、Ⅱに入れた『意志』、『願望』などは、このレベルの中では、Ⅲ『働きかけ』に近いものがあると思われる。語形として考えても、動詞の『う、よう形』（行こう、食べようといったもの）は、意志の意味にもなるし、働きかけの意味にもなる。また、接続表現と主節のモダリティとの共起関係を調べても、『意志』はⅢ『働きかけ』のグループと似た振る舞いをすることが多い」と両者のつながりを述べている[65]。

2.3　発話三層構造理論

　有田（2001）は、有田（1993）で日本語の条件文の変遷をまとめた後で出された、主な条件文研究の最近の動向を概観した[66]。「まとめと展望」で「ここでとりあげた文献の多くに共通するのは、条件形式あるいは条件構文の解釈の多様性を当該形式・構文の『意味』ではなく、解釈が依存する『領域』に求めるという見方である」と述べた後、「以上のようなアプローチの抱える問題は、依拠する『領域』そのものの理論的曖昧性である。その妥当性はどのように検証されるのか、重要な問題である」と述べている[67]。この論述は条件文の研究で重要なことを言っていると思う。

　2.1 と 2.2 で文の概念構造と条件文に関する、いくつかの先行研究を概観し対照してみたが、いずれも独創的なもので示唆されるところが大きい。では日本語の条件文の研究において、いかに概念レベルの基準を設けていいのだろうか。二極対立がいいのか、それとも三層構造がいいのだろうか。

---

[65] 角田（2004：14）を参照されたい。
[66] 中には Sweetser（1990）（Sweetser2000 の原書）も益岡（1997）も収められている。
[67] 有田（2001：82）を参照されたい。

　二極対立を主張している論説の中で、南と益岡は従属節がどの段階・どのレベルに属しているのかに注目し、従属節を重要視し、主節を対象から除外している。従って、両氏の条件文研究では発話レベルは扱われていないのである。ところが、多くの先行研究に指摘されたとおり、日本語の条件文には発話レベルのものが存在し、このレベルを明確に設定する必要があると思われる。一方、中右説には発話レベルの「Ｄモダリティ」があるが、これは義務的意味成分ではなく、談話要因に起因する随意的意味成分であると見なされている。これではやはり発話レベルの独立した明確な設定ではない。角田説では発話のレベルが独立して明確に設定されているが、五つのレベルの区分けは細かすぎ、操作しにくいおそれがある。しかも角田説ではこの五つのレベルの区分けが徹底的でなく、三つの区分けが行われる場合も少なくない。これなら、ⅠとⅡ・Ⅲの中で、事柄に偏るものを命題レベルに、モダリティに偏るものをⅣと統合させ、モダリティレベルにし、Ⅴの発話レベルと一緒に三層構造をなしている、と統合したほうがよいのではないかと思われる。

　二極対立と三層構造とは、研究の視点が違っていると思われる。益岡の研究は語用論的研究と違った文論研究である。益岡（2007）は自分の文の意味的構成構造研究をこう位置づけている。

　　文が表す意味には、第１にその文の形式自体が表す意味と、第２にその文によって話者が伝えることを意図している意味やその文から含意される意味がある。前者を「概念的意味」、後者を「非概念的意味」と仮称することにすると、文法論の対象となる意味は概念的意味であり、非概念的意味のほうは語用論の対象となる。本書の考察の対象となるのは概念的意味である。[68]

　同書では他のところでも似たようなことを言っている。「文論と

---

[68] 益岡（2007：15）より引用。

してのモダリティ研究であることから、本書は筆者の文論研究の一部をなす。」[69]「本書は文法論としてのモダリティ研究、より正確には、文論としてのモダリティ研究をめざすものであった」[70]。それゆえ益岡は文論のカテゴリーで条件文を論じているといえるだろう。一方、発話レベルを入れた三層構造は語用論的視点に基づいている。

　本研究は日本語条件文の研究においては、語用論的視点から、命題レベル・モダリティレベルと発話レベルの三層を設定すべきであると主張する。この三層はそれぞれ独立しているとともに、作用しあって、ともに一つのまとまった条件文をなしている。この三層の設定は Sweetser の三つのドメインに似ていて、毛利の発話三層構造理論からも理論の根拠を見つけることができる。

　毛利（1980）は英語の条件文を主な研究対象としているので、日本語の条件文が三層構造としてどうなっているのかについては述べていないが、文はすべて三層構造を有し、人間がその場その場の状況に応じて、微妙な真理に左右されつつ、発話しているという語用論的視点は、日本語条件文の研究にも役立つと思われる。

　この節では先行研究とも関連し、発話三層構造理論の下で、日本語の条件文はどうなっているのかをみてみたい。

　（2−4）皿を {○落とすと・○落とせば・○落としたら} 割れる。（蓮沼等 2001：69）

　（2−5）彼が皿を落とすなら、この世の中に確実なことなんて何もないよ。（蓮沼等 2001：69）

　（2−6）彼が皿を落とすなら、ぼくは逆立ちをしてレストランの中を 10 周するよ。（蓮沼等 2001：69）

---

[69] 益岡（2007：252）を参照されたい。
[70] 益岡（2007：281）を参照されたい。

　（2－4）では前件Ｐと後件Ｑは、命題間の一般条件とその必然的な帰結を表し、三層構造における命題レベルになっている。これは益岡の事態命名のレベル（レバ形式）と現象のレベル（タラ形式）にあたり、中右の条件節を含む従属接続詞の二つの意味用法の中の、命題内容成分としての客観的用法である。一方、Sweetserの"content domain"でもある。角田ではⅠ「現象描写」（及びⅡとⅢの中の命題に偏る部分）になっている。

　（2－5）と（2－6）では（2－4）と違い、Ｑは話者のある問題をめぐる意見・判断と態度などを表し、Ｐはこの意見・判断・態度が表明される場合の前提条件を表している。こんな用法は主にナラにあり、普通ト・タラ・バには替えられない。これは益岡の判断のレベルにおける条件節（ナラ形式）にあたり、Sweetserの"epistemic domain"と角田のⅣ「判断の根拠」（及びⅡ・Ⅲの中のモダリティに偏るもの）に近い。中右の条件節を含む従属接続詞の二つの意味用法の中の、もう一つのＤモダリティとしての主観的用法にも似ているが、後者のほうがもっと範囲が広いようである。

　中右は2.1.4に出た（2－3）の例の他は、次の（2－7）のような例も挙げ、条件の接続詞は条件節の意味内容に基づいて主節命題を推論していると、その用法を説明している。

　（2－7）He must be lying if he told you that.（彼が君にそんなことを言ったのなら、彼は嘘をついているにちがいない。）（中右1994b：111）

　中右は例（2－3）の条件節と例（2－7）の条件節を同一視し、ともにＤモダリティとしての主観的用法であるとしている。しかし（2－7）ではＰがＱの推論と判断が基づく理由を仮定しているのに対し、（2－3）ではＰはＱという発話をする動機・理由を仮定している。（2－7）においてＰとＱは同じ発話内にあるのに対し、

（2−3）では Q が発話で、P はその外側にきている。後者は 2.1.3 において、毛利が例（2−2）に与えた（I say 〈it is 〔Q〕〉, if P）. と同じ構造であるのに対し、前者は（I say 〈it is 〔Q〕, if P〉）. の構造である[71]。こういう意味で、中右の例（2−7）は例（2−5）（2−6）と同じようにモダリティレベルの仮定に、（2−3）は（2−2）と同じように発話部分の仮定になる。この種の発話部分の条件文は、前件 P は後件 Q の外にきて、Q という発話にかかり、その発話の前提条件や成立要素を表している。Sweetser の "speech-act domain" と角田の V「発話行為の前提」にあたる。

　以上、それぞれの項目の具体的な意味はすべて同じわけではないが、日本語条件文の考察において、発話三層構造理論と先行研究との関連は、大体表 2−2 に示されるとおりである。

　文法研究に文の概念領域という視点を用いた重要な先行研究に沈家煊（2003）がある。沈家煊（2003）は Sweetser（1990）の三つの概念を、それぞれ「行域」「知域」「言域」と訳し、中国語の文法の研究で、この三つのドメインの区分けが複文の考察に役立っていると主張している[72]。こういう諸言語におけるそれぞれの論証は発話三層構造理論の合理性を物語っている。

　日本語の条件文の研究においても、語用論的視点に基づく発話レベルの確立によって、命題レベルとモダリティレベルとはっきり違った条件文を反映することができるようになる。それゆえ、条件文全体に対し、発話三層構造理論がより総括的で体系的な解釈を与えることが出来る点で、合理性がある。

[71] これらの構造の意味用法については、第三章で具体的に述べる。
[72] 沈家煊（2003：195−204）を参照されたい。

表2-2　条件文研究における発話三層構造理論と先行研究との関連

Sweetser 説	中右説	益岡説	角田説	発話三層構 論
content domain	命題内容成分としての客観的用法	事態命名のレベル（レバ） 現象のレベル（タラ）	Ⅰ　現象描写	命題レベル－4)
なし	なし	なし	Ⅱ　判断	（事柄偏重ダリティ偏によって命ベルかモタィレベルにる）
なし	なし	なし	Ⅲ　働きかけ	
epistemic domain	Dモダリティとしての主観的用法（例2-3、2-7)	判断のレベル（ナラ）	Ⅳ　判断の根拠	モダリティル（例2-6、2-7)
speech-act domain		なし	Ⅴ　発話行為の前提	発話レベル－2、2-3)

2.4　発話とは何か

　第三章でそれぞれ詳しくみていくが、条件文に関する研究では、今まで命題とモダリティをめぐるものが多かった。確かにこの二つに注目する研究でもかなりの問題が解決でき、おびただしい研究成果をおさめている。にもかかわらず、従来の視点では説明できない、命題のレベルでもモダリティのレベルでもないものがある。これらはほとんど発話というレベルにあるものである。発話のレベルでみれば、今まであまり重要視されていなかったものも視野に入り、解釈可能になる。第七章でふれるように、この視点は条件文の研究だけでなく、主題提示のハの研究にも役立つのである。

　本書において、発話は重要な概念で、しばしば用いられる用語であるため、ここでは、発話についての定義づけをしておく。本書では「発話」は「話し手から聞き手へある言語行為を遂行すること」という意味で使われる。話者から相手にむかって何かを主張、言明、質問、通達、宣言、命名などの言語行為を遂行するということである。

　そして本書では、「発話」は「発話三層構造」や「発話レベル」などの用語にも用いられている。前述したとおり、「発話三層構造」は命題レベル・モダリティレベル・発話レベルからなる文の概念構造のことで、「発話レベル」はその中の一つのレベルである。具体的には第三章と第四章において見ていくので、ここでは詳述しないことにするが、ここの説明を見れば、「発話三層構造」における「発話」は広義的な意味としての用語で、「発話レベル」における「発話」は狭義的な意味としての用語のようで、矛盾しているようにみえるが、そのどちらも上述の「発話」の定義にもとづいているものであるということを一言付言しておきたい。

第三章　発話三層構造理論からみる日本語の条件文[73]

3.1　発話三層構造理論に基づいた日本語条件文の分類

　本章ではまず従来の日本語条件文の分類を、本書の視点と関連しながらいくつかみたうえで、発話三層構造理論に基づいた条件文の分類を試みる。

3.1.1　従来の分類法

（1）松下氏の分類

　松下（1974）では、条件文を「拘束格」と名付け、図3−1のように分類している。

　このうち、松下氏が「現然仮定」と呼ぶのは、普通恒常条件と名付けるものであり、口語を研究対象とした松下（1977）では、「現然仮定」が「常然仮定」になっている[74]。一方、「必然確定」というのは、松下（1977）では「因果確定」になり[75]、口語では「ば」

---

[73] 本章の主な内容は論文「从句子概念结构看日语假定条件句」（《外语与外语教学》2012年第1期）と「日语中的疑似假定条件句」（《日语学习与研究》2010年第4期）にまとめられ、発表されている。

[74] 松下（1977：276）を参照されたい。

[75] 松下（1977：276）を参照されたい。

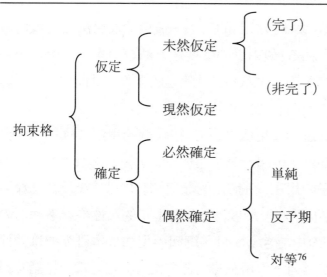

図3−1　松下氏の分類

の代りに「から」を使って、因果関係を表している。「偶然確定」というものの中で「単純」と「反予期」というのは、契機・きっかけを表すもので、本書では条件とみなされていない。一方「対等」というのは松下（1977）では「倶存的」といって[77]、二つの事件の並列に用いる用法であるが、これは本書では発話レベルの条件文と見なしている。

　本書の条件文に対する定義から、松下氏の拘束格の中では、未然仮定（完了と非完了）、現然仮定と偶然確定の一部が、本書の研究対象になっている。

（2）国立国語研究所の分類

　国立国語研究所（1964）では、「条件句」の用法について次のよ

---

[76] 松下（1974：544）より引用。
[77] 松下（1977：284）を参照されたい。

うな見方をしている。まず接続詞的用法や慣用的な用法などは周辺的な用法であるとされる。他のものは度数と結びつきの自由さから、より中心的な用法であるとするが、「陳述的条件」「前おき」「客観的条件」の三つに大別している[78]。

　ここのいわゆる周辺的な用法の中で、接続詞的用法には「すると」などのようなきっかけ・継起を表すものや、「…もあれば、…」のようないわゆる列挙の用法、「慣用的な用法」には「なければならない」「…ば…ほど」「ときたら」など慣用句的な性格をもつものを指している[79]。この中できっかけ・継起の用法は本研究では条件文の対象外にするが、列挙の用法や「ときたら」などは、発話レベルにおける条件文とみなすものである。つまり、国研が周辺的な用法とするものの中では、条件文の体系に入れていいものも少なくないのである。

　一方、国研（1964）の中心的な用法の中で、「陳述的条件」というのは、直後に「いい」「いけない」「だめだ」など評価をあらわす語がつづいて、全体として一つの述語に近い表現をつくっているものである[80]。これについては、本書では前件焦点条件文として、第六章で詳しく見ることにする。

　「前おき」というのは、題目の提示、発言内容についての注釈、表現形式についての注釈、根拠などを表す用法である[81]が、本研究では発話レベルにおける条件文としている。

　一方、「客観的条件」というのは、一般・超時、一般・過去、個別・既定・過去、個別・既定・現在、個別・仮定・過去、個別・仮定・現在と個別・仮定・未来に分けている[82]。本書では前述どおり

---

[78] 国研（1964：147−149）を参照されたい。
[79] 国研（1964：147−149）を参照されたい。
[80] 国研（1964：149）を参照されたい。
[81] 国研（1964：150−151）を参照されたい。
[82] 国研（1964：152−157）を参照されたい。

継起・きっかけなどを表す「過去」は研究の対象外にしているが、他は本書の研究対象の条件文になり、この中の「個別・既定・現在」は、本書でいう発話レベルの言語活動・思考活動そのものについて説明する用法に属するものである。

（3）前田の分類

　前田（1991：59−60）は「条件文の最も基本的な機能とは、仮定的な関係を表せるかどうかということになる」と述べている。1.1でもふれたように、前田は「仮定的」とは、「事実的」なレアリティー（＝事実関係）に対するものであるとし、レアリティーが未定である場合（＝「仮説的」）と、事実に反する事柄を、それが実現した場合を想定して仮定する場合（＝「反事実的」）の二種類に分けている。

　これにもとづき、前田は条件文をまず「条件的用法」と「非条件的」に二分する。「条件的用法」ではまた「仮定的」「非仮定的」の二種に分け、多回（一般（恒久）と反復・習慣）と「連続・きっかけ・同時・発見・時・場所」などの様々な一回的な状況は「非仮定的」としている。「非条件的」としているのは、「並列・列挙」「評価的用法」「終助詞的用法」「後置詞的用法」「接続詞的用法」である[83]。

　この分類は前田の条件文に対する位置づけと矛盾しているところがあるのではないだろうかと思われる。前田は条件文を「仮定的」且つ「順接」の「因果関係」を表す「論理文」と位置づけている[84]のに、「条件的用法」を「仮定的」と「非仮定的」に分けている。

---

[83] 前田（1991：59−60）を参照されたい。
[84] 前田（1991：56）を参照されたい。

また条件文と言っているのに、「条件的用法」と「非条件的」に二分しているのである。

　「非条件的用法」について、前田の説明では、これらの用法は、前出国立国語研究所（1964）において、「周辺的用法」や、「陳述的用法」「前置き」と分類されたものである。前田はこれらのものについては、仮定性も因果関係も持たず、「条件」と呼ぶには、あまりにも不足が多く、ほとんどが固定的でイディオマティックであって、「条件」とは別個の表現として捉えるのが適切だと述べている。それでも条件文に入れられているのは、「無論、同じ形式を用いるのであるから、歴史的にはもちろん、共時的にも派生の過程を分析することは可能であろうが、条件接辞の用法としては、この位置で扱うのが適切であろう」としている[85]。

　上で国立国語研究所(1964)のところで述べたように、前田（1991）の非条件的と見なされているものの中では、条件と見なしてもいいようなものが少なくない。その中で「並列・列挙」「後置詞的用法」は下の 3.2.3 で説明するように、発話レベルの条件文としての働きを果たしている。「評価的用法」というのは、Q に「いい」など評価を表す語が多く現れるということから、評価的と言っているのであって、P にある「すれば」「したら」「すると」だけでは評価にならないのである。それで、P はやはり条件節と見なしていいことになる。「終助詞的用法」は評価的用法「すればいい・したらいい」からの省略・派生であるとされているので[86]、「評価的用法」と同一視できる。一方、「接続詞的用法」については、本書では、いわゆる接続詞的用法をしていても、ト・バ・タラ・ナラが形態的に前接部分にくっついて、条件文的働きをしているものなら、別に区別

---

[85] 前田（1991：66）を参照されたい。
[86] 前田（1991：67）を参照されたい。

する必要がなく、一緒に扱っていいと思う。

　本書は前田の「条件的用法」における「仮定的」用法だけでなく、「非条件的」用法とされている条件文なども、できる限り日本語条件文の体系に収め、システマティックに考察しようとする。前提ー焦点の視点と発話三層構造理論に基づいてみれば、これらの用法もいわゆる条件的用法と同じように条件文の体系に収まり、それなりの地位を得ることができるからである。一方、前田が「条件的用法」における「非仮定的」としているものの中で、多回（一般（恒久）と反復・習慣）は普通恒常条件文というもので、本書では命題レベルの条件文であり、研究の対象になっているが、「連続・きっかけ・同時・発見・時・場所」などの、様々な一回的な状況は条件とは性質を異にしているので、研究対象から除外することにする。

（4）堀恵子の分類

　堀（2004b）は4種類のコーパスにおける日本語条件表現の用いられかたを考察し、条件文の基本的な用法を、①反事実、②過去、③仮定、④必然、⑤完了、⑥条件、⑦裏の条件に分けている。堀（2005）ではこの上、⑧「既情報」を加えた。

　堀（2004b：41）が各コーパスにある用例数の統計で、「慣用表現」「前置き表現」と「条件文」の三項目を設けているところから、条件文の中から慣用表現と前置き表現が除外されていることがわかる。これに対し、堀（2005：126）では、慣用表現と前置き表現は考察の対象から除いた、というはっきりした説明がある。

　これらの慣用表現と前置き表現は数少ないのかと思うと、必ずしもそうではない。堀の統計における用例数を見れば、トの場合、「前置き表現」が「インタビュー」においては7.8％、「口頭発表」に

おいては 36.6%も占め、「論文」においても 19.9%ある。バの場合、「慣用表現」が「電話会話」においては 14.6%、「インタビュー」では 12.8%、「条件文」のそれぞれの 13.8%、12.3%よりも多く現れている。そして「口頭発表」では 9.1%、「論文」では 15.3%ある。一方、バの用例において、「前置き表現」が「論文」における割合は 11.3%あり、無視できない数の存在である[87]。

　条件文研究の中でこんなに数多くある「慣用表現」と「前置き表現」を除外していいかどうか、これらも条件文の体系の中に入れて考えることができないのだろうかと思われる。本書では特に前置き表現は発話レベルにおける条件文として考えることができるという立場を取る。

　他にもいろんな分類法があるが、条件文の意味用法による分類が多いのである。

　次の節では発話三層構造理論にもとづき、発話の三層構造において、日本語の条件文はそれぞれどうなっているのかという視点から、日本語条件文の分類を試みる。

3.1.2　発話三層構造理論に基づいた分類

　2.1.3 でふれたように、毛利は「人間が日常生活でものをいうときには、その場その場の状況に応じて、微妙な真理に左右されつつ発話するのであって、その微妙なことばづかいを正しく理解するためにはどうしてもこの三層構造が必要である」と述べ、否定の文がそれぞれ「p 部分」の否定、「M 部分」の否定、「'I-say' 部分」の否定と理解出来るとしている[88]。一方、田中（2005：277）が述べているように、私たちの言語世界は寸時たりとも「条件」という

---

[87] 堀（2004b：41）を参照されたい。
[88] 毛利（1980：64−72）を参照されたい。

概念、言表形式を抜きにしては考えられない。それで、われわれの日常生活で幅広く頻繁に用いられている条件文も、その場その場に応じて発話するものであると思われ、「p 部分」の仮定、「M 部分」の仮定、「'I-say' 部分」の仮定の三種類があるのではないかと思われる。本研究はこれらを「p 部分」の仮定、「M 部分」の仮定、「'I-say' 部分」の仮定の他に、それぞれ「命題レベルの条件文」、「モダリティレベルの条件文」と「発話レベルの条件文」とも呼んで、考察してみたい。

　毛利の発話の三層構造理論に基づいて、条件文「P ならば Q である」を検討すれば、まず「p 部分」の仮定、つまり命題レベルの条件文は、P と Q の間の命題間の条件と帰結との関係を表す条件文になる。即ち、

　　（I say ＜if P, it is〔Q〕＞）（I 型）

　三層構造における「p 部分」「M 部分」「'I-say' 部分」はそれぞれ独立して存在しているが、お互いにつながっていて明確な境界線はない。3 つの部分が同時に同じ文にあり、作用しあい、一つのまとまった文をなしているわけである。それゆえ、I 型においては、M にあたる部分がないというわけではなく、ただ主として「p 部分」を問題にしているので、P と Q の命題間の仮定帰結の関係を際立たせている一方、M の内容が無色透明になり、直接表現されていないにすぎない。言い換えれば文の中には、命題そのまま文として用いられている。it is で示しておく。

　一方、M の部分が無色透明でなく、直接表現されていて、話者の態度・意見・意志・判断・推論などのモダリティを表そうとする仮定文は、次のように示すことができる。

　　（I say ＜if P, M〔Q〕＞）（II 型）

　この二種の条件文において、P と Q は同じ発話にあるのは同様

である。前件と後件の間に仮定と帰結の論理関係を表す場合はⅠ型、話者の態度・意見・意志・判断・推論などモダリティを表す場合はⅡ型になる。図示すると、次の図3−2のようになる[89]。

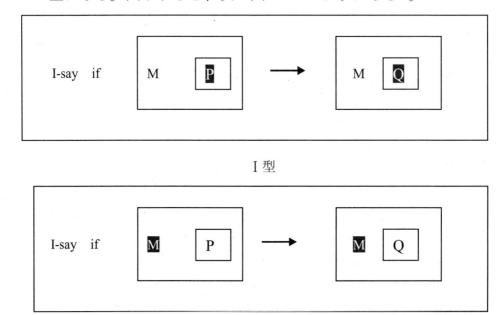

Ⅰ型

Ⅱ型

図3−2　Ⅰ型条件文とⅡ型条件文における概念構造の関係

　このⅠ型条件文とⅡ型条件文はそれぞれ、益岡（1993a）の「命題のレベル」と「モダリティのレベル」に似ているところがあると思う[90]。しかし、以上の二種と特徴を異にする条件文もあり、別に扱わなければならないと思われる。2.1.3で取り上げた毛利（1980）

[89] 論理上、前件にもモダリティが含まれているが、議論の便宜上、主にQの方のモダリティをみるので、上の式では（I say ＜if P, it is〔Q〕＞）、（I say ＜if P, M〔Q〕＞）のように、Pのモダリティは無視されている。そしてⅠ型とⅡ型を区別するために、Mが際立っていないⅠ型をit isで示している。一方、図の中では、Ⅰ型、Ⅱ型、及び下のⅢ型も、MがP、Qに残ったままの同じ図式でその区別を表そうとしている。際立っているところは影にして表すことにする。

[90] 下の3.4の分析で分かるように、命題レベルとモダリティレベルにおける条件文の分布についての具体的な考察は、益岡と違っているところがある。

の例がこの種の条件文で、上二者と違い、（I say 〈it is 〔Q〕〉, if P）．という構造をなし、この if P は表現されていない 'I say' という部分にかかる。

　論理的には、ここの P も独立した発話で、（I say ＜it is〔p〕＞）という構造を有しているので、次のように示すことになるが、

　　　（I say ＜it is〔Q〕＞）, if（I say ＜it is〔P〕＞）

　ここでは話者の発話の意図が Q にあるというところから、P の構造を無視し、毛利にしたがって、if P と示しておく。次のようになる。

　　　（I say ＜it is〔Q〕＞, if P）　（Ⅲ型）

　この「'I-say' 部分」の条件文では、前件と後件は同じ発話にあるのではなく、前件が後件の外にあり、それぞれ違った発話に属している。P が Q という発話が成り立つための前提条件・成立要素を表している。従属節と主節では、主節の方に話者の発話意図がおかれているので、主節の「'I-say' 部分」が際立っていると思われる。図示すると、次の図 3－3 のようになる。

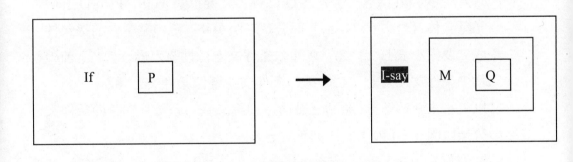

Ⅲ型

図 3－3　Ⅲ型条件文における概念構造の関係

　以上発話三層構造理論にもとづいて、日本語の条件文を I 型（「p 部分」（命題レベルにおける））条件文、Ⅱ型（「M 部分」（モ

ダリティレベルにおける））条件文、Ⅲ型（「'I-say' 部分」（発話レベルにおける））条件文の三種に分けた。

　前の二種の条件文では、P と Q は同じ発話にあり、P が Q にかかり、命題間の仮定帰結という論理関係や、条件と判断・推論・態度・主張などのモダリティを表している。詳しくは次の 3.2 でみるが、「p 部分」条件文では、P に表されている事柄が実現すれば、Q も実現するという関係を表し、P は Q の十分条件になる。通常 P が実現しなければ、Q も実現できないということを暗示している。「M 部分」条件文では、ある話題を条件として取り上げ、それをめぐり、話者の態度・見方・意見・主張・判断・推論などを表す。今までの条件文研究の対象は主にこの「p 部分」条件文と「M 部分」条件文であって、これらについての意味論的研究が多くの成果をあげている。本書ではこの二種の条件文を普通条件文と呼ぶことにする。

　これに対し、後述するように、「'I-say' 部分」条件文は従来の研究ではあまり注目されていなかった。この種の条件文では、前件 P が後件 Q の外にきて、P と Q は違った発話にあり、P が Q という発話全体（つまり 'I-say' 部分）にかかり、その発話の前提条件や成立要素を表している。普通の条件文とは性質が違うので、前の二種の条件文に対し、この種の条件文を疑似条件文と呼ぶ。

　以上をまとめると、発話三層構造理論に基づいた日本語の条件文の分類は図 3−4 のように図示できる。

　疑似仮定（Pseudo-condition）というのは Jespersen（M.E.G.）によって取り上げられたもので、英語の「if-clause が、修辞的に、①対照を示したり、②二つの陳述が同様に真であることを示すために用いられる場合」の用法を指している[91]。

---

[91]　毛利（1980：132−146）を参照されたい。

図3－4　発話三層構造理論に基づいた日本語条件文の分類

　日本語の条件文を考察すると、この疑似仮定と同じ概念ではないが、通じているところが少なくなく、普通の恒常条件文・一般条件文や仮定条件文と違った特質を持っているところから、疑似条件文とする[92][93]。

　詳しくは次の3.2で検討していくが、普通条件文と疑似条件文の

92　疑似条件文については、徐秀姿（2010）を参照されたい。

93　疑似条件文については、2.1.3でふれた毛利（1980）の他に、坂原（1985：139）においても、「疑似条件文（pseudo-conditional）とは、"p ならば q" という表現でありながら、通常の条件文と異なり、近似としてさえ真理関数 p⊃q という論理構造をもたない言語形式である」という定義の下で研究されている。そして同書の中で毛利の立場を批判した（同上：155−157）。これに対し、毛利（1988：122−123）は、自分が「あなたの方で p ということをいい立ててくるなら、対抗上、私は q といいたい。」という構造を挙げたのは、PC（pseudo-conditional の略で、疑似条件文のことを指す―著者注）という特定の修辞的技巧型の文についてであって、疑似条件文一般についてではないと応じている。このコメントに対し、坂原（1988：178−179）は、言語理論として最も好ましい事態は、通常の条件文と疑似条件文を単一の意味で説明できることであり、疑似条件文の発話の正当化説は、自然言語の中には通常の条件文とは異なる条件文の用法があることを意識させ、それが語用論的に説明すべきであることを示唆した点では大いに評価できるが、その限定された説明能力からして、もともと、より包括的な説明にとって換わられるべきものであると、主張している。本書では、この二つの観点の違いは、それぞれ疑似条件文を考察する際の視点の違いによるもので、相対立している学説ではないと思う。坂原説は確かに通常条件文も疑似条件文も包括的に解釈でき、説明能力が強く、納得できるが、日本語の具体的な言語現象から見れば、普通条件文と疑似条件文の違いに注目した視点で、日本語の条件文を研究することも合理的で可能であると思う。

特徴と区別について、簡単にまとめておく。

　普通条件文では、前件 P が後件 Q にかかり、P と Q の命題・モダリティレベルの条件と帰結・態度・推論等の関係を表している。P が成り立てば、Q も成り立ち、P が Q の十分条件を成している。P が成り立たなければ Q も成り立たないという裏の意味を含んでいるものが少なくない。

　疑似条件文では、前件 P が後件 Q の外部にあり、Q という発話にかかり、発話成立のための前提条件を表している。P が成り立たなければ Q も成り立たないという裏の意味は含まれていないが、P に示された言い方が成り立たなければ、Q に示される言い方が成り立たなくなる、というメタ言語的な意味を含有しているものが多い。

　普通条件文と疑似条件文の区別を図示すると、図 3-5 になる。

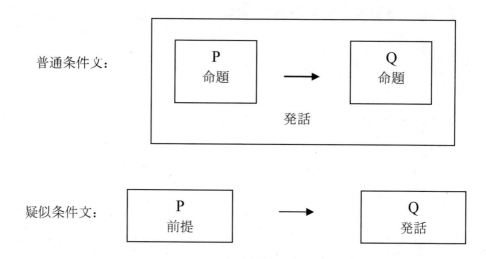

図 3-5　普通条件文と疑似条件文の区別

　山梨（1985：180-181）では、条件文 p→q にかかわる発話行為（ないしは発話の力）を F とした場合、F と前件後件との修飾関係に関しては、基本的には、（A）F（p→q）と、（B）p→F（q）の

タイプが考えられるとしている。そして遂行条件文の前件と後件の修飾関係は（B）のタイプに属すると述べている。山梨のいう遂行条件文は「もしよろしければ、彼を助けてやって下さい。」のような、前件が後件の命題を直接的に修飾するのではなく、むしろ後件の命題を律する発話の力、ないしは発話行為それ自体を修飾しているとされるものを指している。

　研究の視点が違っているが、山梨のいう遂行条件文と、本書での発話レベルの条件文は通じているところがあると思われる。

3.2　三種の条件文の特徴

　この節では 3.1.2 の分類にもとづき、具体的な例文を見ながら、この三種の条件文の特徴をみていきたい。

3.2.1　命題レベルの条件文

　三層構造の「p 部分」即ち命題部分について、毛利（1980）は次のように説明している。

　命題というのは（1）「〜が〜である〔こと〕」（2）「〜が〜する〔こと〕」という形式にあらわされるもので、〜の所へは特定の個体とか特定の動作・状態をあらわす語が入るのであるから、論理学でいわれるとおり、命題は必ずその真偽を決定できるはずである。（中略）これは、命題というものは、情報さえ完備しておれば必ずその時点で真偽決定ができるはずのものだという意味である。（下線は原著のまま）[94]
　文の中には、命題そのまま文として用いられるというのも多い。（中略）そのような場合、M にあたる部分がないのかというと、そんなことはない。（中略）ただその M の内容がいわば無色透明であって、この場合直接表現

---

[94] 毛利（1980：64－65）より引用。

されていないというにすぎない。[95]

　こういう意味で照らし合わせれば、いわゆる恒常条件や一般条件が最も典型的な命題レベルの条件文である。これらの条件文では、前件Pは後件Qが成り立つための恒常条件や一般条件を表している。

　（3−1）春になると、いろいろな花がさく。（現代日本語書き言葉均衡コーパス、以下 BCCWJ）

　（3−2）役人たちは引退が近づくと、それなりの働きをした役人は名誉職として大きな神殿の神官など、かなりの報酬が約束される地位を得ることも珍しくはなかった。（天声人語 2005 年 1 月 23 日）

　（3−3）マニュアル通りに操作しなければ、コンピューターは動かない。（蓮沼等 2001：26）

　（3−4）体温が上がると汗が出る。汗が出ると体温が下がる。（蓮沼等 2001：25）

　命題レベルの条件文では、M にあたる部分がないのではなく、その内容が無色透明であって、直接表現されていないのである。これらの条件文では前件 P に真か偽かの決定ができる。P が真であれば Q も真になるという条件帰結関係を表すのが、命題レベルの条件文の目指すところである。P が真で Q が偽になることのみが偽である。こういう関係は論理学上の真偽条件の規定に当てはまっている（表 3−1）。つまり P は Q が成り立つための十分条件（sufficient condition）になっているわけで、一方、換質換位（contraposition, contrapositive）も成り立ち、Q が P の必要条件（necessary condition）になっている[96]。

[95] 毛利（1980：66−67）より引用。
[96] 毛利（1980：171）を参照されたい。

表3-1　論理学上の真偽値の規定

P	Q	P ⊃ Q
T	T	T
T	F	F
F	T	T
F	F	T

表3-1を例（3-1）にあてはめると、次の表3-2ができる。

表3-2　例（3-1）におけるP ⊃ Qの真偽

P		Q		P ⊃ Q
T	春になる	T	いろいろな花が咲く	T
T	春になる	F	いろいろな花が咲かない	F
F	春にならない	T	いろいろな花が咲く	T
F	春にならない	F	いろいろな花が咲かない	T

　例（3-1）が表しているのは表3-2の一行目、即ち「Pが真であり、Qも真で、P ⊃ Qが真になっている」ということである。二行目Pが真でQが偽の場合だけがP ⊃ Qが偽になる。Pが偽になる場合（表中の三行目と四行目）は、Qが真であろうと偽であろうと、P ⊃ Qが真である。この三行目が表しているのは逆接条件のこと（「春にならなくてもいろいろな花が咲く」）で、四行目で表しているのは（3-1）′の状況である。

　（3-1）′　春にならなければ、いろいろな花が咲かない。

　国立国語研究所（1964：158）ではバは条件を示し、そのうらに「～でなければ後件はおこらない」ことをふくむと指摘した。これはガイスとズウィッキー（Geis & Zwicky）によって「誘導推論」

（invited inference）と名付けられた言語現象である[97]。蓮沼（1987）によれば、誘導推論は論理学においては妥当性を欠く誤謬推論とされるが、自然言語の条件文においては、ごく普通に生じる推論であり、条件文の意味の決定に、重要な影響力を持つものである[98]。

　堀（2004b : 41－42）は、特にバ条件文では、前後の事柄の因果関係・論理的結合が強いため、こういう誘導推論の性質がよく当てはまると指摘している[99]。

　以上（3－1）において、PとQの二つの命題はP ⊃ Qの条件を満たし、条件と帰結の関係を成していて、PがQの十分条件になっていることが分かる。似たようなことは（3－2）－（3－4）についても言える。江田（1994 : 86－88）ではこの種の条件文を「習慣・反復・一般的真理・必然的な結果」の条件文に分類している。

　松下（1977）は仮定を未然と常然の二種に分け、常然というのは「一般の場合に就いて抽象的に言ふ」のであり、「時と場合とに拘らない恒久不変の規則をいふのである」と説明している[100]。本書の命題レベルはこの常然の場合を指している。

　命題レベルの条件文が後ろに推論とか話者の主観的判断がつく場合があるが、これは森田（1967 : 31）において、下記の例文に対する分析のように、「『でしょう』は結果句のみに対する推量ととるよりは、全体に対するととるべきである」。つまり「〔命題レベルの条件文〕M」になる。

---

[97] 坂原（1985 : 101）を参照されたい。
[98] 蓮沼（1987 : 12）を参照されたい。
[99] 一方、李光赫（2010 : 41）では、「＜必須条件＞読みの場合、前件をクリアしないと後件が成立しないとの意味で誘導推論を引き起こせるのに対して、＜前提条件＞読みの場合はそのような意味合いを持っておらず誘導推論を引き起こさない」としている。ここの＜必須条件＞というのは、本書では前件焦点条件文のことになっており、後件焦点条件文とは違ったものである。この観点が正しければ、後件焦点条件文については、誘導推論は引き起こさないことになるが、この問題については、今後の研究課題にしておいて、ここでは深入りしないことにする。
[100] 松下（1977 : 277）を参照されたい。

（3−5）この道をしばらく行くと、右側に白い壁の家が見えてくるでしょう。（森田 1967：31）

3.2.2　モダリティレベルの条件文

発話三層構造の「M 部分」即ちモダリティは話者の判断部分になる。命題レベルの条件文ではモダリティの内容が無色透明であって、直接表現されていないのと違い、モダリティレベルの条件文においては、Q には話者の主観的モダリティを際立たせている表現がきて、P はその前提条件を表す。

次の（3−6）と（3−7）（3−8）を比較すると、その区別が分かる。

（3−6）皿を｛○落とすと・○落とせば・○落としたら｝割れる。（＝2−4）

（3−7）彼が皿を落とすなら、この世の中に確実なことなんて何もないよ。（＝2−5）

（3−8）彼が皿を落とすなら、ぼくは逆立ちをしてレストランの中を 10 周するよ。（＝2−6）

（3−6）では P と Q は命題間の一般条件とその必然的な帰結を表すのに対し、（3−7）（3−8）では、Q は話者のある問題をめぐる意見・判断と態度（例えば「彼が皿を落とすはずがない」）などを表し、P はこの意見・判断・態度が表明される場合の前提条件を表している。（3−7）（3−8）のナラは普通ト・バ・タラには替えられない。次の（3−9）−（3−11）も（3−7）（3−8）と同じように、P に表されている事柄が真である場合を仮定し、Q で話者の態度と意見を示している。

（3−9）あなたが行けば、私も行く。（呉侃 2000：56、171）

（3−10）ミサイルや砲弾と抱き合わせの「自由」ならば、世界

の広場では売ってほしくない。（天声人語 2005 年 1 月 22 日）

　（3－11）世界一高い山は？と尋ねられたら普通はエベレスト（チョモランマ）と答えるだろう。（天声人語 2005 年 1 月 21 日）

　（3－7）－（3－11）は普通仮定条件と見なされる条件文である。江田（1994：86－88）では、仮定条件は多くの場合、文末は話者の判断や考えを示す概言・説明・当為などであって、場合によっては、文末に意志表現を使うことも可能であることから、「仮定条件」を「習慣・反復・一般的真理・必然的な結果」の条件文から区別している。

　こういう仮定条件文も、上の節で取り上げた恒常条件文・一般条件文に似て、P ⊃ Q の条件を満たしていて、誘導推論も働き、裏の意味が考えられる[101]。

　一方、次のような例文もモダリティレベルのものとして考えられる。

　（3－12）もしそこに警官が現れたら、たぶんそいつが今回の事件すべての筋書きを書いたな。（定延 2006：208）

　（3－12）では前件 P で「そこに警官が現れた」ことを仮定して、もしこれが真であれば、Q に示された事柄「たぶんそいつが今回の事件すべての筋書きを書いたな」も真であることを表している。（3－7）－（3－11）では P が真である場合を仮定し、Q ではそれにもとづいた話者の意見・判断と態度を表明するのと違い、（3－12）では、Q では P にもとづいてある推論を述べている。

　坂原（1985：116）では、「与えられた条件のもとでどんな結果が起こるか予想する推論もあれば、与えられた結果から遡及して原因を探る推論もある」として、この両方が日本語ではたまたま同じ

---

[101] 江田（1994：86）では仮定条件について、「『もし』が入れられるもの。裏の意味が考えられる、つまり条件を否定して文を作り、文が成り立つものである」と説明している。

言語形式で表されていることに言及している。坂原が指摘しているのは条件文の焦点についてであるが、（3－12）のような推論も二方向的であると思われる。例えば、意味が逆になるが、（3－12）は次の（3－13）のように言い替えることができる。

　（3－13）もしそいつが今回の事件すべての筋書きを書いた<u>たら</u>（たのなら）、（もうすぐ）そこに警官が現れるだろう。

　つまり、日常言語においては、与えられた条件のもとで、どんな結果が起こるか予想する推論（（3－13）のような場合）もあれば、与えられた結果から遡及して、その原因を探る推論（（3－12）のような場合）もあるのである[102]。

　本書では（3－7）－（3－11）のように、ある物事の発生を仮定し、それに対する話者の態度などを表す条件文と、（3－12）（3－13）のように、ある物事の発生を元に、その原因または帰結を推測するような条件文を、モダリティレベルの条件文とする。

　（3－7）－（3－11）の類の文で、Ｑには命令・勧誘・意志・表出・述べ立てなど多くの文が来られるのに対し、（3－12）（3－13）の類の文では、普通表出や述べ立ての文が来て、命令・勧誘・意志などの文は来ないのである。

　（3－12）におけるタラの特徴について、定延（2006：209）は、「後件に静的事態の表現を好む」と指摘し、「末尾『書いたな』を『書いた奴だ』『書いたのだ』のように名詞述語的にすると文の自然さが高くなること、反対に『な』を削って『書いた』と動的事態をむき出しにすると文の自然さが低くなるとは、その現れである」と分析している。

---

[102] 仁田（1987：18）でも、判断を表す文「庭の虫の音が鳴き止んだので、誰かが忍び込んだのだろう。」（原文の片仮名書きを平仮名にしている、以下同じ）において、事実の世界における因果関係「誰かが忍び込んだので、庭の虫の音が鳴き止んだ。」の有り様は逆であると述べている。

　仁科（2003：67）においては、ルナラを「基準時点＝現在」型のタイプ1と、「基準時点＝過去の一時点」型のタイプ2に分けている。二タイプの大きな違いとして、タイプ1にはその制限がないが、タイプ2では、命令や意志などといった、一種の主観性を持った文が後件になることがない、という制限が生じていると述べている。この二つのタイプのルナラが、ここで言っている二種類のモダリティレベルの条件文の用法とは、完全に一致してはいないが、命令や意志の述語が来るか、述べ立ての述語が来るかというところは、通じているところがあると思われる。

　命題レベルの条件文とモダリティレベルの条件文を区別することによって、一見制約違反に見えるような文が、実際はそうではないということが分かる。

　タラ条件文は普通（3－14）のように、前件実現時点（「向こうに着く」）が後件実現時点（「連絡する」）に先立たねばならない、という「時間的順序制約」があるが、上の（3－12）ではどうも時間的に反対のようである。

　（3－14）向こうに着い<u>たら</u>、連絡してほしい。（定延2006：208）

　（3－12）では前件実現時点（警官出現時点）が後件実現時点（そいつが事件の筋書きを書いた時点）より後になる。これは一見タラの「時間的順序制約」の例外のように見えるが、後件の判断「たぶんそいつが今回の事件すべての筋書きを書いたな」が下されるのは、前件「そこに警官が現れた」という前提条件が、実現してはじめて可能になるので、前項事実の実現は後項の事柄の実現ではなく、その判断の実現に先立っている。こういう意味では、やはり「時間的順序制約」が守られているのである。こういう条件文の前件と後件の間の時間的先後関係については、第五章において改めて詳しくみる。

3.2.3　発話レベルの条件文

　毛利の三層構造において、「‘I-say’部分」即ち発話の部分を、（I say〈…〔p〕〉）という形で表示している。

　発話レベルの仮定について、毛利（1980）では次の例をあげている。

　（3−15）There are some cookies on the sideboard, if you want to have them.（もし、ほしければ、戸棚にクッキーがあるよ）（＝2−2）

　毛利（1980）では（3−15）を次のように説明している。

　　「PがQの十分条件」のようにみれば、「人がクッキーをほしがるならば、クッキーが存在する」ことになる。大変けっこうなことであるが、そんなことはだれも考えない。ではここの「Pならば」はどこへかかっているのであろうか。明らかにPは、「Qということを話者が相手に教える」ための条件である。「Pならば、教えてあげるが、実はQだ」ということで、この構造は（I say〈it is〔Q〕〉, if P）．であって、このif Pは表現されていないという‘I say’という部分にかかることがわかる。[103]

　これと似た例も含めて、次の日本語の例文を見てみよう。上の節で取り上げた誘導推論と、P ⊃ Q の真理値のことを照らし合わせてみれば、どうなるかも考えてみる。

　（3−16）はっきり言え<u>ば</u>、君は間違っている。（蓮沼等2001：14）

　（3−17）思え<u>ば</u>ずいぶん遠くに来たものだ。（蓮沼等2001：14）

　（3−18）<u>もし</u>二三人集まってちょっと打ち合わせることを企画と呼んでいい<u>なら</u>、それは3日前、火曜日の夜に企画された。（毛利1980：141の例をもとに作った）

---

[103]　毛利（1980:69−70）より引用。

　（3−19）十年を一昔と言う<u>ならば</u>、この物語の発端は、今から二昔も前のことになる。（呉侃 2000：64）

　（3−20）あの人、天国に行っているでしょう。もし天国がある<u>なら</u>。

　（3−21）僕がずるい<u>なら</u>、弓子だってずるいよ。（呉侃 2000：64）

　以上の例文に誘導推論の作業を加え、打消しの文に直したら、（3−16）′−（3−21）′のように話者の話そうとする意図に背いた文になったり、日本語としては不自然な文になったりする。

　（3−16）′　＊[104]はっきり言わなければ、君は間違っていない（正しい）。

　（3−17）′　＊思わなければずいぶん遠くに来ていなかったものだ。

　（3−18）′　？[105]もし二三人集まってちょっと打ち合わせることを企画と呼んでいけないなら、それは 3 日前、火曜日の夜に企画されなかった。

　（3−19）′　？十年を一昔と言わなければ、この物語の発端は、今から二昔も前のことにはならない。

　（3−20）′　？あの人、天国に行っていないでしょう。もし天国がないなら。

　（3−21）′　？僕がずるくないなら、弓子だってずるくないよ。

　以上ここの（3−16）−（3−21）は今まで述べてきた命題レベルとモダリティレベルの条件文とは、違った性質を持っていることが分かる。

　3.2.1 で取り上げた P ⊃ Q の真理値を例（3−16）に照らし合わ

---

[104] ＊マークは非文であることを表す。
[105] ？マークは不自然な文であることを表す。

せて見れば、表3−3に示したように、ここではP ⊃ Qが成り立たなくなる。

表3−3　例（3−16）におけるP ⊃ Qの真理値

P		Q		*P ⊃ Q
T	はっきり言う	T	君は間違っている	T
T	はっきり言う	F	君は間違っていない	F
F	はっきり言わない	T	君は間違っている	?T
F	はっきり言わない	F	君は間違っていない	*T

　表3−3から分かるように、一行目と二行目では一応P ⊃ Qが成り立っているが、三行目は少し不自然ではあるものの、成り立つ可能性も考えられる（「はっきり言わなくても君は間違っている」ぐらい）が、四行目は明らかに話者の意図とは反対になる（（3−16）′ になる。表では＊で示している）。

　ここからは、例（3−16）などは命題レベルとモダリティレベルの条件文と違った特徴を持っていて、後者で成立していたP ⊃ Qの関係は、ここでは成立していないことが分かる（それゆえ表題ではP ⊃ Qのところに＊を付け、＊P ⊃ Qで示している）。ここのPとQの関係は統語論では説明しにくくなり、語用論的視点から考察を行なった方がいいのかもしれない。

　実際、（3−16）のP「はっきり言う」は、Qと並行している命題というより、Qという主張を述べる前によく現れる前置き的な表現である。話者が主張しようとしているのは、Qに示されている「君は間違っている」ということで、これは自分の話し方が「はっきり言う」か「はっきり言わない」かによって変わるわけではない。それにもかかわらず、Pで「はっきり言えば」と言うのは、聞き手への心遣いからである。これからQとして述べる主張は聞き手にと

っては、喜ばしいことではないかもしれないので、ある程度心構え
をしてもらいたいという意図を含めて、前置きにPを発する。し
たがって、命題レベルとモダリティレベルにおいて、PとQが仮
定帰結の関係を表しているのと違い、（3−16）においてPはQの
外に位置し、その発話内容にかかっている。

　（3−17）は（3−16）とは、Pが言語活動を表しているのか、そ
れとも思考活動を表しているのか、という違いがあるだけで、（3
−16）に似ている特徴を持っている。PとQは命題間の条件帰結
関係を表すのではなく、Pにおいて後件Qに言及するときの気持
ちと感慨を表している。

　他の（3−18）−（3−21）も大体似ているが、三行目（「もし二
三人集まってちょっと打ち合わせることを企画と呼んでいけなく
ても、それは3日前、火曜日の夜に企画された」）も、不自然であ
まり成り立たない点が少し違っている。例（3−16）（3−17）では
話者の主張はQで、PがどうであってもQが変わらないのと違い、
（3−18）−（3−21）では、QがPという前提に従い述べられて
いるので、まず三行目の状況が考えられない。例えば、（3−20）
の場合、普通「天国がなくてもあの人は天国に行っているでしょう」
とは言わないだろう。

　一方、前提Pが成り立たなければQも成り立たなくなり（（3
−18）′−（3−21）′）、P⊃Qの四行目が真になるようである。
しかしこの点については、意味論から見れば、必ずしもそう解釈で
きないわけでもないが、語用論から見れば、成り立つ可能性がやは
りないのである。普通の会話では、自分の述べようとする主張に全
然関連のないことを、わざわざ前提として取り上げ、それを仮説と
することは普通しないのである。言い換えれば、統語論的にはP
が成り立たない仮定をすることができても、語用論から見れば、Q

の成立はＰの成立を前提にしているのである。もしある前提が成立しなければ、話者は普通別の言い方を選んで、それを前提として仮定することになるだろう。例えば例（3−20）の場合、天国の存在を認めない人なら、「あの人、天国に行っていないでしょう。もし天国がないなら。」（（3−20）′）と言うより、「あの人は極楽浄土に行っているでしょう。もし極楽浄土があるなら。」と話すのが自然言語として普通である。例（3−21）を（3−21）′にするのは、無理やりしいて言う感じが強い。

　こういう発話レベルの条件文にどんな種類のものがあるか、ここで述べてきた特徴の他に、命題レベル・モダリティレベルの条件文と比べ、どんな特徴があるかについては、次章で詳しくみていく。次節では本研究と従来の研究との関連をみて、本研究の位置づけについて考えていきたい。

3.3　従来の研究との関連

　以上発話三層構造理論に従い、命題レベル、モダリティレベルと発話レベルにおける条件文をそれぞれ見てきたが、この節では本研究と従来の研究との関連を見ておきたい。

　ここでは主に二種類の先行研究に注目するが、一つは、2.1で見た先行研究の他に、本書と研究の視点に共通しているところがあると思われる先行研究である。

　これらの先行研究では、明確に「概念レベル」という用語は用いられていないが、タラ・ト・バとナラ・トスレバの違いや、カラとノデの違いを、それぞれ「内の関係」・「外の関係」、事柄と事柄の関係・判断の仮定、客観的・主観的、言明内容・言明行為などの視点で考察するというところから、本書の研究の視点、特に命題レ

ベルとモダリティレベルの区分には共通していると思われる。

　ナラ条件文とその他の条件文との区別については、前から注目されてきた[106]。

　蓮沼（1985）では、タラ・ト・バとナラ・トスレバの間には、截然とした機能の差異が認められ、前者が継起性や因果関係といった、事柄相互に内在する関係の接続を担うのに対し、後者は発話を条件づけるものとしての事態 P を仮に設定する、といった機能をその中核に有するものであるとしている。そして前者は命題の「内の関係」を表し、後者は「外の関係」を表すと述べている[107]。また、後者の場合は、高橋（1983）の言う「内的・外的」の対立で見れば、「外的な関係」に属するとしている[108]。蓮沼等（2001：69）は、ト・バ・タラの表す前件と後件の関係を「事柄と事柄の関係」、ナラの表す仮定を「判断の仮定」としている。

　蓮沼（1985）、蓮沼等（2001）のト・バ・タラとナラ・トスレバとの区分は、本研究の命題レベルとモダリティレベルとの区分に、完全に一致しているわけではないが、視点が通じているところがあると思われる。

　久野（1973：104）はナラと聞き手との関係に注目し、「S_1 の断定の行動主が話し手ではなくて、聞き手（あるいは人一般）である」としている。呉侃（2000：173）はナラのこの種の仮定は動作の仮定ではなく、判断についての仮定であり、そして自分の判断ではなく、普通相手の判断であると指摘している。

　条件文の研究ではないが、従属文の研究において、上の命題レベ

---

[106] ト・バ・タラ条件文とナラ条件文との区別については第五章で詳しく述べるので、ここでは主として先行研究との関連に注目している。
[107] 蓮沼（1985：75）を参照されたい。
[108] 蓮沼（1985：77）を参照されたい。後述するように、高橋の言う外的関係は発話レベルにおけるもので、蓮沼の言っているナラ・トスレバの用法とは、次元の違ったものであると思われるが、蓮沼のナラ・トスレバとト・バ・タラの区別の分析には賛成である。

ルとモダリティレベルと似たような視点から考察したものがある。森田（1967：39）では、カラは条件結果の関係がともに話し手の主観によって認知された関係であるのに対し、ノデは「話し手の主観以前にすでに存在する因果関係であり、それを全体で1つの事態として客観的にはあくし叙述する形式である。それには途中で切れ目を感じさせない」と述べている。次の（3−22）と（3−23）における「から」と「ので」の表現機構の相違を、それぞれ「［条件⇒結果］＋らしい」と「条件⇒［結果＋だろう］」のように示した[109]。

　　（3−22）金があるので遊びに行ったらしい。（森田 1967：40）

　　（3−23）金があるから、遊びに行ったのだろう。（森田 1967：40）

　本書の視点で見れば、それぞれ命題レベルとモダリティレベルの違いとしても捉えられるのではないかと思われる。(3−22)の「［条件⇒結果］＋らしい」は、3.2.1 で言及した「〔命題レベルの条件文〕M」と一致していて、ここでは「〔命題レベルの理由文〕M」になる。

　同じカラとノデについての研究であるが、上林（1992：23−27）においては、理由を表す接続詞「から」と「ので」の区別を、「から」は（1）「原因から結果を導く」と（2）「推論を導く」の二義性を有するが、「ので」は（1）の意味しか持たないということに求めた。上林によれば、（2）の「から」を用いて「p だから q」というとき、'p' と 'q' との関係は「'p' と話者が信じることが 'q' という話者の言明行為の理由である」ということである。これに対して（1）の「から」による「p だから q」は、「'p' という事実が 'q' という事実の原因である」、即ち「'p' ということが 'q' という言明内容の理由である」ことを表しているのである

---

[109] 原著では図で示されているが、ここでは便宜上こういうふうに書かせてもらう。

110。

　上林の（2）の「から」は、その後件は推量・見解・意志・命令・依頼などの文が多いということから、本文の言っているモダリティレベルに似ていると思われる。一方、（1）の「から」は言明内容の理由を表し、本書の命題レベルにあたっている。それゆえ、命題・モダリティなどの用語こそ使われていないが、上林（1992）における理由を表す接続詞、「から」と「ので」（或いは（1）の「から」と（2）の「から」）の違いは、命題レベルとモダリティレベルにおける違いによるものだ、とも言えるのではないかと思われる。

　奥田（1986）では、条件づけを表現するつきそい・あわせ文について、次のように指摘している。

　　いいおわり文の位置にどのような通達的なタイプの文[111]があらわれてくるか、ということで、条件づけを表現する≪つきそい・あわせ文≫は、おおきくふたつの系列にわかれるのである。（a）対象の論理にしたがいながら、ふたつの出来事のあいだの客観的な関係の描写にむけられているもの、（b）はなし手が、自分の立場から、≪私≫の論理にしたがいながら、ふたつの出来事のあいだの関係をとりむすんでいるもの。こうして、条件づけを表現する≪つきそい・あわせ文≫を理解するために、文の通達的なタイプについての知識をまえもって用意しておくことが必要になる。[112]

　用語は違っているが、ここの「客観的な関係の描写にむけられている」（a）と、「はなし手が自分の立場から、≪私≫の論理にしたがいながら、ふたつの出来事のあいだの関係をとりむすんでいる」（b）との区分は、上述の命題レベルとモダリティレベルの区

[110] 上林（1992：24）を参照されたい。
[111] 奥田（1986：8）では、文はそこにさしだされる対象的な内容としての出来事が、話し手にとってどういうことなのか、という観点から、ものがたり文、まちのぞみ文、さそいかけ文、たずねる文にわけられている。奥田はこれらを文の通達的なタイプと呼んでいる。
[112] 奥田（1986：8）より引用。

分とは、通じるところがあるのではないかと思われる。

　以上は本書における命題レベルとモダリティレベルとの区分に、視点が似ている先行研究をいくつか見てきたが、これからは少し角度を変え、本書において、命題レベルとモダリティレベルに入れられないと思う条件文、つまり発話レベルにおける条件文に対して、従来の研究ではどう扱っていたのかを見てみたい。

　本研究において発話レベルとみなされる条件文については、その具体的な意味用法について解釈と説明を与えるだけで、条件文研究の体系からは研究対象として除外しているものが多い。例えば3.1.1でふれた国立国語研究所（1964）と堀（2004b、2005）などがそうである。堀では、条件文の中から慣用表現と前置き表現が除外されていることは、上で見たとおりであるが、国立国語研究所（1964）について、もう少し詳しく見る。

　国立国語研究所（1964）では、接続詞的用法や慣用的な用法などは中心的用法ではなく、周辺的な用法であるとされている。接続詞的用法は普通前件も後件も過去の出来事で、接続詞がそのきっかけや継起関係を表すもので、本書では条件と見なしていない。一方、国研の慣用的な用法というのは、「なければならない」「ねばならぬ」「ともすれば」「そういえば」「～ば～ほど」「そしたら」「～ときたら」など、慣用句的な性格をもつものを指している[113]が、この中で、主題提示などの慣用的な用法は、本書では発話レベルの条件文と見なしている。

　前述したとおり、国立国語研究所（1964）では、中心的用法の一つに「前おき」の用法がある。この「前おき」の用法と普通の「客観的条件」とは次元の違うものをつないでいるとみられ、「客観的条件では、『ば』『と』などのついた従属句も、これにつづく主文

---

[113] 国立国語研究所（1964：148−149）を参照されたい。

も、ともに話し手をはなれた客観的なできごとであるのに対して、前おきのばあいは、主文のあらわすのは客観的なできごとであるが、従属句の方は題目の提示にせよ主文への注釈にせよ、話し手のはたらきを示している」と述べている[114]。こういう客観的できごとと話し手のはたらきの二分法と違い、前置きの用法は本書では発話レベルにおける条件文と見なしていて、命題レベル・モダリティレベルと発話レベルのような三分法をしているが、それぞれ次元が違うというのは同感である。

　この発話レベルの条件文が日本語条件文の中にどれぐらいあるのか、正確な統計がないが、もしその数が本当に少数なら、除外しても大して問題が起こらないが、その数がわずかなものではないようである。3.1.1 でも見たが、堀の統計からは、トとバの場合、慣用表現と前置き表現の用例数がかなりあることが分かる。

　江田（1994：85-86）では、小説からとった「ば」の例文 322 例に対して分類を行っているが、その中で「前置き」とされている用法の例文数は 82 例あって、全体の 25%強を占めている。この「前置き」の用法は、本書では発話レベルの条件文になっているが、少なくとも 4 分の 1 ぐらいを占めている例文を、条件文の体系外にするのは、その全体像を見るのに、支障をきたす恐れがあるのではないかと思われる。

　大野等（2005）は日本語の条件節の形式を、会話の分析をもとにして考察したものであるが、「これら四つの形式[115]の過半数が文法規則にもとづいて組み立てられた発話というより、語彙化・慣用句化した表現の中で使われていた」と指摘している[116]。研究の視点が違い、必ずしも観点が一致しているわけではないが、ここの語彙化・

---

[114] 国立国語研究所（1964：151）を参照されたい。
[115] ここの「四つの形式」というのはト・バ・タラ・ナラ条件文のことを指している。
[116] 大野等（2005：73）を参照されたい。

慣用句化した表現には、本書の第六章で述べる前件焦点条件文など
も含まれている一方、「例えば」「そう言えば」など、本書では発
話レベルの条件文として扱われているものも多数ある。

　堀、江田、大野等などの統計を合わせてみれば、本書で発話レベ
ルの条件文と見なされるものは、日本語では、文章語においても会
話においても、少なくない存在であることが分かる。

　他に、有田（2006）では Quirk et al. にしたがい、条件文を「主
節の命題の真が条件節の条件成立の帰結」であるような条件文と、
そうでないような条件文を、それぞれ「直接的条件文」と「間接的
条件文」と呼んで区別している[117]。

　　間接的条件文は、発話行為条件文（"speech-act conditionals"）と呼ばれ
　ることもあるように、if 節が主節の叙述を条件づけるというよりも、主節
　を発言すること自体を if 節が条件づけるものである。このような if 節の用
　例数は多く、決して無視することはできない（後略）。[118]

　有田（2006）は直接的条件文を研究対象にしたものであるが、間
接的条件文についても、示唆に富む指摘をしていた。

　一方、発話レベルを設けている先行研究もある。第二章で取り上
げた中右説と角田説がそうであるが、詳しくはそこをご参照いただ
き、ここでは省略させていただくことにする。

　発話という用語は用いていないが、内容的には似ているものがあ
る。高橋（1983：293）では、動詞の条件形（スルト、スレバ、シ
タラなどの形）から発達してきたものを後置詞とよんで、これらの
後置詞は文の陳述的な側面（通達的な側面）により多くかかわって
いると述べている。高橋（1983）はこういう条件形から発達した後
置詞を、話題をさそいだす名詞句をつくるものと、みるたちばや根

[117] 有田（2006：131）を参照されたい。
[118] 有田（2006：132）より引用。

拠をしめす名詞句をつくるものとに分けている[119]。こういう機能は、本書で考察している発話レベルの条件文の主な性質でもある。それゆえ本書における発話レベルは、高橋氏のこの陳述的な側面（通達的な側面）と通じているところがあると思われる。

　他に、3.1.2 で述べた、発話レベルの条件文では、P が Q という発話の外にきているという特徴も、高橋氏の「外的な関係」に通じているのである。

　　外的な関係というのは、主節が現実のできごとやありさまをあらわしていて、条件節（句）が、それを認識したり表現したりする活動をあらわしているものである。条件節のあらわす活動がなくても、主節のあらわすできごとやありさまは成立している。条件句が主節のあらわすことがらの外にある活動をあらわすという意味で「外的な関係」とよんだ。[120]

　高橋氏は意味的な関係を、内的な関係と外的な関係に大きく二つにわけ、条件形から発達した後置詞の代表をなす「いう」「みる」の条件形が、外的な関係をしめすグループのものから発展したと述べている[121]。

　似たような論述は江田（1994）にもある。江田（1994：94）では、「前置きの『ば』は（中略）命題の外にある、伝達態度に関係する要素である」と述べている。

　条件文ではないが、姫野（1995）は「から」を、文の階層性と関連づけて分析し、ことがらの成立にかかわる「から1」、真偽判断のモダリティにかかわる「から2」と、表現・伝達という表現類型のモダリティにかかわる「から3」とに分けている。姫野（1995）における階層はやはり命題とモダリティの二層であるが、「から3」

---

[119] 高橋（1983：297）を参照されたい。
[120] 高橋（1983：299−300）より引用。
[121] 高橋（1983：298−300）を参照されたい。

は相手に「伝える」理由・根拠を示していると考えているのは、本書でいう三層構造に似ているところがある。

　しかし、姫野（1995）は3種の原因・理由を認めていながら、表現伝達（D段階）に関わる「から3」は日本語には存在していないと思っている。これに対し、前田（2000）ではカラについて、従来の二分類の他に、「これから英語の文章を読みますから、注意して聞いて下さい」という文におけるカラを、「第三の原因・理由節」即ち「可能条件提示を表すカラ」と名付けて、カラは三種類あるという見方を取っている。

　以上をまとめれば、発話レベルの条件文については、今まである程度関心が持たれ、言及されていた先行研究も見られたが、周辺的なものとされたり、研究対象から除外されたりして、中心的なものと見なされなかった場合も少なくないことが分かる。この種の条件文を考察した先行研究の中では、その意味特徴の説明に集中し、他の条件文と対照した場合は、第二章で見たように、二極対立に基づいた二分法の視点から見たのがほとんどである。管見のところ、条件文研究の体系に入れ、正面からその特徴の考察を行なうものは、今のところあまり見当らない。

　大野等（2005：79）は語彙化・慣用句化した表現は、従来言語学の研究対象になることが少なく、日本語教育においても、一般的に指導の中心になっているとは言えないことを指摘している。また、「我々言語学者、日本語教師が、会話で頻繁に現れる条件節の形式の語彙化・慣用句化した表現に今までほとんど気が付いていなかったこと」を強調し、「このような表現が会話での最も一般的な形であるのなら、それが言語研究や日本語教育においてもっと中心的な役割を果たすべきではないだろうか」と提案している[122]。

[122] 大野等（2005：80）を参照されたい。

　それだけでなく、日本語条件文の研究としても、こういう普通の条件文とは性格の違う条件文も、条件文の全体の体系に入れる考察ができれば、条件文の研究ももっと完全なものになると思われる。

　以上、本研究の三層構造の三つの概念レベルで、命題レベルとモダリティレベルの区分に対しては、用語こそ異なっているが、似たような視点からの研究も少なくなく存在しているのに対し、発話レベルに対しては、視野に入れられているのがまだ多くないことが分かる。

3.4　三つのレベルにおけるト・バ・タラ・ナラの分布

　3.2では発話三層構造理論に従い、命題レベル・モダリティレベルと発話レベルにおける条件文を、それぞれ見てきたが、ト・バ・タラ・ナラの四つの条件文は、それぞれのレベルでどのような現れ方をしているのだろうか。本節では先行研究に基づき、この問題について見ていきたいが、条件文の中では、お互いに意味用法が拡張しているものが少なくない[123]ので、ここではその基本的な用法、言い換えればプロトタイプ的な用法を主に見ていく。

　堀（2004b：37−38）では一般条件、恒常条件、反復条件の条件文などを必然用法として、ト・バ・タラがあるとしているが、命題レベルの特徴から考えれば、恒常時間のトと論理性のバが最も現れやすいと思われる。

　ト形式について、益岡はその表現の一部が派生的に条件表現を作

---

[123] 例えば、仁科（2003：63）にあるように、「ば」や「たら」を用いた「のであれば」形や、「のだったら」形などでも、「なら」と同様の用法を持っていることが多いのである。これは日本語の条件文が複雑であることの表れでもあるだろう。ここでは主に条件文の単純形のプロトタイプ的な用法をめぐって見ていく。

り上げるに過ぎないと思い、条件表現の骨格部分から外れるとしている[124]が、トの基本は、前件と後件で表される二つの事態の一体性を表す点にある、と見ることができると述べている[125]。

　森田（1967）ではトについて、一方の条件が成立すると、他方の結果も自然発生的に成立する函数関係にある因果関係を表すことが多いと指摘し、この用法を定接と呼んで、「〜と」によって表される条件は、定接を本来の姿とするのであると述べている[126]。

　堀（2005：130）でもトのプロトタイプ的意味は「必然」であるとしている。

　国立国語研究所（1964：155）の「一般・超時」における、バ・ト・タラの用例数はそれぞれ 155、176 と 18 である。ここからも一般・超時の用法において、タラはあまり現れないのに対し、ト・バはよく現れていることが分かる。

　本書では継起・きっかけなどの用法を除外し、仮定を表すトを条件文の一種と思う。以上の先行研究から、トの特徴は必然を表し、条件文の前件と後件の事態の一体性を表すことである、ということが分かったが、この特徴は、前件 P が後件 Q の成り立つための恒常条件や一般条件を表している、という命題レベルの特徴とよく合っている。

　バに対して、森田（1967：32）はトと同じ定接を表す場合がきわめて多いとし、「『〜ば』は本来時間的観念をもたず、しかも「〜と」に比して具体性に乏しく、観念的想像による場合が多い。ただ客観的に条件結果の因果関係を示すのみなのである」、「そこには話し手の恣意性の入り込む余地がほとんどない」と述べている。

　益岡（1993b：2）では、レバ形式の中心的な用法は、前件と後件

---

[124] 益岡（1993b：14、17）を参照されたい。
[125] 益岡（1993b：14）を参照されたい。
[126] 森田（1967：30）を参照されたい。

の組合せによって、時間を超えて成り立つ一般的な因果関係を表す、というものであるとされている。ここからバ条件文は命題レベルの特徴に合っていることが分かる。「叩けば埃が出る」「噂をすれば影がさす」「風が吹けば、桶屋がもうかる」のようなことわざや慣用句に、バが多く用いられているのもこのためである。

　トでは文末に命令・依頼・願望など、ほとんどのモダリティ表現が共起できないのと比べ、バ条件文はある程度許容されるが、制約がある[127]。これもバ条件文が因果関係を表し、あまり話し手の恣意的なものが入り込めないことの現れである。

　一方、タラとナラがモダリティレベルに現れやすいと思われる。益岡（1993b：3）によれば、タラ形式の文の基本は、個別的事態間の依存関係を表す点にある。森田（1967：36）では、タラについて、「事がらが起こってしまった場合を想定して、もしくはすでに生起した状態において、主題の人間や事物に起こった事がらや、その想定に対する話し手の立場・意見を叙述する。したがって『～たら』には後続句に意志・希望・勧誘・命令・許可等の表現を行なうことも許される」と述べている。個別的事態間の依存関係を表し、主節に意志などの表現がくるという特徴から、タラがモダリティレベルの条件文を表すのに便利なのである。

　国立国語研究所（1964）には、主文に命令・すすめ・許可・希望・意志などの表現（命令形・意志形とはかぎらない）がきたときの、「～ば」「～と」と「～たら」の表現の数の統計があり、結果は次

---

[127] 堀（2004a：126）では、バ条件文は交換条件をも成立させる前後の事柄の強い結びつきを表し、基本的に前件の事柄が起きた場合、後件の結果になるということを表すため、前件の述語が動作性の述語の場合、後件では話者の断定・推量・判断のみが許されること、しかし、前件が状態性の述語や無意志動詞と他動性の低い動詞の場合は、依頼のような弱い働きかけが許されることを指摘している。また、徐衛（2007：134－136）においても、観察・描写のモダリティ、推量・判断のモダリティ、意志・希望のモダリティと働きかけのモダリティなどに分けて、バ条件文に対する制約があるかどうかに関して、検討している。

の表3－4になる。表からは主文に主観的述語が来る条件文の場合、前件にはタラが一番多用され、バも使用されているが、数は多くなく、そしてトはほとんど用いられていないことが分かる。

表3－4　国研（1964）における主観的主文の条件文の統計[128]

	ば	と	たら
「だ」「です」「ます」に	－	－	12
その他に	6	(2)[129]	36

　この主観的述語が来る条件文におけるタラ・バが、トに置き換えられない理由について、国研（1964：152）では、「『と』にこのような用法がないのは、『と』が前件と後件とのあいだの自然・当然な結びつきをあらわしているためであろう。つまり後件が前件の自然の結果として展開されるために、意志によって左右されることが後件たりえないのだと思われる」と説明している。

　一方、ナラについては、森田（1967：34－35）では仮定と既定とに分け、話し手自身のとるべき立場・行為・意志・意見等を示すと述べている。益岡もナラ形式の文の顕著な特徴は、表現の重点が後件にあることであり、すなわち、後件において表現者自身の判断や態度が示されるのであると指摘している[130]。こういう立場・行為・意志・意見や、判断・態度を示すというナラの特徴は、モダリティレベルの条件文に合っている。

　以上、四種類の条件文のプロトタイプ的用法を中心にして考えれ

---

[128] 国研（1964：152）より引用。表題は筆者が加えた。
[129] ここの2例は「…いわねえと…」「そうしないと…」のように、前件が打ち消しになっている例である（国立国語研究所1964：153）。この2例を考察すれば、それは本書の第六章で扱う前件焦点条件文になっているようなもので、ここで言う主観的主文の条件文（仮定条件）とは違っていることが分かる。
[130] 益岡（1993b：12）を参照されたい。

ば、命題レベルにおいては、ト・バが現れやすく、モダリティレベルには、タラとナラ[131]が現れやすい傾向があるのではないかと思われる。

2.1.5 で述べていたように、益岡（1997：105－114）では、レバ形式は事態命名のレベル、タラ形式は現象のレベル、そしてナラ形式は判断のレベルにおける条件節を表しているとされている。事態命名のレベルと現象のレベルは、同じ対象領域のレベル（命題のレベル）に属するので、益岡ではバ・タラが命題レベルになるのである。これは、本書ではタラをモダリティレベルに入れているのとは違っている。この違いは分類する時の視点の違いによるものであろう。2.2.1 と 2.2.2 でみたように、益岡の条件文の研究は、前件を中心に行っているので、タラの特徴を「個別的事態間の依存関係を表す」とし、その事態間、即ち命題間の事柄関係に視点を置いているのである。が、主節の方に視点を移せば、タラの後件には常に意志・勧誘・命令・表出などの主観的述語が来るので、本書ではタラを、モダリティレベルにおける条件文の一種と位置づけている。もちろんナラの判断の特徴と比べれば、確かにタラは事柄的であると言える。

一方、発話レベルについては、次章で詳しく考察をしていくが、ト・バ・タラ・ナラがこのレベルにおける分布を、具体例から見れば、四つとも見られているが、ト・バ・タラは、「いわば」「例えば」「はっきり言えば」「によると」「ときたら」などのような、複合辞形として現れるものが多い。単純形で用いられた場合は、ト・バ・タラはナラに置き換え可能なものが多いので、単純形として発

---

[131] 仁科（2003）に詳しくあるように、ナラは他の三種と違い、「るなら」形と「たなら」形があり、両者の間には意味がちがう場合もあるし、あまり違いが感じられなくなる場合も存在するので、複雑なあり方を示しているが、本章ではこういうナラの具体的な意味用法の検討ではなく、三層構造における条件文の様子を描くことに目的が置かれているので、ルナラとタナラを区別しないで見ている。

話レベルに最も多く用いられているのは、やはりナラであるといっていい。

　本章では、命題レベル・モダリティレベル・発話レベルの条件文というふうに議論をしてきたが、ここで断っておきたいのは、命題レベル・モダリティレベル・発話レベルの間に、はっきりした線が引けるものではないばかりでなく、一つの条件文がどのレベルの条件文かと判断する時、唯一の理解しかできないというものはむしろ多くなく、話者の本当の発話意図が把握できないものも少なくないことである。それゆえ、以上述べてきた発話三層構造理論に基づいた条件文に対する分類は、大まかな傾向として捉えるしかない。

第四章　発話レベルの条件文とその特徴[132]

4.1　発話レベルの条件文の種類

　この節では発話レベルの条件文について概観した上で、次の節でその特徴を見てみたい。

　ここの考察は発話レベルの条件文の網羅的な検討ではなく、今集まった例文の中で、発話レベルの条件文と思われるものを取り上げるだけであることを断っておきたい。

4.1.1　発話の主題を表す条件文

　高橋（1983 :311−313）では、話題をさそいだすものとして、「～というと、～といえば、～といったら、～ときたら、～とくれば、～となると、～となれば、～にかかると、～にかかったら、～にかけると、～に関すると、～とあってみれば」などが挙げられている。

　これらのものの中では、「～というと、～といえば、～といったら」など、4.1.2 の言語活動の説明のところに入れてもいいようなものも入っているが、ほとんど後件に続く内容の主題を示すものである。そしてト・バ・タラ・ナラの単純形よりは、複合辞形のまとまった形で把握されるのが普通である。

　（4−1）大貫さんときたら気が早いんだから、一晩ぐらいゆっく

---

132 本章の主な内容は「発話にかかわる仮定表現」という論文にまとめられ、発表されている（呉大纲.《日语教学的本土化研究——2011 年度上海外国语大学日本学国际论坛纪念文集》，华东理工大学出版社，2012 年）。

りしなさいよ。（中日対訳コーパス）（以下、中日対訳）

　（4−2）克平は、口論となると、どうも八千代が苦手だった。（中日対訳）

　（4−3）そしてその生活を支えて行く原動力となるものが、二つある。一つは経済力。もう一つは愛情の支え。経済は眼に見えるもの、具体的なものではっきりしているが、二人の愛情の在り方となると、生涯の謎だ。謎だから面白いが、人生のあらゆる苦悩もそこから生ずる。（中日対訳）

　（4−1）で「ときたら」が示すのは話し相手の「大貫さん」であるが、ここの「ときたら」は「は」に置き換えられても、文法的には問題ないが、客観的な「は」に比べ、「ときたら」は主観的な色彩を帯びている。（4−2）の場合は、「となると」は、後件発話が提起される場面を示している。（4−3）においては、「経済」と「愛情」とを対照しているので、「経済は」の後ろに「二人の愛情の在り方は」と続いても、文としては成り立つが、「となると」を用いるのは、（4−1）に似て、違ったニュアンスが生じている。ここの「となると」に示された主題は、普通の程度のものではないという意味が含まれていて、その直後にこの問題になる話題について、話が展開されていく。

4.1.2　言語活動・思考活動そのものについて説明する条件文

　（4−4）夜明けを待ちながら、いわば空中の一点となって見た大自然の数々を、より遠くに、よりはるかに感じられたものから順に記す。（天声人語 2005 年 1 月 1 日）

　（4−5）通貨の偽造は、昔から延々と続いてきた。例えばフラン

スの作家ジドの「贋金つかいの日記」には、約100年前のフィガ
ロ紙の記事が収録されている。（天声人語2005年1月8日）

　　（4－6）たとえ話をつづければ、昔のはやり歌の「おれは河原の
枯れすすき……」（船頭小唄）には、日本人好みの哀愁と諦観が漂
う。（天声人語2005年1月11日）

　　（4－7）昭和という時代が終わったのは、16年前の今頃だった。
その昭和で数えれば今年は80年になる。（天声人語2005年1月9
日）

　　（4－8）（前略）先のアンケート結果を借りれば「人間はゼロに
等しく、同時に無限大でもある」とでもいおうか。（天声人語2005
年1月11日）

　　毛利によれば、平叙文には二種類あって、言語外の事実を記述す
る事実記載的（constative）な一般の平叙文と、その発話自身そこ
に意味された行為と一致するような行為遂行的（performative）な
遂行文がある。「John swam across the river.／ジョンが川を泳いで
わたった。」や、「I get up at six every morning.／私が毎朝六時に起
きる。」が前者の例で、話は照合すべき事実があれば真で、その事
実がなければ偽となるように、真か偽かの二者択一の特徴があり、
それに対応する事実を、その文とは別に考えうる。これに対し、「I
promise to help you.／私はあなたを助けると約束します。」や、「暑
中お見舞申し上げます。」が後者の例である。遂行文の場合は意味
されている事実が、その発話自体によって作り出され、その事実が
その文とは別に存在するということはありえない。promiseなどこ
れらの文にある述語動詞は遂行動詞（performative verb）と呼ばれ
ている[133]。

　　遂行文は原則として一人称を主語とし、それに遂行動詞の現在単

[133] 毛利（1980：28－29）を参照されたい。

純形をつけて用いられているので、例（4−4）−（4−8）における
Ｐは仮定形になっているため、完全な遂行文とは言えないかもしれ
ない。が、文中の動詞「言う」「喩える（喩う）」「数える」など
は、遂行動詞的性質を持っているものである。つまり「言う」とい
って実際に今ここで言っていて、「喩える」といって実際に喩えて
いて、「数える」といって実際に数えているわけであり、それぞれ
言語活動の具体的な様式について説明している。意味されている事
実がこの発話自体によって作り出され、その事実が別に存在すると
いうことはない。ゆえに真か偽かの判断も必要ない。（4−8）の「借
りる」は「アンケート結果を借りていえば」の意で、やはり遂行的
なもので、言語活動の具体的なやり方についての説明である。後件
Ｑではこの言語活動が行われた場合、どんな帰結になるかを表して
いる。

　この行為遂行的動詞には「言う」や「考える」など、言語活動や
思考活動を表す動詞が多い。前件で「言う」や「考える」の仕方、
即ち言語活動や思考活動の具体的な様相や、話者[134]の立場・視点、
及び言語活動の進行中の各段階についての解釈など、詳しい説明が
行なわれている。立場・視点や言語活動の進行中の各段階について
の解釈などの場合は、「見る」「する」でできた複合的な条件文も
多く使われている[135]。

　（4−9）　はっきり言えば、君は間違っている。（＝3−16）

　（4−10）　正直に言うと、ぼくはいやなんだ。（呉侃2000：60）

　（4−11）　いまふうにいいますと、ふたりとも、いわゆる「落ち

---

[134] 本研究では「話をすることの主体」という意味で、「話者」或は「話し手」を使って
いる。そして本研究では、文章語と口語における区別は特に問題にしないので、「話者」
「話し手」という時には、「書き手」の意味も含まれている場合がある。一方、「聞き
手」が使われる時は「読み手」の意味も含まれている。
[135] 論説文体における条件文「〜ば」については、増倉（2002）に詳しい分類と分析があ
る。

こぼれ」の児童です。（中日対訳）

　（4-12）中川さんは、どちらかと言えば、おとなしい性格です。
（蓮沼等 2001：14）

　（4-13）「あるがまま」は逆にありのままの自分をみつめることである。別のいい方をすれば、人の目に映っている自分を素直に認めることである。（中日対訳）

　（4-14）と云うのは、「あれがあの女の亭主だと見える」と、評判されて見たいことです。云いかえれば「この女は己の物だぞ。（中略）」と大いに自慢してやりたいことです。（中日対訳）

　（4-15）バスケ部にも入っていたし、委員などもやっていた。学年でも、「目立った」存在だった。裏を返せば、「生意気な」存在だったに違いない。（中日対訳）

　（4-16）これを十分活用すれば、極端にいうと、上に立つものはバカでもいいということになる。（中日対訳）

　（4-17）しかし東洋人の立場から見れば、少なくともこの件を今日の目から見れば、パスカルは不真面のそしりを免れないだろう。（中日対訳）

　（4-18）凡てを叔父任せにして平気でいた私は、世間的に云えば本当の馬鹿でした。世間的以上の見地から評すれば、或は純なる尊い男とでも云えましょうか。（中日対訳）

　（4-19）思えばずいぶん遠くに来たものだ。（＝3-17）

　（4-20）考えてみれば、まだ何一つ仕事が片付いていない。（蓮沼等 2001：14）

　（4-9）-（4-12）は言語活動の具体的な様相、（4-13）-（4-14）は換言、（4-15）は反対の言い方、（4-16）は極言、（4-17）-（4-18）は話者の立場・視点、（4-19）-（4-20）は思考活動を表している。

　（4−9）を例に見よう。ここの「はっきり言えば」は「遠まわしな言い方でなく、明確な言い方で言わせてもらえれば」という意味で、聞き手への気遣いが含まれている。中右（1994a：49−50）では、「言うなれば」「そう言えば」「お差し支えなければ」「お願いできれば」「よろしかったら」「お邪魔でなければ」「率直に言えば」など、条件節が全体でひとつの発話態度（Dモダリティ）を表明している条件表現について、「自分の発話内容が相手の気に触る事柄をあえて言明するとき、相手の許可をあらかじめ求める。そういう働きがこの種の条件節にはある」と述べ、「陳述緩和の働きをしている」と述べている。またこのタイプの条件節には、典型的には、①発話動詞が生起している、②帰結節の命題内容を指し示す文代用表現が生じている（英語では so, it, φ など）、③話し手の話し相手に対する社交的配慮がある、とその特徴を分析している。

　この節で取り上げたものは、通常前置き的な機能をになうものとされてきた。広義的には、次のような、言語活動・思考活動そのものについて説明する動詞ではないが、後件述語に対し、状況説明や陳述緩和の働きを果たしているものも入っている。

　（4−21）よろしければあしたもう一度来てください。

　（4−22）できれば早く行きたいです。

　前置き的な用法の条件文として、田中（2005：290）では、「結論をいえば」「まとめていえば」「はっきりいえば」「実をいえば」「裏を返せば」など、江田（1994：86）では、「ひとことで言えば」「簡単に述べれば」などが挙げられている。中右（1986：78）では、こういう条件文については、従節自体がいわゆる遂行文の構造をしているという点に着目すべきであるとして、英語を例としているが、「従節は、主節の命題内容をまるごと含み込んだ遂行節としての働き」をしていると述べている。ここからは、従節が主節の一部分だ

けでなく、主節の命題内容全体にかかっているということが分かる。これがまさに発話レベルの条件文の特徴である。

4.1.3　発話の表現の成立条件を示す条件文

（4−23）もし二三人集まってちょっと打ち合わせることを企画と呼んでいい<u>なら</u>、それは3日前、火曜日の夜に企画された。（＝3−18）

（4−24）ちょっと机といすを動かし、ほこりをふくことを掃除といえる<u>なら</u>、毎日掃除している。

（4−25）あの人、天国に行っているでしょう。もし天国がある<u>なら</u>。（＝3−20）

（4−23）−（4−25）の前項Pは後項Qの言い方そのものが成り立つかどうかの前提条件を仮定している。（4−23）では、「二三人集まってちょっと打ち合わせることを企画と呼んでいいかどうか」について、話者は自信がなく、もしこういう言い方を認めてもらえれば、と仮定して言う。もしPに示されている言い方が大丈夫なら、Qが成り立つという話者の意図が潜んでいる。もしPに示されている言い方を認めてもらえなければ、Qが誤用になり、お互いの会話に支障をきたす恐れがあるという話者の配慮がある。

杉戸（1989：4）は「われわれは、毎日の言語生活のなかでいろいろな言語行動をするとき、その言語行動について、じつにいろいろなことを気にしながら話したり書いたりしているらしい」と述べ、言語行動についてのきまりことばの一種として、待遇表現上の気配りを表現する言語表現を挙げている。また、「ある言語行動について言ったり書いたりするのであるから、それはいわゆるメタ言語の性格をもつ言語行動である」とその特徴を指摘している。

一方、林（1978：61）は、「英語の for や because の場合と全く

同じに、日本語の『なぜなら』や『から』も、『何何である』ことの理由づけをするほかに、自分の物言いを取り立てて、『何何であると言う』ことの理由づけをするのにも使う、すなわち、メタ言語化の用法がある」と述べているが、条件表現にも、「何何である」ことについての条件のほか、「何何であると言う」ことへの仮定条件を示している、メタ言語化[136]の用法があると思われる。上の（4－23）－（4－25）の例文はメタ言語の性格をもつ待遇表現であり、前件Pで「何何であると言う」ことへの仮定条件を示している。こういう場合、表現に使われる言語の語形や語性を意識の場に呼び出し、表現の中の「ことば」を意識しているのである。

　こういう意味では、前節4.1.2の条件文もメタ言語的であると言える。「いわば」「例えば」「はっきり言えば」などは、発話行為そのものを意識しているのに対し、この節の場合は発話した表現そのものを意識している。

　（4－23）－（4－25）の例では、同じ語がPとQで照応反復（anaphoric repetition）を成しているが、これらと少し違った例をあげる。

　（4－26）十年を一昔と言うならば、この物語の発端は、今から二昔も前のことになる。（＝3－19）

　（4－27）生者が「おくりびと」なら死者は「おくられびと」。（天声人語 2009 年 2 月 24 日）

　（4－28）指紋が 20 世紀の捜査の主役なら、いまは DNA 型鑑定だろう。（天声人語 2009 年 5 月 13 日）

---

[136] 林（1978：53）によれば、「メタ言語機能」はロマン・ヤコブソンが認めた 6 種の言語機能の一つである。このメタ言語機能について、林（1978：53－54）は、「表現に使われる言語の語形や語性を意識の場に呼び出す機能である」、「言い換えれば、注釈の機能である」と説明し、「注釈の対象になることばを対象言語（object language）、注釈に用いることばをメタ言語（metalanguage）という」のである。本研究では林にしたがい、「メタ言語」を「表現に使われる言語の注釈に用いることば」という意味で用いている。

　（4-29）「空腹」が料理の最高の調味料<u>なら</u>、ビールにとって最高の引き立て役は「暑さ」に尽きよう。（天声人語2009年8月22日）

　（4-30）愛の反対は憎しみではなく無関心だともいう。それ<u>なら</u>憎しみの反対は何か、と考え込んでしまう。（天声人語2009年1月6日）

　（4-26）－（4-30）も（4-23）－（4-25）に似て、PはQにある発話の表現が成り立つための前提条件を仮定しているが、違うのは、照応反復ではなく、世間一般に認められる表現をPで仮定し、それに準拠した話者の新しい表現を対照にQを言い出すのである。

　もっと性質が違っているように見えるが、いわゆる「並列・列挙」の用法も、発話レベルの条件文と見なすことができる。

　（4-31）彼女は典型的な大和撫子で、趣味がお茶<u>なら</u>特技はお花だ。（前田1991：66）

　（4-32）銀座が東京の中心<u>なら</u>、心斎橋は大阪の中心だ。（毛利1980：138）

　林（1978）ではメタ言語化を含む表現の一種として、「見立て条件の言い方」をあげている。この「見立て条件」というのは、「掲示板の前では、『あった、あった』と躍び上って喜ぶ人もあれば、ぼう然として声もなく立ちつくす人もある。」のような文や、（4-31）（4-32）に似た「大阪が水の都なら、東京は煙の都だ。」のようなものである。これらの文では表現上のバランスを考えることによって、Aの言い方に対立するBの言い方が出て来ている。林は「これを『見立て条件』というのは、事実問題でなく、事実をどう見立てて、どう言い表すかという、表現者の側の認識上の選びにかかる条件設定であることを言い表したつもりである」として、

この「見立て条件」は、メタ言語機能が発揮されている表現に外ならないと述べている[137]。ここからは、こういう並列・列挙の用法も、前述の（4−23）−（4−25）や（4−26）−（4−30）に通じているところがあることが分かる。

　（4−31）では条件文の前件Pに示された内容「（彼女の）趣味がお茶（であること）」と、後件Qに示された内容「（彼女の）特技がお花（であること）」との間に、命題的依存関係があるというより、Pの言い方が成り立つとすれば（「彼女の趣味がお茶である」ということができれば）、Qの言い方も成り立つ（「彼女の特技がお花だ」とも言える）ということを表している。（4−32）についても同じことが言えるが、こういう並列・列挙の用法を表す条件文も、発話レベルの仮定条件とみることができるのではないかと思われる。

　仁田（1987：15）では、連体修飾節、成分節、従属接続節、並列接続節が、常に截然と分かたれているわけではなく、連なり連続しているところが存するとして、「並列と従属は、連続的であり、並列節を作る形式も、先行節と言い切り節の表す意味内容のあり方によって、従属節とほぼ等価な関係を表しうるし、従属節を作る形式も、双方の節の表す事象が独立的であるに従って、並列節に近づいた節を作ることになる」と述べている。条件節は普通従属節と見なされているが、以上の（4−23）−（4−25）、（4−26）−（4−30）、（4−31）−（4−32）における条件節は、だんだん従属節から並列節に変わりつつあり、従属節と並列節にまたがっていると言えるだろう[138]。

---

[137] 林（1978：69−70）を参照されたい。
[138] 皮細庚（1997：421）においても、接続助詞には並列性のものと、条件性のものとがあるが、こういう分類は絶対的なものではなく、条件性接続を表す助詞には、並列性接続を表す場合がある、と指摘している。

4.1.4　発話の情報の出所・根拠や比較基準などを示す条件文

（4−33）東京都防災会議、東京消防庁によると、倒壊家屋二万戸、圧死者二千人（中略）という恐れるべき被害が予想されている。（中日対訳）

（4−34）インドの観測チームによれば、アンダマン諸島はインド本土から 1.15 メートル遠ざかった。（天声人語 2005 年 1 月 21 日）

（4−35）後で奥さんから聞いた話ですと、その詩は宮沢賢治という詩人の代表的な作品で、（中略）美しさの光っている絶唱であったということです。（中日対訳）

（4−36）これらに比べると、日本で流行している受験のお守りは世俗的である。（天声人語 2005 年 2 月 23 日）

高橋（1983：313）では、観点をひきだすものの中で、「〜をみると、〜でみると、〜によると、〜によれば、〜にしたがえば、〜によったら」などが挙げられている。後件の発話内容の依拠する根拠を表すものには、他に「ところをみると」などがある[139]。

ここでPに示されている内容は、直接的にQに示された事柄自体にかかっているわけではない。Pがなくても、一応Qとしては自足的に成り立つのである。ただし、Qという発話はどこから来たのか、話者の判断なのか、どこか出自があるのか、発話の信憑性などにかかわる問題として、発話の情報の出所・根拠や比較基準などをPによって示しておく。

---

[139] 田中（2005：290）を参照されたい。

4.1.5　発話の主張の関連性を示す条件文

（4－37）僕がずるい<u>なら</u>、弓子だってずるいよ。（＝3－21）

（4－38）自殺をうらづける証拠が弱い<u>なら</u>、他殺という線だって同様に弱いのだ。（毛利 1980：142 の例を少し変えたもの）

（4－37）では、P「僕がずるい」と Q「弓子だってずるい」とは、それぞれ別々の事柄のように見えるが、話者が Q を主張したのは、P に関連づけられている。相手が自分のことをずるいのだと責めるのに対し、話者は対抗しようとしているが、「僕がずるくないよ」と直接的に否定するのではなく、Q の発話を通して、間接的に否定している。（4－38）では、相手の「自殺をうらづける証拠が弱い」という考え方に、直接的に賛否の意見を与えるかわりに、「他殺という線だって同様に弱いのだ」と、間接的にせよ、対抗的な意見を述べている。毛利（1980：139）はこういう文について、"If（you say ＜it is〔p〕＞, I say ＜it is〔q〕＞）.（あなたの方で p ということを言い立ててくるなら、対抗上、私は q といいたい）と図式化して説明している。そう言う（言われる）ならば、しかたなく一応受け入れるが、かわりに関連事項として、私の方からも Q を主張したい、という意味になる。こういう場合、P と Q の間では事態と事態との命題的関係が薄い。

4.1.6　発話の意図を正当化するための条件文

（4－39）お腹がすい<u>たら</u>、冷蔵庫にケーキあるよ。

（4－40）新聞を読みたけれ<u>ば</u>、ここにありますよ。（三上 1960：83）

（4－41）鹿児島へ行く<u>なら</u>、九時ちょうどにノンストップの特急が出ます。（呉侃・金 2013：63）

　（4−39）は 2.1.3 でふれた毛利の例文と似ているものである。「お腹がすいていなければ言わないが、もしすいたら、冷蔵庫にケーキがあるから、食べてください」という意味を表している。似たような説明は（4−40）（4−41）についても出来る。これらの文において、統語論からは因果関係のない P と Q が条件文になりうるのは、ここの P は Q に示された事柄自体ではなく、その発話の意図にかかわっているからである。

4.2　発話レベルの条件文の特徴

　以上発話レベルの条件文をいくつかみてきたが、命題レベルの条件文とモダリティレベルの条件文と比べ、どこが違っているのだろうか。

　まず命題レベルとモダリティレベルの条件文は、主として真偽条件についての仮定であるのに対し、発話レベルの条件文は、主として適切性についての仮定である、という大きな違いがある。

　命題レベルの条件文の特徴は以上述べたように、前件 P は真偽の決定ができ、真か偽かの二者択一の命題の中で、その一つを選んで真であると仮定している。この種の条件文は、この命題が真である場合、Q が成り立つという仮定である。一方、モダリティレベルの条件文では、P をめぐり、話し手の意見・態度・依頼・命令・働きかけなどを表すか、P に示された内容に基づいて、何かの判断・推論をするのであるが、話者にとって、その P が真か偽かの判断こそ話す時点ではわからないが、その P が真であれば、私の態度・意見はこうだ、或いはこういうような推論ができるというように、その P が真であることを、態度や推論の前提として仮定するのは、命題レベルの条件文とあまり変わっていない。中島（1989：108−

109）では、相手の主張を受けて、推測とか質問等の発話行為を行うのが、ナラ条件文の用いられる典型的な場面とし、「一般に、ナラ－条件文の前件は強い断定を含むと言われているが、断定を含むということは、前件の表すものが状況のタイプといったようなものではなく、真偽の判定の可能な命題であることを意味する」と述べている。

これに対し、発話レベルの条件文は、命題レベルの条件文やモダリティレベルの条件文と違い、前件 P が真か偽かということ自体は、普通問題にならない。

4.1.1 の発話の主題を表す条件文では、P はこれから述べる話題を提起する働きを果たしている。人間の言語活動では、何らかの関連で、ある話題を想起したり、これからこれについての話をする、ということを聞き手に示そうとしたりすることは、しばしば行われるが、わざわざ話題を提起しようとするのに、P の反対（偽の場合）を意識したり言及したりすることは、めったにないのである。

4.1.2 の言語活動・思考活動を説明する条件文においても、似たような原理が働いて、偽の場合は意識にのぼらないのである。ここの行為遂行的動詞はそもそも意味されている事実が、その発話自体によって作り出され、その事実がその文と別に存在することがないから、真か偽かの判断が必要ではないのである。

4.1.3 の発話の表現の成立条件を示す条件文では、相手への配慮が入って、成り立つかどうかわからないが、もし P に示された言い方でよろしければという仮定は、真か偽かの判断というより、言い方そのものが適切かどうかを相手に求めているのである。

4.1.4 の発話の情報の出所・根拠や比較基準などを示す条件文も、発話の正確性と信憑性を保証するための情報を付加するものである。わざわざ情報の出所や根拠などを与えようとするのに、その反

対の偽の場合を意識したりすることは考えられていないのである。言い換えれば、この場合、真偽は問題になっていないのである。

　4.1.5 の発話の主張の関連性を示す条件文において、P には真偽の判断があるように見えるが、話者の意図は、Q を発話することを通して、P に示された聞き手の主張の偽を主張することにある。「P ならこうだ、～P なら（P でなければ）こうではない」ということは含意していない。

　4.1.6 の発話の意図を正当化するための条件文では、もし P に示されたことがなければ、わざわざ Q という発話をするのがおかしく不適切であり、P に示されたような事実があればこそ、Q を発話する理由が得られ、適切な発話になる、という発話の意図が含まれている。

　ゆえに発話レベルの条件文に対し、無理に前件 P に偽の場合を設定した場合、その文が文法的に問題がなくても、語用論から見れば、われわれの日常言語には現れないのである。3.2.3 でも触れたように、例えば（4−25）の P が成り立たないと決めても、普通（4−25）′ にはならず、むしろ、（4−25）″ のように他の言い方にするだろう。

　（4−25）′ ？あの人、天国に行っていないでしょう。もし天国がないなら。

　（4−25）″ あの人、極楽浄土に行っているでしょう。もし極楽浄土があるなら。

　（4−37）もその反対の場合（（4−37）′ ）を含意していない。むしろ相手が「あなたがずるい」と主張しなければ、（4−37）の発話がまず現れないのだ。

　（4−37）′ ？僕がずるくないなら、弓子だってずるくないよ。

　発話行為の評価としては、適不適という基準によるべきである、

と毛利が指摘している[140]。以上の考察からは、命題レベルの条件文とモダリティレベルの条件文は、主として真偽条件について仮定しているのに対し、発話レベルの条件文は主として適切性についての仮定であることが分かる。4.1.1 の発話の主題を表す条件文、4.1.2 の言語活動・思考活動を説明する条件文、4.1.4 の発話の情報の出所・根拠や比較基準などを示す条件文の場合は、真偽に無関係で、4.1.3 の発話の表現の成立条件を示す条件文は、言葉遣いの適不適、4.1.5 の発話の主張の関連性を示す条件文、4.1.6 の発話の意図を正当化するための条件文は、発話という行為の適不適を仮定している。

　3.3 において前田（2000）は原因・理由のカラには三種類あるという見方を取っていることにふれたが、「第三の原因・理由節」即ち「可能条件提示を表すカラ」について、前田（2000）は「まだ起こっていない後件事態の発生が可能になるのは前件が成立する（あるいは、現にしている）からである」ということを表していると説明している[141]。これは適不適という視点に通じているところがあると思われる。つまりなぜそう命令・依頼するのかというと、その満たされるべき条件が前件に表されているからだと、後件に現れる話者の命令・依頼が適切であるということの保証条件を、前件で提示しているわけである。このことで、前田は「このようなカラは従来示されたような文のレベルと対応する、原因・理由と根拠という二種とは異なるレベルでの因果関係を表していると思われる」[142]と述べて、カラの三分類を主張している。この三分類は本研究の三層構造と似ているところがある。

　増倉（2002：53）は論説文体における「〜ば」の分類をした。増倉によれば、論説文体では、いわゆる前置き用法と呼ばれる、「筆

---

[140] 毛利（1980：81）を参照されたい。
[141] 前田（2000：310−311）を参照されたい。
[142] 前田（2000：310）を参照されたい。

者が後件で論を展開するための前提を規定する」バの用法が最も多く、検索した文献の52%を占めているそうである。こういうバの多くは、「情報の提示・分析視角・論の展開」に関して、「筆者が論を展開するための前提を規定する」用法として、重要な機能をはたしていると指摘されている[143]。

　増倉の「情報の提示・分析視角・論の展開」と、本研究における発話レベルの条件文についての、以上の分類と共通しているところがある。論説文体の特徴について、増倉は「論説文は会話文と異なり筆者一人が自ら、様々の条件を『〜ば』構文の前件として提示・設定しながら後件で論を展開していかなければならない」と述べている[144]が、これは書き手が文章を書く時、文章がいかにしてきちんとまとまるか、どのようにして、読み手にわかりやすく読めるか、起承転結などによく気を配っているということであろう。似ているように、会話においても、似たような工夫がなされていると考えられる。それは前述のように、話し手がよく聞き手の存在を意識し、お互いの人間関係を調整しながら、話を進めていくのである。

　中右（1994a：44）においては、発話行為領域を命題内容領域と命題認識領域と比較し、「発話行為領域では、条件節の中身が主節を軸とした発話行為を適切に遂行するための留保条件、ただし書き、前置き、ていねいさの対人関係的配慮など、多様な談話機能を果たすのである」と分析している。文中に適切性についての言及が他にも何箇所かあった[145]が、はっきりした結論はなかった。

　発話レベルにおける条件文の例文を、命題レベル・モダリティレベルの条件文と対照すると、もう一つの特徴を見出すことができる。それは命題レベル・モダリティレベルの条件文では、前件Pと後

---

[143] 増倉（2002：51）を参照されたい。
[144] 増倉（2002：47）を参照されたい。
[145] 中右（1994a：44−50）を参照されたい。

件 Q が組み合わさってはじめて、意味的にまとまった文ができるのに対し、発話レベルの条件文においては、文の完成にとっては、前件 P は必ずしも不可欠なものではないということである。言い換えれば、P が省略され、後件 Q だけでも、一応文として成り立つものが少なくないのである。

　第三章で取り上げた命題レベル・モダリティレベルの例文と、ここの発話レベルの例文を比べてみよう。

　　(4−42)　春になると、いろいろな花が咲く。（＝3−1)

　　(4−43)　マニュアル通りに操作しなければ、コンピューターは動かない。（＝3−3)

　　(4−44)　体温が上がると汗が出る。汗が出ると体温が下がる。（＝3−4)

　　(4−45)　彼が皿を落とすなら、この世の中に確実なことなんて何もないよ。（＝3−7)

　　(4−46)　もしそこに警官が現れたら、たぶんそいつが今回の事件すべての筋書きを書いたな。（＝3−12)

　　(4−47)　向こうに着いたら、連絡してほしい。（＝3−14)

　(4−42)−(4−44)は命題レベルの条件文で、具体性の乏しい恒常条件を表しているが、これらの文は P が省略され、Q だけでも元の意味が保たれるのは、(4−42)′ のような、条件文からなる疑問文の答えの時だけである。この答えの文には、前件の省略が含意され、復元もできる。

　　(4−42)′ 「春になると、どうなる？／何が咲く？」「いろいろな花が咲く。」

　こういう疑問文の回答文のような場合を除けば、Q だけの文では、意味が元の条件文と全然違ってくる。(4−42)の前件が省略されると、「いろいろな花が咲く。」という意味不明な文になる。(4

－43）でも「コンピューターは動かない。」といきなり言うと、ど
んな場合に動かないのかの説明ではなく、現在目の前でコンピュー
ターが動かないという現象説明の文になってしまう。（4－44）も
似ていて、「汗が出る」「体温が下がる」とだけ言っては、何の説
明にもならない。

　（4－45）－（4－47）はモダリティレベルの条件文の例であるが、
（4－42）－（4－44）と違い、事柄が行われる（行われた）具体的
な場面があり、会話がより自由になると思われる。例えば、（4－
45）では、一人が彼が皿を落とすと予測するのに対し、もう一人は
そんなことは絶対にないよと、自分の信念を言っているが、「彼が
皿を落とすことは絶対ない。~~彼が皿を落とすなら、~~[146]この世の中に
確実なことなんて何もないよ。」と言うより、「彼が皿を落とすこ
とは絶対ない。もしそれなら、…」というふうに言うのが普通であ
ろう。（4－46）の場合も、隠れている容疑者が、遠くから警官ら
しい人が来たと察し、頭の中で「~~もしそこに~~警官が~~現れたら、~~たぶ
んそいつが今回の事件すべての筋書きを書いたな」と思案する場面
も考えられるが、「それなら、…」のように言うのが自然であろう。
（4－47）はいわゆる時間的条件関係であるが、前件Pを省略する
と、やはり意味が不明になる。

　一方、本章の発話レベルの条件文では、4.1.1 発話の主題を表す
条件文では、Pが示されなければ、主題がなくなるので、文意の伝
達に影響が生じるが、他の条件文では、Pが省略された場合、ニュ
アンスが多少違ってくるが、文が不自然なく成り立つものが少なく
ない。

　（4－4）′夜明けを待ちながら、~~いわば~~空中の一点となって見た

---

[146] ここでは条件文の前件Pが省略されても、全体の文意が変わっているかどうかを検証
しているが、ここの取り消し線は、省略された条件文の前件を表している。以下同じ。

大自然の数々を、（中略）感じられたものから順に記す。

　（4−12）′ 中川さんは、~~どちらかと言えば~~、おとなしい性格です。

　（4−14）′ と云うのは、「あれがあの女の亭主だと見える」と、評判されて見たいことです。~~云いかえれば~~（＝つまり）「この女は己の物だぞ。（中略）」と大いに自慢してやりたいことです。

　（4−19）′ ~~思えば~~ずいぶん遠くに来たものだ。

　（4−20）′ ~~考えてみれば~~、まだ何一つ仕事が片付いていない。

　（4−24）′ ~~ちょっと机といすを動かし、ほこりをふくことを掃除といえるなら~~、毎日掃除している。

　（4−26）′ ~~十年を一昔と言うならば~~、この物語の発端は、今から二昔も前のことになる。

　（4−33）′ ~~東京都防災会議、東京消防庁~~によると、倒壊家屋二万戸、圧死者二千人（中略）という恐れるべき被害が予想されている。

　（4−36）′ ~~これらに比べる~~と、日本で流行している受験のお守りは世俗的である。

　（4−37）″ ~~僕がずるいなら~~、弓子だってずるいよ。

　（4−39）′ ~~お腹がすいたら~~、冷蔵庫にケーキあるよ。

　（4−4）′ はほとんど元の文の意味が損なわれずに成り立ち、（4−12）′ も話者の述べ立てに少し程度の違いがある他は、ほとんど元の文の意味と同じである。（4−14）′ は条件節の代わりに、「つまり」などの副詞節によって接続できる。（4−19）′（4−20）′ は少し唐突な感がまぬかれないが、結局言っていることは、元の文において、話者の言いたいことと同様な内容のことである。（4−24）′（4−26）′ も聞き手への配慮がなくなるが、一応原文の意味が残ったままである。（4−33）′（4−36）′ では話の出所や判

断の基準が示されていないが、文の主な意味は伝わっている。（4
−37）″の場合、前述の通り、前件が示されないと、（4−37）が
発話される適切性が保証されないが、ずるいのだと相手に責められ、
「弓子だってずるいよ」とは十分に言えるし、（4−39）′も相手
がお腹がすいているのを見て（或は聞いて）、「冷蔵庫にケーキあ
るよ」とだけ言っても、完全な意味の文になれる。

　以上の対照から次のことが言えるのではないだろうか。命題レベ
ル・モダリティレベルにおいては、ＰとＱが一つの発話内にあっ
て、お互いに依存関係にある。一方、発話レベルにおける条件文で
は、ＰとＱは同じ発話にあるのではなく、ＰがＱの外にあり、両
者は依存関係にあるのではなく、何か語用論的ニュアンスを付加し
て、一種の修飾関係になっている。命題レベル・モダリティレベル
では、条件文の疑問文に対する答えとして、前件が省略される場合
もあるが、裏には前件が含意され、復元もできる。これに対して、
発話レベルにおいては、Ｐが副詞節などに置き換えられたり、Ｐが
省略されてもＱだけで文が成り立つ場合が多く、必ずしもＰが必
要とされていないのである。

　最後に取り上げられるのは、命題レベル・モダリティレベルにお
ける条件文では、Ｑはほとんど非過去時制になっているのに対し、
発話レベルの条件文においては、Ｑは必ずしも非過去時制とは限ら
ないという点である。4.1の例を見れば、（4−5）（4−9）（4−20）
（4−24）（4−25）（4−33）では、Ｑには「ている」のアスペク
ト形式、（4−2）（4−18）（4−23）（4−34）においては過去形
が現れている。これは発話レベルの条件文においては、ＰはＱと
いう発話の適切性を保証するためのもので、Ｑはそれに基づいた発
話であるにすぎないので、ＰとＱとの関係は、命題レベルとモダ
リティレベルに比べ、より緩いものになっている。Ｑには話者の主

張、判断、提案、推論、或いは感慨や発見から、事柄の述べ立てなど、いろんな言語活動と思考活動についての論述がくることが可能である。それゆえ、後件の事態が既実現か非実現かは問題にならないのである[147]。1.1 において、「レアリティーが未定というのは、普通は後件が未定であるということだ」と述べたが、この節での考察から、この「後件が未定である」というのは、広義的な意味での「未定」で、必ずしも事柄の未実現ということではないことが分かる。特に発話レベルの条件文においては、問題になるのは、後件事態が実現したかどうか、という実現の未定というよりは、後件に示された発話が適切かどうか、という適切性の未定であるといったほうがよかろう。

　前田（2000：313）では原因・理由には、①原因・理由、②判断根拠と、③可能条件提示の三種があるとし、前件が表す内容はそれぞれ、「どうして［後件］を実行するのか」、「どうしてそう判断するのか」と、「どうして［後件］が実行可能なのか・できるのか」であると分析している。

　上でも述べたように、この三分法は本研究の三層の分け方と通じているところが多いので、これと似たようなことが、本研究の三つのレベルの条件文についても、言えるのではないかと思われる。本研究の定義から見れば、命題レベルの条件文は「前件が成立する場合、どうなるのか」、モダリティレベルの条件文は「前件が成立する場合、どうするのか」或は「どんな推論になるのか」、発話レベルの条件文は「前件が成立する場合、どう言うのか」になる。一方、第六章で考察する前件焦点条件文の場合は、「どんな場合になれば、

---

[147] 丹羽（1993：27）を参照されたい。丹羽は、選択の「なら」は、後件が既に実現したと知られた事態にも用いられる、という使用条件の特徴があると分析し、この点では、「仮定実現条件文」の場合でもそうなので、この条件文は後件の発話行為にかかるものであるから、後件の事態が既実現か非実現かはそもそも関与しないのだと述べている。

いいのか」とでもいうようなものであろう。

4.3 まとめ

　命題レベルの条件文とモダリティレベルの条件文と比べ、発話レベルの条件文はユニークな特徴を持っている。まず、命題レベルの条件文とモダリティレベルの条件文は、主として真偽条件についての仮定であるのに対し、発話レベルの条件文は、主として適切性についての仮定である、という大きな違いがある。次に、命題レベルとモダリティレベルの条件文では、前件 P と後件 Q が組み合わさってはじめて、意味的にまとまった文ができるのに対し、発話レベルの条件文においては、文の完成にとっては、前件 P は必ずしも不可欠なものではなく、P が省略され、後件 Q だけでも、一応文として成り立つものが少なくないのである。最後に、命題レベル・モダリティレベルにおける条件文では、Q はほとんど非過去時制になっているのに対し、発話レベルの条件文においては、Q は必ずしも非過去時制とは限らないのである。発話レベルの条件文において問題になるのは、後件事態が実現したかどうか、という実現の未定というよりは、後件に示された発話が適切かどうか、という適切性の未定である。

第五章　条件文における前件と後件の時間的先後関係

5.1　はじめに

　日本語条件文の中で一番典型的なト・バ・タラ・ナラの意味・用法について、その異同点の考察が昔から注目され、研究対象になってきた。特にナラがト、バ、タラと異なった構造を持ち、独特の振る舞いをするとされている[148]。一つの条件文で、ト・バ・タラが用いられるのに、ナラに置き換えれば、文が成り立たなくなり、或は反対に、ナラしか成り立たず、ト・バ・タラは用いられない文もある。

　　（5−1）　夏になっ<u>たら</u>、軽井沢に行きます。（久野 1973：104）

　　（5−2）＊夏になるなら、軽井沢に行きます。（久野 1973：104）

　　（5−1）は言えるのに対し、ナラに置き換えられた（5−2）は非文である。その理由について、久野（1973：104）は、S_1 が起きることが確実な出来事を指す場合には、「S_1 ナラ S_2」の構文を使うことができない。このような出来事は、聞き手の断定を必要としないし、また話し手が、その聞き手の断定を疑う（あるいは完全に認めない）余地がないからであると説明している。

　一方、藤城・宗意（2000：89）では、上述の（5−2）が非文になる理由については、（ノ）ナラは事態に対する認識を条件とする、という点から説明している。藤城・宗意によれば、「条件とする」

---

[148] 藤城・宗意（2000：92）などを参照されたい。

ということは、「状況をある一つのものに限定する」ということであり、様々な可能性の中からあるものを選択し、他のものを排除するという作業を伴う。したがって、「前件を選択する」というプロセスがない場合、（ノ）ナラを用いることができないのである。

　久野の「断定を必要としない」「断定を疑う（あるいは完全に認めない）余地がない」と言うのと、藤城・宗意が「選択するプロセスがない」と言うのとでは、通じているところがあり、似ていることを言っているのである。

　ト・バ・タラとナラの相違点を論じる際、よく指摘されてきたものの中には、条件文の前件と後件の間にある時間関係がある。特にナラ条件文の前後件の時間関係が注目され、ト・バ・タラとの対照でしばしば言及されている。

　（5−1）をナラに言い換えた（5−2）は非文であるが、トとバには言い換えられるのである。

　　（5−3）　夏になると、軽井沢に行きます。

　　（5−4）　夏になれば、軽井沢に行きます。

　（5−1）（5−3）（5−4）の例文において、条件節と主節の仮定帰結関係はそれぞれ少しずつ違っているが、「夏になる」ことが実現された後、つまり夏になった後で、「軽井沢に行く」ことが実現されるというのは、あまり異議のないことであろう[149]。言い換えれば（5−1）（5−3）（5−4）において、前件動詞の発生時間が後件動詞の発生時間の先にある、という点では同様である。

　これに対し、ナラ条件文の前後件の時間的先後関係については、

---

[149] ここの（5−3）のトは「夏になることが実現された後で、直ちに軽井沢に行きます」ということを表すが、（5−4）のバは「夏になると軽井沢に行きます」ことを習慣としてとらえているような、特殊な場合にしか使わない文である。第三章と第四章において分析されたとおり、両方とも命題レベルの条件文であり、モダリティを表す（5−1）のタラの条件文とは性格を異にしている。ここでは、こういう違いを無視して、これらの条件文における前件と後件の時間的先後関係についてみておく。

議論が少なくない。

国立国語研究所（1964：158）では、「〜るなら」と「〜たなら」の違いに対し、「〜たなら」が前件の完了を条件とし、後件は前件よりも時間的にあとの場合に用いられるのに対して、「〜るなら」は必ずしもそうではない、逆に前件の方が後件よりも後に起るばあいもある、と分析している。

森田（1967：34）はナラの仮定条件の用法に言及し、「事がらが生起し実現する場合を想定または伝聞して、それが実現する以前の時点に立って、話し手自身の事前にとるべき立場・行為・意志・意見等を示す（仮定）」と指摘している。条件文の前件と後件をそれぞれPとQで表せば、森田（1967）によれば、ナラの場合、Qの実現時間はPの実現時間より先になる。

小野・巴（1983：18）は、バとタラは「前件があって、後件が順当に発生するというかたちになっている。つまり、時間から言えば、前件の条件がそなわってのちに、はじめて後件が発生するのである」のに対し、ナラは「必ずしもそうとは限らない。後件が先に発生する場合もしばしばみとめられる」と述べている。

サワリー（1984：56−57）は、タラは完了の意味をしている「タ」からできたため、常にXがYに先行する論理を要求するが、ナラはYの方がXよりも時間的に先行するような接続のしかたをする場合がある、と述べている[150]。

前田（1991：71；77）では、基本的にナラ以外の接辞が、前件の完了を条件の中に含むのに対し、ナラにはそれがなく、前件・後件の時間的先後関係が逆転したものもあると指摘している。

鈴木（1993：136−138）では、発話時と前後句事態の成立時との

---

[150] サワリー（1984）と次に取り上げる蓮沼等（2001）においては、XとYで条件文の前件と後件を表しているが、便宜上、本章では以後PとQに統一しておく。

　関係から言えば、ナラ条件文では、前句事態の時は前句述語によって、後句事態の時は後句述語によって、それぞれ独自に決定されているように見えるが、前句事態と後句事態の先後関係について言えば、それは基本的に自由であると述べている。

　藤城・宗意（2000：87）では、後件の事態が前件の事態成立より前に起こる場合を表せるのは、前件の事態のテンスが分化している（ノ）ナラの特徴で、ト、タラ、バにはこのような用法はないと述べている。

　蓮沼等（2001）にも、バ・タラには一種の時間関係しかないのと違い、ナラの前後件の間には二種の時間関係があるという指摘がある。「XナラY・XノナラYは、出来事が実際に起こる順序がX　→　Yの場合も、Y　→　Xの場合も使うことができるが、タラ、バは、X　→　Yの場合しか使うことができない」[151]としている。

　似たような時間的先後関係の分析は、条件文だけではなく、原因・理由文の分析にも見られる。前田（2000：305）では、「根拠を表すカラ節を含む文では、前件と後件が論理的・時間的には逆転していると見られるものがある」と述べている。

　本章では蓮沼等（2001）に従い、条件文の前件が後件より先になる時間関係をP　→　Q、後件が前件より先になる時間関係をP　←　Qと示しておく。

　以上をまとめると、ト・バ・タラ・ナラの四種の条件文における時間関係をめぐり、先行研究においては、図5-1に示されたような指摘が述べられている。

　図5-1において、矢印の方向は前後件の時間的先後関係を表している。P　→　Qは前件の実現時間が後件より先である場合、P　←　Qは後件の実現時間が前件より先である場合を表している。図

---

[151] 蓮沼等（2001：72）を参照されたい。

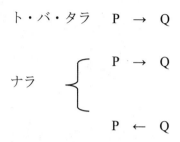

図5−1　先行研究における日本語条件文の前後件の時間的先後関係

5−1が示しているように、先行研究においては、日本語の四種の典型的な条件文では、ト・バ・タラは通常P　→　Qという一種の時間的先後関係しかないのに対し、ナラはP　→　QとP　←　Qの二種の時間的先後関係があるとされている。ここからは確かにナラが他の三つの条件文との違いが観察されている。

　しかし、なぜナラだけはほかの条件文と違い、二種の時間的先後関係があるのか、こういうト・バ・タラとナラの違いはどこから生じるのか、ナラ条件文はどんな時にP　→　Qの時間関係をし、どんな時にP　←　Qの時間関係をするのか、説明がなかった。

　本章では、まず先行研究に基づいて、ナラ条件文と他の三種の条件文との違いを通して、ナラ条件文の本質について見る。次に第三章と第四章での考察を元に、日本語の条件文はそれぞれ発話三層構造におけるものである、という視点から、命題レベル・モダリティレベルと発話レベルにおいて、日本語条件文の前後件の時間的先後関係はどうなっているのか、見ていきたい。

5.2　ナラ条件文の本質

　ナラ条件文とト・バ・タラ条件文の間の意味用法上の違いは、少

なからぬ研究によって検討されてきた。

　久野（1973：108）では「S₁ナラS₂」において、「話し手は、S₁を聞き手（あるいは人一般）の断定として、完全に同意しないまま（すなわち自分自身は、その正否に対する判断を下さずに）提出する」と述べている。

　それ以降多くの学者が、ト・バ・タラ条件文との対照をしながら、ナラに対する研究を発展させてきた。

　サワリー（1984：54−55）は、完了性の形式「タラ」の仮定は、より事象そのものに即した仮定であるのに対し、「ナラ」の仮定は断定の助動詞「ダ」の仮定形で、より判断に即した仮定であり、ある事柄に対する判断、すなわち意志とか意図を仮定し、話し手が事前にとるべき立場、いわば、推量、判断、意志、意見、要求などを述べる表現形式であると述べている。

　前田（1991：69）はタラは「完了性の形式」で、より事象そのものに即した実際的な仮定であるのに対し、ナラは「判断性の形式」で、より判断に即した思考的な仮定であるとした。

　前田（1995：488）は、タラは前件が起こった後でという時間的関係を示す意味が強いのに対し、ナラの場合は必ずしもそうではなく、ナラの後件は、前件の「実行」との時間的関係ではなく、前件の「決定」との時間的後行関係を問題にすると述べている。

　鈴木（1994：83）はト・バ・タラで条件が満たされるとは、前句事態が生起することであるのに対して、ナラ条件文の条件が満たされるのは、ある基準時において、その状況が存在するときであるとしている。

　呉侃（2000：173）はナラのこの種の仮定は動作の仮定ではなく、判断についての仮定であり、そして自分の判断ではなく、普通相手の判断であることを指摘している。

　藤城・宗意（2000：91－90）では、（ノ）ナラは「前件の事態を既定のものとして認識する」ことを条件とする表現であるとされている。（ノ）ナラが「認識」を条件とする形式ならば、後件はその認識をもとにして「判断」を示すと考えるのが自然で、（ノ）ナラは事態間の関係ではなく、事態に対する認識のあり方と、その認識に基づいた判断を表す形式で、「事態の認識を条件とし、その認識の下での判断を表す」ことが（ノ）ナラの最も基本的な性質であると述べている。

　蓮沼等（2001：69）では、ト・バ・タラと違うところとして、「ナラは、事柄と事柄の関係を表すのではなく、事柄に対する話し手の判断に基づいた関係を表すという特徴があります」と述べ、その性質は判断の仮定であるとしている。

　こういう事柄か判断かという区別は条件文に限らず、他の複文の研究にも見られている。3.3で触れた森田（1967）、上林（1992）の「から」と「ので」の研究の他に、西光（2006：224）においては、「から」と「ので」の使い分けは、判断の根拠であるか因果関係であるかの違いであるという分析には、検討の余地があるが、ともかく遂行節仮説によって、判断という遂行節にかかる場合と、出来事自体にかかる場合との差である、とみなすことができると指摘している。

　以上、ト・バ・タラとナラの違いは、前者は事柄[152]に基づいた仮定で、後者は判断に基づいた仮定であると分析されている。

[152] 上記のとおり、先行研究においては、それぞれ「事象」「事態」「事柄」「出来事」など、用語が様々であるが、本章では「事柄」に統一しておく。

5.3　発話三層構造理論からみる条件文の前後件の時間的先後関係

　この節では第三章と第四章での考察を元に、命題レベル・モダリティレベルと発話レベルにおいて、日本語条件文の前後件の時間的先後関係について、見ていきたい。

5.3.1　命題レベル

　3.4 では三つのレベルにおけるト・バ・タラ・ナラの分布をみて、四種類の条件文のプロトタイプ的用法を中心にして考えれば、命題レベルにおいては、ト・バが現れやすいと分析した。それゆえ、この節ではトとバを中心にみていく。

　命題レベルの条件文は、いわゆる恒常条件文のことで、前件に示された事柄の実現に伴い、必然的に起こる事柄を後件で示す条件文である。ここで問題になっているのは、前件と後件の事柄と事柄間の条件帰結関係であり、モダリティにあたる部分は無色透明で、直接表現されていない。

　　（5-5）春になると、いろいろな花が咲く。（=3-1）

　　（5-6）マニュアル通りに操作しなければ、コンピューターは動かない。（=3-3）

　（5-5）においては、前件「春になる」という事柄が実現すれば、後件「いろいろな花が咲く」という事柄が自然に実現する、という普遍性・必然性が表されている。この事柄と事柄間の条件帰結関係には、時間的先後関係が潜んでいる。それは「春になって、いろいろな花が咲く」というふうに、P　→　Q の時間的先後関係が見られている。同じことが（5-6）についても言える。（5-5）で述語

116

動詞は動作性動詞（「咲く」）であるのと違い、（5−6）では、状態性述語（「動かない」）になっているが、前件と後件の事柄的条件帰結関係を表しているのは、（5−6）においても（5−5）と同じである。前件に示された事柄（「マニュアル通りに操作しない」）が起これば、必然的に後件に示された事柄（「コンピューターは動かない」）が起こるということを表している。（5−6）にも前件と後件の間には、Ｐ　→　Ｑの時間的関係が存在している。

　以上、命題レベルの条件文においては、前件と後件の間の時間的先後関係はＰ　→　Ｑであることが分かる。これは命題レベルの条件文が問題にしているのは、前件と後件の事柄的命題関係であるということと、深くかかわっていると思われる。事柄的命題関係から見れば、命題レベルの条件文においては、前件に示された事柄そのものの真偽が問題になり、Ｐが真である場合を仮定し、後件ＱはこのＰが真になる場合の必然的帰結を表している。後件に示された事柄の実現が、前件に示された事柄の実現に依存しているので、時間的にはＱがＰの後になるのである。それゆえ前件と後件の間の時間的関係はＰ　→　Ｑの関係で、Ｐ　←　Ｑの関係は考えられないのである。

　5.1にあるように、先行研究では、ナラ以外の条件文は、前件の完了を条件の中に含み、Ｐ　→　Ｑの時間的先後関係になっているという見方であるが、呉侃（2010）にはバ条件文について、次のような指摘がある。バ条件文は、前件も後件も動作性動詞の場合、二つの動作の先後関係から見れば、ほとんど同時に行われるので、明らかに前件動作が後件動作より早く行われる場合には、バは使えないのである[153]。

　こういう特徴は、バ条件文が命題レベルの条件文であるというこ

---

[153] 呉侃（2010：192）を参照されたい。

とから、得ているものであろうと思われる。上記のとおり、命題レベルの条件文において、問題になっているのは、前件と後件の事柄間の条件帰結関係で、しかも後件に示された事柄は、前件に示された事柄の実現に伴い、必然的に起こる事柄なのである。ここのPとQの間は、P　→　Qの時間関係であるが、もっと正確に言えば、それは緊密的な時間関係で、「同時的」に近いのである[154]。トも命題レベルにおける条件文であるため、トにもバに似たようなことが言えるのではないかと思われる。

5.3.2　モダリティレベル

　本研究では、モダリティレベルには、タラとナラが現れやすい傾向があるという立場である。

　タラは完了の意味をしている「タ」からできたため、3.2.2でもふれたように、タラ条件文では、前件実現時間が必ず後件実現時間に先立たなければならない、という時間的順序制約があるのである。これでは前件に示された条件文に基づいて、推論を表している次の（5−7）は、どうも時間的に反対のようである。（5−7）では、前件実現時点（警官出現時点）が後件実現時点（そいつが事件の筋書きを書いた時点）より後になっている。

　（5−7）もしそこに警官が現れたら、たぶんそいつが今回の事件すべての筋書きを書いたな。（＝3−12）

　これは一見タラの「時間的順序制約」の例外のように見えるが、後件の判断「たぶんそいつが今回の事件すべての筋書きを書いた

---

[154] 蓮沼（1985：69）では、Pが発話時点で未成立・未実現の事態の場合は、P→Q、Q→P、及び「同時的」の場合、という三種の時間関係が指摘されている。これと似ているように、藤城・宗意（2000：86、注8）にも、「ノ（ナラ）の後件で表される『判断』は、条件付けが行われた時点（通常発話時）にされると考えられる」という指摘がある。本研究ではこういう「同時的」を独立した項目としないで、P　→　Qに入れて考えていく。

な」が下されるのは、前件「そこに警官が現れた」という前提条件
が、実現してはじめて可能になるので、前項事実の実現は後項の事
柄の実現ではなく、その判断の実現に先立っている。こういう意味
では、やはり「時間的順序制約」が守られているのである[155]。

　この点では、時間的順序関係としては、前件が後件に先立ってい
る下記の（5−8）と同じである。

　（5−8）もしそいつが今回の事件すべての筋書きを書いた<u>ら</u>（た
の<u>なら</u>）、（もうすぐ）そこに警官が現れるだろう。（＝3−13）

　つまり、日常言語においては、与えられた条件のもとで、どんな
結果が起こるか予想する推論もあれば、与えられた結果から遡及し
て、その原因を探る推論もあり、推論は二方向的に行われているの
である。

　一方、ナラ条件文の場合、P　←　Q の時間的関係がしばしば取
り上げられているが、それはどんなタイプの文なのであろうか。

　3.4 でふれたが、仁科（2003：63）で指摘されたとおり、ナラに
は他の三者と違い、前件述語にル形／タ形の分化が存在し、ルナラ
形とタナラ形があるのである。両者の間には意味が違う場合もある
し、あまり違いが感じられなくなる場合も存在する。前後件の時間
的先後関係から見れば、タナラの場合は前件の時制が決まっていて、
普通 P　→　Q の関係になっているため、ここでは主にルナラの場
合をみてみる。

　呉侃（2010：194）では、ナラ条件文において、前件と後件がと
もに動作性動詞の場合は、後件にある動作が先に行われていると指
摘し、次の例文を挙げている。

---

[155] 西光（2006：223−224）においても、「定延コメント論文で提示されている時間的順
序制約を破っている『もしそこに警官が現れたら、たぶんそいつが今回の事件すべての
筋書きを書いたな』は遂行節を設定することにより後件の判断が前件の出来事より後に
起こるので、時間的順序制約を守っているとみなすことができる」と述べている。

（5−9）転職する<u>なら</u>、必ずあなたに相談しますよ。（呉侃 2010：194）

（5−10）ご旅行なさる<u>なら</u>、お供します。（呉侃 2010：194）

（5−9）（5−10）は、「転職するつもり（予定）なら、その前に必ずあなたに相談しますよ」「ご旅行なさる予定なら、その際にお供します」の意味であるが、「転職する」　←　「相談します」、「ご旅行なさる」　←　「お供します」の時間的先後関係が読み取れる。

呉侃（2010：194）はまた、ナラ条件文において、後件が動作性動詞でなくても、「…と思う」「…と判断する」などの意味と理解でき、後件の動作が先行していると同一視できる場合があると述べ、次の例文を挙げている。

（5−11）京都へ行く<u>なら</u>、秋がいい。（呉侃 2010：194）

（5−12）モスクワへ行く<u>なら</u>、時間さえあれば、列車が面白い。（呉侃 2010：194）

（5−11）では、「京都へ行くなら、秋がいいと思う。（だから、秋に行くのをお勧めする。）」という意味になっている。条件文の後件Q「秋がいい」は形容詞述語で、もともと時間関係が明らかではないが、その文の裏に隠れている「と思う」などを考えれば、「京都へ行く」　←　「秋がいいと思う（お勧めする）」という時間的先後関係になっていることが分かる。似たようなことは（5−12）についても言える。

一方、ナラ条件文の前件と後件の両方かいずれかが動作性動詞でなく、状態性述語の場合や、反実仮想の用法の場合は、上記の制約が働かなくなると呉侃（2010：195）が指摘し、次の例文を挙げている。

（5−13）暑い<u>なら</u>、窓を開けてください。（呉侃 2010：194）

（5－14）私が行く<u>なら</u>、彼は喜ぶだろう。（が、私は行かない。）
（呉侃 2010：194）

　（5－13）の前件「暑い」は状態性述語で、（5－14）は反実仮想の用法である。ここでは「暑い（と思う）」　→　「窓を開ける」、「私が行く」　→　「彼は喜ぶ」という時間的先後関係が読み取られている。

　では、なぜト・バ・タラには一種の時間関係だけあるのに、ナラ条件文にはこういうP　←　QとP　→　Qの二種の時間的関係があるのだろう。

　ト・バ・タラとナラの違いをもたらした理由について、先行研究は語源などから分析した。鈴木（1994：82）では、ト・バ・タラとナラの間の違いは、構文上の相違と見るべきものであると説明している。つまりト・バ・タラは、前句述語にト・バ・タラが直接接続する「述語＋条件形」で、ナラではル形・タ形の相違を持つ前句述語にノ、ダを介して条件形が接続する、「述語＋ル（タ）＋ノ＋ダ＋条件形」である。益岡（2007：204－205）は、レバ形式は条件形式としては基本的・無標的形式であり、タラ形式とナラ形式は、特別な形態が含まれる有標的な形式であると分析している。すなわち、タラ形式は、事態の実現を表すと考えられる「たり」を用いた形式であり、個別事態の階層における条件設定を表し、ナラ形式は「なり」を用いた形式であるが、「なり」は現代語の「のだ」に当たるもので、「ノナラ（バ）／ナラ（バ）」という変異形を持つ。「のだ」は形態的には「の＋だ」という組成であり、「ノナラ（バ）」という形態は「の＋なら（ば）」に分解でき、判断の階層における条件設定であると述べている。

　5.2 において、ナラの本質は事柄の仮定ではなく、判断の仮定であることを見たが、条件文の前件と後件の時間的先後関係を論じる

場合、この点が大きくかかわっていると思われる。

　本研究は上記の先行研究と似た観点で、ナラをモダリティレベルの条件文と位置づけている。

　モダリティレベルにおいて見れば、ナラ条件文が問題にしているのは、前件と後件の事柄間の命題関係ではなく、モダリティレベルにおける仮定である。命題レベルにおいては、事柄の実現が問題にされていて、事柄が実現したかどうかを前件で仮定している。一方、モダリティレベルでは、事柄についての判断、即ち事柄を実現する予定があるかどうか、或いは事柄が行われる可能性があるかどうかが問題になっている。ナラ条件文において、前件では事柄を実現する予定、或いは事柄が行われる可能性がある場合を仮定して、後件では前件に基づいて、話者の意見・意志・依頼・働きかけなどを表している。

　5.1において見た、ト・バ・タラが用いられているのに、ナラに置き換えれば、非文になり、或は反対に、ナラしか成り立たない文があるというのが、この点に関連があると思われる。（5−1）（5−3）（5−4）が成り立つのに、（5−2）が非文になるのは、「夏になるなら」だと、「夏になる」という事柄が行われる可能性を仮定することになるが、「夏になる」という事柄は必然的に行われてくるので、その可能性を仮定する必要がなくなり、非文になる。一方、上述の（5−9）−（5−12）におけるナラは、ト・バ・タラに置き換えられない。これらの例文が問題にしているのは、前件事柄を実現する予定か、或いはその事柄が行われる可能性なので、該当事柄が実現したかどうかではないからである[156]。

---

[156] 前述の前田（1995：488）における、「ナラの後件は、前件の『実行』との時間的関係ではなく、前件の『決定』との時間的後行関係を問題にする」という指摘が、的をついていると思われる。他に、例（5−9）−（5−12）のようなナラ（「〜つもりなら」と言い換えることができるナラ）について、国立国語研究所（1964：158−159）は、後件は前件の完了を条件にしていないで、前件実現の意志を条件としていると述べている。

　こういうナラ条件文において、前件と後件がともに動作性動詞の場合、前件では未実現の事柄を実現する予定、或いはその未実現の事柄が行われる可能性が真である場合を仮定している。一方、後件においては、前件に基づいた話者の意見・意志・依頼・働きかけなどを表している。前件に示された事柄が未実現のものなので、こういう意見・意志・依頼・働きかけなども、その事前にとるべきものであるということになる。

　藤城・宗意（2000：90−91）では三上の議論を元に、「ノダは、事態をノによって名詞化し、それをダという断定の助動詞で受ける。それによって、事態の成立時とその認識時が分化し、ノダは事態の成立を表すのでなく、話者の認識を表すことになる」と指摘している。上でもふれたノダとナラの関連から見れば、ナラ条件文においても、事柄の実現時間と、話者の判断や認識をする時間とは異なっているのである。この二つの時間を区別することは、ト・バ・タラとナラ条件文の、前後件の時間的先後関係を考察する際に、大切な働きを果たしているのである。

　次の（5−15）と（5−16）は、先行研究で取り上げられていた例であるが、（5−15）が成り立たないのに対し、（5−16）は問題なく成り立っている。以上の考え方で、その理由を説明してみよう。

　（5−15）＊怪我をするならここへ電話して下さい。（油谷1995）（藤城・宗意2000：88、例8）

　（5−16）怪我をする<u>なら</u>、そんなスポーツやりたくない。（藤城・宗意2000：88、例9）

　（5−16）では後件は意志表現になっているが、（5−15）と似た構文をしている（5−17）のように、命令文に言い直しても、文としては成り立つのである。

　（5−17）怪我をする<u>なら</u>、そんなスポーツをやめてください。

　前件と後件の事柄的時間関係を見れば、（5−15）と（5−17）はそれぞれ「怪我をする」　←　「ここへ電話する」と「怪我をする」　←　「そんなスポーツをやめる」という関係で、両方ともいわゆるP　←　Qの関係になっているようである。が、（5−15）は非文になり、（5−17）は成り立っている。これは実際的に（5−17）ではP　←　Qの時間関係が成り立っているのに、（5−15）ではそれは成り立っていないことによる。（5−15）では、「まだ怪我していないうちに、ここへ電話して下さい」とでも読み取られるだろう。日常生活では、「怪我をする前に、医務室や病院に電話をする」ということは、特殊な事情がない限り普通しないのである。それゆえ、（5−15）ではP　←　Qの時間関係が成り立たなく、非文になる。一方、（5−16）と（5−17）においては、怪我をする可能性がある場合を仮定し、それに基づいて、意志表明をしたり、話し相手に命令を表すことが出来るので、P　←　Qの時間関係が成り立っているのである。

　以上、ナラ条件文において、前件と後件がともに動作性動詞の場合、P　←　Qの時間関係をしていることが分かる。そして、このP　←　Qの時間関係が成り立つかどうかには、語用論的要素もかかわっているのである。

　こういうナラには、次の（5−18）のような、条件文の前件と後件で同一の動作性動詞が現れている、というユニークな使い方がある。

　（5−18）赤シャツには口もきかなかった。どうせ遣っ付けるなら塊めて、うんと遣っ付ける方がいい。（中日対訳）

　これも、モダリティレベルにおいて、ナラ条件文が問題にしているのは、条件−帰結の関係ではなく、前件に示された事柄実現の可能性と、話者の意見・意志・依頼・働きかけなどの関係であるとい

う特徴から来ている。ナラ条件文では、後件には前件事柄に基づい
て発生した結果が来ているのではない。それゆえ、（5－18）のよ
うに、前件に現れた動作性動詞そのものについて、後件において、
何か話者自身の意見・意志などを加えることが出来るのである。

　一方、ナラ条件文の前件或いは後件が、動作性動詞でない場合は、
事柄が実現したかどうかと、事柄を実現する予定があるかどうか、
或いは事柄が行われる可能性があるかどうかとの間に、言い換えれ
ば、事柄の実現を問題にしているのか、それとも事柄の判断を問題
にしているのかとの間には、境界線がはっきりしなくなる。（5－
13）の状態性述語の場合は、後件モダリティの関係で、トには置き
換えられないが、それ以外のバ・タラとナラの間には、はっきりし
た違いがなくなり、お互いに置き換え可能である。ここのナラ条件
文の前件と後件の時間的先後関係も、P　←　Qになるという制約
がなくなり、P　→　Qになることが可能である。（5－14）はト・
バ・タラに置き換え可能で、前件と後件の時間的先後関係も、P　→
Qの関係に読み取れるのである。

　本研究ではナラの他に、タラの後件に常に意志・勧誘・命令・表
出などの主観的述語が来ているということから、タラもモダリティ
レベルにおける条件文の一種と位置づけているが、ナラの判断の特
徴と比べれば、タラは事柄的である。その上、上述のように、タラ
は完了の意味をしている「タ」からできたため、上記のナラについ
ての分析はタラには適用しなくなる。それゆえ、タラにはト・バと
同様に、P　→　Qの一種の時間関係しかないのである。

　以上、日本語条件文の中で、ナラ条件文は特殊なものであること
が分かる。P　←　Qの時間関係を表すために、ナラの存在意義が
あるのではないか、とまで考えることができるかもしれない[157]。

---

[157] 田中（2005：302）では、条件形後置詞には「タラ」「ト」「レバ」に集中的に観察

5.3.3　発話レベル

3.4において、発話レベルにおけるト・バ・タラ・ナラの分布を見た。発話レベルにおいては、ト・バ・タラ・ナラは四つとも見られるが、ト・バ・タラは、「いわば」「例えば」「はっきり言えば」「によると」「ときたら」などのような複合辞形として現れるものが多い。単純形で用いられた場合は、ト・バ・タラはナラに置き換え可能なものが多く、単純形として発話レベルに最も多く用いられているのはナラであると分析した。

　発話レベルの条件文は、命題レベルの条件文とモダリティレベルの条件文とは、性格の違っていることは、4.2においてみた。命題レベルの条件文とモダリティレベルの条件文は、主として真偽条件について仮定しているのに対し、発話レベルの条件文は主として適切性についての仮定である。そして、発話の主題を表す条件文、言語活動・思考活動を説明する条件文と、発話の情報の出所・根拠や比較基準などを示す条件文の場合は真偽に無関係で、発話の表現の成立条件を示す条件文、発話の主張の関連性を示す条件文と、発話の意図を正当化するための条件文は、言葉遣い或は発話という行為の適不適を仮定していると分析した。

　これでは、発話レベルの条件文においては、PはQという発話が成り立つための前提をなして、Pが成り立たなければ、Qという発話をするのが不適切になる、という発話の意図が含まれていることが分かる。PとQの間の時間的先後関係から見れば、Pという前提

され、「ナラ」には少ないといった分布が見られる、というおもしろい指摘がされている。これはなぜなのか、何のことを表しているのかは、不明なままであるが、ナラにはト・バ・タラに置き換えられない意味用法があるが、トスレバがナラの用法を獲得しているように、条件形後置詞になると、ト・バ・タラにもナラの用法が獲得されていることが、その理由の一つに考えられるのではないかと思われる。言い換えれば、ト・バ・タラが後置詞形になるのは、ナラの用法へ拡張するための一つの手段になるのではないかと思われる。

があってはじめて、Q という発話ができるというものなので、P　→
Q の時間的関係になることが予想できる。

　前後件の時間的先後関係について見れば、発話の主題を表す条件
文と、発話の情報の出所・根拠や比較基準などを示す条件文の場合
は、前件は後件に示された発話を提起するための主題や、出所・根
拠や比較基準などを表す、いわゆる前置き的なものが多く、必ずし
もまとまった事柄を示しているとは限らない。言語活動・思考活動
そのものについて説明する条件文においても、話者は自分の発話の
仕方について仮定しているわけで、P には行為遂行的動詞が用いら
れ、Q とはほとんど同時的に行われているが、P は文単位ではなく、
語単位のものが多いのである。それゆえ、ここでは、言葉遣い或は
発話という行為の適不適を仮定している、後の三種類の発話レベル
の条件文を中心にして考察をする。

　（5−19）もし二三人集まってちょっと打ち合わせることを企画
と呼んでいい<u>なら</u>、それは 3 日前、火曜日の夜に企画された。（＝
4−23）

　（5−20）僕がずるい<u>なら</u>、弓子だってずるいよ。（＝4−37）

　（5−21）お腹がすい<u>たら</u>、冷蔵庫にケーキあるよ。（＝4−39）

　（5−19）は発話の表現の成立条件を示す条件文で、前件に示さ
れた言い方が成立すれば、後件に示された言い方も成立する、とい
う意味を表している。（5−20）は発話の主張の関連性を示す条件
文で、P と Q は無関係の事柄のように見えるが、話者が Q を主張
したのは、P を前提にしている。話し相手の主張を P におき、その
言い方が成立するなら、後件に示された話者の主張も成立する、と
いう発話意図が含まれ、間接的に相手の主張を否定している。（5
−21）は発話の意図を正当化するための条件文で、P に示された事
柄が成立するなら、Q に示された発話をするのが適切である、とい

うふうに、PはQの発話の意図にかかわっている。

　以上、発話レベルにおいては、いずれもPはQという発話が成り立つための前提をなして、Pが成り立たなければ、Qという発話をするのが不適切になる、という発話意図が含まれている。Pという前提があってはじめて、Qという発話ができるというものなので、P　→　Qの時間関係をしていることが分かる。

　この節の最後に、有田（1999：98－101）において、時間的先後関係がないとされた、バの「場面の切り取り」用法について少し触れておく。

　有田は次の（5－22）（5－23）のような例におけるバの用法を、「場面の切り取り」用法であるとしている。

　（5－22）庭には梅も<u>あれば</u>桜もあった。（有田 1999：98）

　（5－23）門を出ながら振り<u>返れば</u>、木立の隙間を透し、各病棟の灯が何かをささやくように静かにゆれている。（有田 1999：99）

　有田はこのタイプの条件文の特徴を次のようにまとめている。

　　a　前件と後件の間に時間的先後関係がない。
　　b　文末の時制形式（ル形、タ形）が発話時を基準とした時間的関係に必ずしも対応しない。[158]

　具体的に、（5－22）について、有田は「前件も後件も『ある』という状態述語が使われており、前件と後件の間に時間的先後関係はない。ちょうど過去のある時点において庭に梅と桜があるという一場面を切り取ったような表現である」と説明し、（5－23）については、前件は動作性述語（「振り返る」）が使われているが、後件が状態を表現しており（「ゆれている」）、その状態は前件の行為が行われる前から継続している状態で、前件と後件の間には実質

---

[158] 有田（1999：99）より引用。

的な時間関係は存在しないと述べている[159]。そしてこれらの例文において、前件と後件が過去の一場面に共に存在しているという性質から、「共存関係」と呼んでいる[160]。

　ここの（5−22）のようないわゆる「並列・列挙」の条件文については、本研究では発話の表現の成立条件を示す条件文、即ち発話レベルの条件文の一種と見なすことができるという立場を取っている[161]。この種の条件文では、ＰとＱの間には、命題的依存関係はなく、Ｐに示された言い方が成り立つのであれば、Ｑにおける言い方も成り立つという話者の発話意図を表している。（5−22）においては、「庭に梅がある」ことと、「（庭に）桜がある」ことが、一場面に存在しているのを「共存関係」と捉えるのは、ただＰとＱの間の事態間の関係を捉えているだけである。話者の発話時における認識の順序から言えば、ここにはＰ　→　Ｑのような時間的先後関係があると言うことが出来る。つまり話者が発話する時、脳裏に庭にある木々を浮かべながら、言語化していくが、最初に考え出されたのは梅で、その後に出てくるのは桜という可能性が考えられる。

　一方、（5−23）については、本研究では継起・きっかけの用法として、条件文の研究対象としないが、後件が表現している状態（「ゆれている」）が、前件の行為（「振り返る」）が行われる前から継続している状態であるから、前件と後件の間には実質的な時間関係が存在しないと捉えるのは、やはり事態間関係を捉えているだけである。（5−23）が表しているのは、前件に示された事態が行われた後で、後件に示された事態が存在していることに気付いたということで、いわゆる発見の用法である。ここにもＰ　→　Ｑという時間的先後関係があるのである。

[159] 有田（1999：99）を参照されたい。
[160] 有田（1999：100）を参照されたい。
[161] 4.1.3 を参照されたい。

　以上いわゆる場面の切り取りの用法に、時間的先後関係がないというのは、前件と後件の事態間の関係を言っているだけで、発話時と認識時において見れば、（5−22）と（5−23）にはP　→　Qの時間的先後関係があることが分かる。

　本章では条件文の前件Pと後件Qの時間関係について、それぞれのレベルの条件文の特徴から説明してきた。ト・バ・タラには一種の時間関係しかないのに対し、ナラだけが二種の時間的先後関係があるというのは、日本語の条件文はそれぞれ違った概念レベルにあり、ナラ条件文はト・バとは違った概念レベルにあり、タラとは性質が違っているということがもたらしているのである。

第六章　前件焦点条件文[162]

6.1　はじめに

　1.2 において、条件文における従属節と主節の関係が、図と地、或は前景と背景の関係と見られていいことを見ていた。本研究では、条件文の前件と後件で、どちらが前提（背景）で、どちらが焦点なのか、という視点から日本語の条件文を見直し、前件が前提（背景）で後件が焦点になっている条件文を「後件焦点条件文」、逆に前件が焦点になって、後件が前提（背景）になっている条件文を「前件焦点条件文」というふうに、条件文を二種に分けている。

　日本語の条件文の研究では、後件焦点条件文に関するものがほとんどで、前件に焦点が置かれている条件文に、脚光を浴びている研究は少なく、条件文の焦点そのものに対して、あまり注目されていないようである。

　本章はまず後件焦点条件文の構文的特徴を考察した後、前件焦点条件文に対象をしぼり、その構文的特徴と意味的特徴を明らかにしたい。そして、ト・バ・タラ・ナラの四種の条件文が、前件焦点条件文における分布状況なども考察する。

---

[162] 本章の主な内容は論文「从前提—焦点的视角看日语条件句」（《日本教育与日本学研究——大学日语教育研究国际研讨会论文集（2015）》，华东理工大学出版社，2016 年）と「前件焦点条件文」（《中日跨文化交际研究——中国日语教学研究文集之 10》，大连理工大学出版社，2014 年）にまとめられ、発表されている。

6.2　後件焦点条件文

6.2.1　前提－焦点の視点から見る三層構造における条件文

　前提－焦点の大枠で見れば、第三章で考察した命題レベル・モダリティレベル・発話レベルの条件文は、前件が背景で、後件が焦点になっている、即ち後件焦点条件文である。

　　（6−1）風が吹けば<u>桶屋が儲かる</u>。[163]（広辞苑）

　（6−1）は命題レベルの条件文である。このことわざは、「思わぬ結果が生じる、あるいは、あてにならぬ期待をすることのたとえ」として用いられている。この諺に含まれる仮定と帰結の関係はどんなものなのかというと、「風が吹く」→「砂埃が出る」→「盲人が増える」→（盲人が三味線をひくので）「三味線に張る猫の皮が必要になる」→「猫が減る」→「鼠が増える」→（鼠が桶をかじるので）「桶屋が繁盛する」[164]というふうに、一連の推論が行われているのである。この推論に問題がないかどうかは別として、前件に示された事態「風が吹く」が起こるのに従い、一連の出来事が発生し、その結果「桶屋が儲かる」が成り立つというのは、このことわざにおける推論である。

　このように、恒常条件文など命題レベルにおける条件文は、前件が条件で、後件がそれに基づいて起こった結果である、という条件帰結関係を表し、前件が背景で、後件が焦点になっている。

　奥田（1956：290−291）では、話し手主体の認識論的なたちばか

---

[163] 本章では例文の中で条件文の焦点になっている部分を下線で示している。条件文内ではないが、そのすぐ後ろの文で条件文と関連があって、焦点になっていると思われるところも下線で示した。
[164] 『広辞苑』（第五版）による。

ら、論理・構文論的なむすびつきについて述べ、「（A）一般的に
みとめられた事実（ふへんてきな真理、くりかえしあらわれてくる
もの、必然的なもの）をつたえる論理・構文論的なむすびつき」の
文では、主語は「……は」のかたちをとるのがふつうであると述べ
ている。

　一方、1.2において、奥田（1956：277－278）は、文を≪根拠≫
と≪説明≫との相関的な部分に分け、主語が述語との結び付きにお
いて根拠であるばあいには、「……は」のかたちが主語になる、と
述べていることをみた。こうすれば、上記の（A）の場合は、主語
が根拠で、述語が説明になっていることが分かる。

　（6－1）は条件文の形になっているが、この種の恒常条件を表す
条件文は、奥田の（A）の結び付きによく似ていて、一般的にみと
められた事実（ふへんてきな真理、くりかえしあらわれてくるもの、
必然的なもの）を、条件文の形として表しているのである。そして、
（A）ではハをとるのと同様に、（6－1）では、前件（「風が吹く」）
は与えられたもので根拠の部分で、後件（「桶屋が儲かる」）では、
前件に示された事柄が実現した場合、（必然的に）どうなるのかが
述べられ、説明の部分になる。即ち、後件が文の焦点になっている
のである。

　（6－2）彼が皿を落とすなら、ぼくは逆立ちをしてレストランの
中を10周するよ。（＝3－8）

　（6－3）もしそこに警官が現れたら、たぶんそいつが今回の事件
すべての筋書きを書いたな。（＝3－12）

　（6－2）（6－3）はモダリティレベルの条件文である。第三章と
第五章で説明した通り、（6－2）は前件に示されたこと（「彼が皿
を落とす」）に対し、話者の意見・態度を後件に示す条件文で、（6
－3）は前件に示されたこと（「そこに警官が現れた」）に基づい

て、推論をし、話者の判断を後件に示すような条件文である。いずれも前件に示された事態が行われた場合に、後件の意見表明と推論が行われるもので、前件が背景になり、後件が焦点になっている。

　発話レベルの条件文はいくつかの下位分類があるが、第四章で詳しく見たように、この種の条件文においては、前件と後件は修飾関係にあり、前件は後件の発話の成立のための前提条件を示している。後件こそ話者の主張しようとするものであるが、前件は語用論的にその適切性を保証するためのものになっている。それゆえ、この種の条件文は、命題レベル・モダリティレベルと同じように、前件が背景で後件が焦点になって、後件焦点条件文である。

6.2.2　後件焦点条件文の構文的特徴

　この節では命題レベル・モダリティレベル・発話レベルと分けずに、後件焦点条件文の構文的特徴を見てみたい。

　（6－4）直治の姉でございます。お忘れかしら。お忘れだったら、思い出して下さい。　（中日対訳）

　（6－5）六百円を三に割って一年に二百円ずつ使えば三年間は勉強が出来る。三年間一生懸命にやれば何か出来る。　（中日対訳）

　（6－6）きたなくなった年数の多いものを先輩と呼ぶならば、私はたしかに貴方より先輩でしょう。　（中日対訳）

　（6－7）「よし。君がそういう態度なら、俺にも考えがある。来月国へかえる前に、どうあっても、とるだけのものはとってみせる。君にもその覚悟はあるんだろうな」　（中日対訳）

　（6－4）はまず「お忘れかしら」と質問をし、次にこれを仮定条件にして、もしこの質問に対する答えが真になる（「お忘れである」）のなら、「思い出して下さい」というふうに、後件で話者の依頼事項を示す。（6－5）は「六百円を三に割って一年に二百円ずつ使う」

ことを前提に仮定し、これに基づけば、「三年間は勉強が出来る」という結論が出される。更に「三年間一生懸命にやる」ことを前提に仮定し、これに基づいた結論（「何か出来る」こと）を出す。（6－6）においては、前件に示された言い方（「きたなくなった年数の多いものを先輩と呼ぶ」こと）が適切であれば、後件に示された言い方（「私はたしかに貴方より先輩である」こと）も成り立つ、という話者の発話意図がある。（6－7）では、前件の「そういう」が直前の文脈にある内容を受け、既知の前提になり、後件「俺にも考えがある」を焦点にして、話者の態度を表明している。直後にある「来月国へかえる前に、どうあっても、とるだけのものはとってみせる」という文は、条件文の焦点になっている後件の内容のさらなる説明になる。

　（6－4）－（6－6）では、「<u>お忘れ</u>かしら」→「<u>お忘れ</u>だったら」、「<u>三年間</u>は勉強が出来る」→「<u>三年間</u>一生懸命にやれば」、「…を<u>先輩</u>と呼ぶならば」→「私はたしかに貴方より<u>先輩</u>でしょう」というふうに、文や文の一部がくり返され、いわゆる「照応反復」（anaphoric repetition）の言語現象が観察される。（6－7）では、統語的照応反復がないが、内容的には条件文の後続文が、条件文の後件の補足内容になっている。

　後件焦点条件文では、後件に疑問詞が現れやすい。

　（6－8）いま東京が関東大震災と同じ規模の大地震に襲われたら<u>どうなるだろうか</u>。東京都防災会議、東京消防庁によると、倒壊家屋二万戸、圧死者二千人、地震が発生してから5時間後に品川区、中野区の面積に匹敵する16平方メートルを焼き尽くし、焼死者実に56万人という恐れるべき被害が予想されている。（中日対訳）

　（6－8）では前件で「いま東京が関東大震災と同じ規模の大地震に襲われた」ことが仮定され、後件では前件が真になる場合、「ど

うなるだろうか」と疑問文を出し、その直後に、予想されている被害を取り上げ、その疑問文の回答文になっている。

　条件文の中で焦点がどこにあるのかというのは、より長い具体的な文脈においては、より判断しやすくなる。例えば、

　（6−9）問題は、同じシャツをすでに三百枚以上も売ってしまっていたことだった。どうしたものかと困り果て、店の者ともいろいろ相談した。商いは信用第一だ。店の信用には代られない。私はチラシを配って全部の返品を受けつけることにした。まだ、店の規模も小さかった。売ったすべてが戻されてくれば、その返金額は大きく大打撃で、へたすると店そのものがつぶれかねなかった。（中日対訳）

　（6−10）どうにもならない事を、どうにかする為には、手段を選んでいる遑はない。選んでいれば、築土の下か、道ばたの土の上で、饑死をするばかりである。そうして、この門の上へ持って来て、犬のように棄てられてしまうばかりである。選ばないとすれば――下人の考えは、何度も同じ道を低徊した揚句に、やっとこの局所へ逢着した。しかしこの「すれば」は、何時までたっても、結局「すれば」であった。下人は、手段を選ばないという事を肯定しながらも、この「すれば」のかたをつける為に、当然、その後に来る可き「盗人になるより外に仕方がない」と云う事を、積極的に肯定するだけの、勇気が出ずにいたのである。（中日対訳）

　引用は長くなったが、（6−9）の場合、条件文の部分「売ったすべてが戻されてくれば、その返金額は大きく大打撃で、へたすると店そのものがつぶれかねなかった」だけでは、焦点が前件にあるのか[165]、後件にあるのか、判断がゆれる。しかし（6−9）のようによ

---

[165] 例えば、「売ったすべてが戻されてくれば」と、「売った一部が戻されてくれば」の対照がなされている場合など、前件が問題になっていることもあるはずである。

り長い文脈においては、前の文にさかのぼって読んでみれば、話の筋がはっきりしてきて、「私はチラシを配って<u>全部の返品を受けつけることにした</u>」と、「<u>売ったすべてが戻されてくれば</u>」というふうに、語彙の意味的照応反復が観察され、条件文の前件が既知の前提になっていることが分かる。それで、ごく自然なことに、後件に示された事態が条件文の焦点になるのである。

　（6−10）は二つの条件文からなっている。最初の条件文は、「手段を<u>選んでいる</u>違はない」→「<u>選んでいれば</u>」というふうに、直前の文との間に照応反復がなされ、前件が前提になり、後件が焦点になっている。二つ目の条件文は、最初の条件文の反対事項（「選ばないとすれば」）を仮定条件としているが、すぐ後ろに来るはずの後件の位置に「――」が用いられ、「手段を選ばない場合、なすべきすべがない」ことを表している。いくつかの文を越えてはじめて、条件文の後件「盗人になるより外に仕方がない」が文中に現れる。

　以上、網羅的ではないが、後件焦点条件文に見られる構文的特徴をまとめてみれば、前件においては、①「こ・そ・あ」などの指示代名詞で、前述内容とのつながりが示されていることや、②直前の内容と統語的或いは意味的に照応反復をしていること、後件においては、③後続する文が補足的に説明していることや、④疑問の形式になる場合があること、などが挙げられる。

　角田（2004：70）では、ノダの用法を考察するには、その先行する文脈を充分に示す必要があると述べ、先行研究の多くがあげている例文では、先行する文脈の提示が不十分であり、考察した先行文脈が短すぎたのが、先行研究における考察の弱点であると指摘した。似ているように、日本語条件文の研究においても、より長いコンテクストで考える必要があると思われる。

6.3　前件焦点条件文

　　日本語では後件焦点条件文の他に、前件焦点条件文も数多く存在している。

　　（6−11）その気持なら、うちでは今後こうしたらどうかしら。これからは毎年八月六日の原爆記念日に、あの八月六日の朝の献立通りの朝飯を食べたらどうかしら。あの日の朝の献立なら、わたしは覚えておるわ。不思議に、はっきり覚えとるんよ。（中日対訳）

　　（6−12）これらの実現を、なにより優先すべきである。ほかの点は、大胆に妥協すればいい。（朝日新聞社説 2012 年 6 月 7 日）

　　（6−11）では条件文「うちでは今後こうしたらどうかしら」において、話し手が提案しているのは、後件の「どうかしら」ではなく、前件の「うちでは今後こうしたら」である。文中の指示副詞「こう」に対し、直後に続く条件文が更なる説明をするので、前件「これからは毎年八月六日の原爆記念日に、あの八月六日の朝の献立通りの朝飯を食べたら」が、同じく焦点になっている。この二つの条件文にある後件「どうかしら」は、聞き手の意見を求める表現で、一定の状況下では、話し手と聞き手との間で、自明の内容になり、文の焦点にはならないのである。

　　（6−12）では、条件文の直前の文に、社説の作者が、「これらの実現を、なにより優先すべきである」と、自分の見方を出している。この主張に対し、読者が「それでは、ほかの点はどうすればいいのか」と、疑問が持たれるだろうと、その「ほかの点」に対する処置の仕方も提示すべく、「大胆に妥協すればいい」と補足している。ここでは明らかに、「大胆に妥協する」ことこそ社説の作者の主張であり、条件文の焦点になる。後件の「いい」はプラス評価を与えているだけであり、文の焦点ではない。

前件焦点条件文の後件が省略される場合がある。

（6－13）私は我を張る訳にも行かなかった。<u>どうでも二人の都合の好いようにしたら</u>と思い出した。（中日対訳）

（6－13）の条件文では、後件が省略されているが、「いい」などを後件に付け加えることができる。

後件焦点条件文に比べ、前件焦点条件文についての研究が少ないのが現状である。

今仁（1993：210）では条件文は、φ→ψとφからψを導くといった、単なる論理的推論をするためだけに用いられているわけではない、日常言語としての用いられ方は、実にさまざまであると述べている。そして、後件成立のための条件として、次のａとｂを挙げて、「後件の成立を前提として、前件についての判断を行うことは、日常的によくあることである」としている。

　　ａ　ψが成立するためには、とにかくφであればよい。
　　ｂ　ψが成立するためには、少なくともφである必要がある。[166]

李光赫（2007：102）は、今仁のａを「＜前提条件＞表示文」、ｂを「＜必須条件＞表示文」と見なし、それぞれ「与えられた条件から結果を引き出す文」と、「与えられた結果から遡及して成立条件を探る文」と定義して、前者の方がもっと普通であるとしている[167]。李光赫・張建偉（2012：39）ではこの二種の条件文を、それぞれ「［p→q（焦点）］＝［条件 → 結果］」と、「［p（焦点）← q］＝［条件 ← 結果］」と示している。

今仁のａ、ｂは、後件成立のために、前件は十分条件なのか、それとも必要条件なのかに注目しているのに対し、李光赫の「＜前提

---

[166] 今仁（1993：210）より引用。
[167] 李光赫（2007：100）を参照されたい。

条件＞表示文」と「＜必須条件＞表示文」は、条件と結果とどちらに焦点があるか、ということに注目しているので、両者の見方は必ずしも同じとは限らないようであるが、このどちらが焦点になっているのかを、視野に入れているという点は、本研究と通じているところがあると言えるだろう。

　堀（2004b）は4種類のコーパスから得た条件文の基本的な用法をまとめたもので、その用法の一つに「条件」というのがある。この用法について、堀（2004b：38）は、「後件は望ましい事柄で、その後件が成立するために必要な条件を前件で示す。従って、前件に焦点がある。後件の文末には、可能表現や『（望ましいこと）〜ニナル』などが多く使われる。バが多く用いられる」と説明している。

　これらの先行研究では、用語はそれぞれ違っているが、本章で扱っている前件焦点条件文に関しては、ある程度注目がされていた。ただし、詳しい考察は見られない。次節では前件焦点条件文に対象をしぼり、ドウ条件文をその代表として見ていく。具体的にはコーパス調査に基づき、この種の条件文における前件と後件の構文的特徴を考察し、その意味的特徴を明らかにする。そして、ト・バ・タラ・ナラの四種の条件文が、前件焦点条件文における分布状況なども考察する。

6.4　ドウ条件文のコーパス調査

6.4.1　調査の実施と結果

　ある条件文が前件焦点条件文なのか、それとも後件焦点条件文なのかは、一定のコンテクストや、より長い文脈においては判断でき

ると上で述べたが、実際全ての文が正確に解釈できるわけではない。前後に文脈なく単独に現れる例文も多く、コンテクストにおいて判断することが出来なくなる場合が少なくない。他方、話者の表現意図がどこにあるのか、例文によっては解釈がゆれ、客観的に把握できる保証がないのも大きな原因になっている。

　一方、文中疑問になっているところは普通文の焦点になっている[168]。李光赫（2007：102）では「＜前提条件＞表示文」と「＜必須条件＞表示文」の特徴をまとめ、「＜前提条件＞表示文」は「後件に疑問詞がくるが、前件には疑問詞が現れにくい」とする一方、「＜必須条件＞表示文」の場合は、「前件に疑問詞がくるが、後件には疑問詞が現れにくい」と述べている。そして「疑問詞ならば、q」は典型的な＜必須条件＞を表す形式であるとしている[169]。

　それゆえ、前件に疑問詞が現れた条件文は、ほとんど前件焦点条件文と見なしていいと思われる。本節では前件に疑問副詞「どう」が出ている条件文（以下「ドウ条件文」）を中心に、前件焦点条件文について見る。

　まず前単語が「どう」、後単語がそれぞれ「と」、「ば」、「たら」、「なら」を検索条件に、中日対訳コーパスから例文を抽出する。このコーパスを利用するのは、ここの例文は普通いくつかの文からなり、より長いものになって、前後の文脈から文の意味を把握するのに便利であると同時に、中国語の訳文がついているため、意味判断の参考にもなるなどの理由が挙げられる。

　上述の検索条件で得た例文には、単語に「と」「ば」「たら」「なら」の入っているものが全て検索されるので、一々チェックし、非条件文を排除した後、128 例のドウ条件文が得られた。具体的な調

[168]　「～どう」のように述語における「どう」は「いい？」と同じ働きで、聞き手の意向を尋ねるもので、例外である。
[169]　李光赫（2007：106）を参照されたい。

表6-1　ドウ条件文のコーパス調査の結果

ドウ条件文の種類		用例数	前件の構文の形式	用例数	後件の述語の種類	用例数	合計
どう…と		1	どういうふうにしつけると	1	良い	1	1
どう+ば	どう…ば	58	どうすれば	44	いい	48	
			どう+言語動詞+ば	7	可能動詞	6	
					状態動詞	3	
			どう+他の動詞+ば	7	動詞の打ち消し形式	1	
					合計	58	
			合計	58			
	どういう…ば	1	どういうタイプの演奏をすれば	1	可能動詞	1	6
	どういうふうに…ば	4	どういう風に人と接すれば	1	いい	4	
			どういう風に話せば	1			
			どういう風にやっていけば	1			
			どういうふうに育てれば	1			
			合計	4			
どう+たら	どう…たら	63	どうしたら	50	いい	54	
			どう云ったら	1	可能動詞	7	
			どう+他の動詞+たら	7	状態動詞	2	
			どうして+動詞+たら	4			

			どうやって+動詞+たら	1			
			合計	63	合計	63	
	どういうふうに…たら	1	どういうふうに子供と毎日を接していったら	1	良い	1	
合計		128	合計	128	合計	128	128

査結果は、表6-1に示されるとおりである。

6.4.2　ドウ条件文における前件と後件の構文的特徴

　表6-1によると、総用例数128例の中で、「どう…と」の例文は1例しかない。「どう…ば」「どういう…ば」「どういうふうに…ば」（「どう+ば」）の例文は63例で、「どう…たら」「どういうふうに…たら」（「どう+たら」）の例文は64例あったが、「どう…なら」の例文は見つからなかった。

　まず例文数の多い「どう…ば」と「どう…たら」の前件と後件の構文的特徴についてみていく。

　「どう…ば」の例文は58例ある。前件についてみれば、「どうすれば」が44例[170]、「どう…ば」の用例の76%を占めている。「どう+言語動詞+ば」が7例で[171]、約12%である。「どう+他の動詞+ば」が残りの7例になる[172]。注目すべきなのは、この7例中、5例が「どう+動詞+ていけば」の形をしていることである[173]。

---

[170] 「どうすりゃ」も含まれている。
[171] 「どう言えば」「どう答えば」「どう切り出せば」「どう表現すれば」「どう伝えれば」等がある。
[172] 「どうストレスを解消すれば」「どう変えれば」等がある。
[173] それぞれ「どう付き合っていけば」「どう考えていけば」「どうやって生きていけば」

　後件についてみると、「どう…ば」条件文の後件述語では、「いい」が 48 例で[174]、83%を占めて一番多い。可能動詞が 6 例で[175]、10%である。残りの 4 例は状態動詞[176]と動詞打消し形式[177]で、7%である。

　「どう…たら」条件文は 63 例ある。前件には「どうしたら」が 50 例と、「どう…たら」の用例数の 79%を占めている。「どう云ったら」が 1 例で、「どう+他の動詞+たら」が 7 例である[178]。他に「どうして（どうやって）+動詞+たら」が 5 例ある。

　後件述語では同じ「いい」が多く[179]、54 例で、総用例数の 86%も占めている。他に可能動詞が 7 例、11%で、状態動詞が 2 例[180]、3%である。

　他に、「どういう…ば」と「どういうふうに…ば」について見れば、前件には「…すれば」や「言語動詞+ば」「動詞+ていけば」の形で、後件では可能動詞や「いい」、「どういうふうに…たら」は、前件には「動詞+ていったら」、後件には「良い」というふうに、「どう…ば」と「どう…たら」に似たような構文的な特徴が見られる。

　以上「どう+ば」「どう+たら」の例文における、後件の述語の種類を見れば、著しい傾向があることが分かる。ドウ条件文の後件は主として三種類あり、一番多いのは「いい」類で、108 例もあって、総用例数の 84%を占めている。次は可能動詞で、14 例あり、11%

「どう生きていけば」「どう対応していけば」の形をしている。
[174]　「よい」「好い」「よろしい」も含まれる。
[175]　「幸せになれる」「できる」等である。
[176]　それぞれ「わかる」「感心する」「なる」である。
[177]　「失敗しない」である。
[178]　「どう並べたら」「どう確保したら」「どう展開したら」等がある。
[179]　「よい」「良い」「好い」「よろしい」「好かろう」「好う御座んしょう」等も含まれている。
[180]　それぞれ「直る」「困る」である。

を占めている。他は状態動詞や動詞の打ち消し形式などの状態性述語で、6例あり、約5%である。この結果は前述の堀の条件表現についての観察（後件の文末には、可能表現や「（望ましいこと）〜ニナル」などが多く使われる）に似ている。

　「いい」はプラス評価を表し、話者にとって望ましい状況を表している。前件にはこの望ましい状況を満たすための条件を示していると考えられる。可能動詞も「いい」に似て、ある達成状況を表し、前件にはこの達成状況を満たすための必要な条件を示す。状態性述語6例の中で、状態動詞は5例あり、その中で、「わかる」「なる」「直る」は、意味が可能動詞に似ていて、残りの2例は「感心する」「困る」で、これらと打ち消し形式「失敗しない」は、動作動詞や消極的な意味を表す動詞のように見えるが、具体的な例文を見ると、いずれも積極的な評価を表す述語であることが分かる。

　（6−14）どうすれば他人が感心するか、賞めてくれるかっていうのがちゃんとわかっていたのよ。（中日対訳）

　（6−15）「それもそうだな。どうしたら困るだろう」／"倒也是，怎么才能给他一点苦头吃呢？"（訳文一）／"那倒也是。咋办才能让'红衬衫'感到痛呢？"（訳文二）／"倒也是。那么，怎么着才能使他为难呢？"（訳文三）（中日対訳）

　（6−16）なぜ失敗したか、その失敗がどんな結果につながるか、どうすれば失敗しないか、考えさせているでしょうか。（中日対訳）

　（6−14）において、後件「他人が感心するか、賞めてくれるか」は動作動詞ではなく、話題の人物が達成したがっている目標である。（6−15）の場合、三つの訳文から、「困る」の主体は話者本人ではなく、話題に上る第三者のことであることが分かる。この人を困らせることこそ話者の達したい目標である。（6−16）の「失敗しない」も明らかに、「成功できる」と同義の積極的な意味を表す述

語である。

　以上の考察からドウ条件文の意味用法をまとめてみれば、「（これから）どうすれば（言えば）いい（ある望ましいことが達成できる）か」ということを表すのである。前件には、「どうすれば」「どう言えば」「（これから）どう対策を取っていけば」等を条件として提示し、後件にはプラス評価や積極的な意味の述語が来て、前件に示された条件が満たされた場合、達成できる目標や、それに対するプラス的な価値判断等を表す。

6.5　ドウ条件文におけるト・バ・タラ・ナラの分布

　後件焦点条件文におけるト・バ・タラ・ナラの意味用法は、昔から研究対象にされてきたことは、第二章から第五章でみたとおりである。それゆえ、この四種の条件文は、いずれも後件焦点条件文になれるという点は、言うまでもないことであろう。では、ト・バ・タラ・ナラは、前件焦点条件文においては、どういう分布の様相をしているのだろうか。この節ではこの問題について考えてみる。

　研究の視点が違い、それゆえ術語も違っているが、本章で扱っている前件焦点条件文と関連のある先行研究として、李光赫の一連の研究がある。李光赫（2007：109）では、日本語では基本的に「タラ・ト」は前提条件しか表さないが、バは前提条件と必須条件のどちらとも表せるとし、李光赫（2010：35－37）では少し調整を行い、ト形式は＜前提条件＞読みの傾向が強く、バ形式は＜必須条件＞読みの傾向が強いのに対して、タラ形式は前件と後件はどちらにも疑問詞が現れることから、その中間的な位置にあるとしている。ナラについては、C段階（判断レベル）に属するものとして、研究の対

象外にしている[181]。李光赫・張建偉（2012：41）では、改めてバの方がト・タラより必須条件になる傾向が強いと述べている。

　前述の通り、堀も「条件用法」ではバが多用されていると述べている。

　術語こそ違っているが、ここからは、李・張（2012）も堀も、本章の言っている前件焦点条件文では、バが多用されていることを主張していることが分かる。

　他に、大野等（2005）でもバについて、似たような観察が指摘されている。大野等（2005）は実際の会話を分析して、条件節「たら」・「なら」・「ば」・「と」の使用頻度を考察し、「〜ば」を伴った肯定的な表現がかなり見られ、中でも「〜ばいい」という慣用化した表現の使用が特に多かった、と指摘している[182]。

　表6−1によれば、ドウ条件文の中で、「どう…と」は1例しかなく、「どう…なら」の例文が見つからなかった。つまり、トとナラは基本的にはドウ条件文とは共起しないことが分かる。この結果は上の李・張（2012）と堀の考察と大体同じである。このことから、トとナラは主として後件焦点条件文を作り、前件焦点条件文にはあまりならないことが言えるだろう[183]。因みに、「どう…と」の例文は次の（6−17）のような例である。

　（6−17）　（前略）それほど神経質ではないのですが、<u>どういうふうにしつけると</u>良いのでしょうか。（中日対訳）

---

[181] 李光赫（2010：41、注4）を参照されたい。ここのC段階（判断レベル）というのは、具体的に何のことを指しているのかについて、李においては説明がないが、本研究におけるモダリティレベルに似たようなものではないかと思われる。
[182] 大野等（2005：78）を参照されたい。
[183] 前件を疑問文にする表現は、ナラは不可能であることは、前田（1995：491）でも述べられていて、「（どうすれば／どうしたら／どうすると／＊どうするなら）英語が上手に話せるようになるでしょうか。」という例が挙げられている。例に見られるように、前田は「どうすると」は言えるとしているが、実際のコーパスではこういう例は見当たらなかった。

　一方、「ドウ＋ば」の例文が多くあり、先行研究の結論が検証されたが、タラについての結果は、李・張（2012）と堀の結論と違ってくる。

　表6－1では、「どう+ば」と「どう+たら」はそれぞれ63例と64例あり、半々になっている。この調査結果に基づけば、バだけでなく、タラもドウ条件文と共起できるのである。つまり、ドウ条件文についてのコーパス調査の結果からいえば、バとタラは後件焦点条件文と、前件焦点条件文の両方とも作っている。そして、バとタラが用例の半々を占めていることは、前件焦点条件文と共起する傾向では、バとタラには大きな違いが見られないことを示している。

　ト・バ・タラ・ナラが前件焦点条件文と後件焦点条件文における分布の違いは、それぞれの違った意味特徴を表している。

　トについて、益岡（1993b：14）では次のように述べている。

　　ト形式の文の基本は、前件と後件で表される二つの事態の一体性を表す点にあると見ることができる。前件で表される事態と後件で表される事態とが継起的に実現するものとしてわかちがたく結びついていることを表す、広義の順接並列の表現の一つであるということである。そして、ト形式の文の中心的用法は、非現実の事態ではなく、現実に観察された事態を表現するものである。

　田中（2005：302）においても、ト形式は現象的であり、臨場感をともなうと指摘されている。

　このようなト条件文の基本的な意味は、ある事態の発生に従い、もう一つの事態が発生するということを表し、動作間の継起性と一体性を表すのに多く用いられている。従って、前件と後件の動作は連続している感が強く、全体で一まとまりになって捉えられ、前件をその連続している動作の流れから切り分けることが難しく、ト節だけが浮き彫りにされ、焦点になることが困難である。言い換えれ

ば、トの場合、眼前の現象をそのまま描いていて、文全体が焦点になるが、前件だけが焦点になることはあまりないのである。

　バについて、森田（1967：32−33）は本来時間的観念をもたず、しかも「〜と」に比して具体性に乏しく、観念的想像による場合が多い、ただ客観的に条件結果の因果関係を示すのみであると分析している。3.2.2 で坂原が「与えられた条件のもとでどんな結果が起こるか予想する推論もあれば、与えられた結果から遡及して原因を探る推論もある」、しかもこの両方が日本語ではたまたま同じ言語形式で表されていると指摘した[184]ことを見たが、最もこの特徴を持っている条件文は、バ条件文ではないだろうかと思われる。

　（6−18）　A：1に1を足せばいくつになりますか。

　　　　　　B：1に1を足せば2になります。（李光赫 2007：103）

　（6−19）　A：1に幾つ足せば2になりますか。

　　　　　　B：1に1を足せば2になります。（李光赫 2007：105−106）

　（6−18）は後件焦点条件文で、（6−19）は前件焦点条件文であるが、両方ともバで表されている。これはバの論理性と深く関係していると思われる。観念性・論理性が強いので、その命題はだれがいつ、どこで考えても成り立つのである。それゆえ、前件から後件の結果がごく自然に予想できるだけではなく、（6−19）Aのように、後件結果が与えられれば、（6−18）のような後件焦点条件文を元に、逆算して（6−19）Bに還元できるのである。つまり前件の一部が疑問になっても、その欠如した部分が自然に埋められ、完全な条件文になるのである。したがって、バは後件焦点になるだけでなく、前件焦点にもなるのである。

　バについて、堀（2005：129−130）では、そのプロトタイプ決定

---

[184] 坂原（1985：116）を参照されたい。

に当たっては、学術的内容と、日常的場面では分けて考えるべきで
あり、前者では論理的な思考の筋道を示す「仮定」がプロトタイプ
であり、後者では話者の心的態度を表す「条件文」がプロトタイプ
であると述べている。前で触れたように、堀の「条件文」が本章で
扱っている前件焦点条件文に当たるものなので、ここからは、使用
場面によっては、バのプロトタイプ的意味・用法は、前件が焦点に
なる条件を表すものであることが分かる。

　タラについて、森田（1967：36）は、「事がらが起こってしまっ
た場合を想定して、もしくはすでに生起した状態において、主題の
人間や事物に起こった事がらや、その想定に対する話し手の立場・
意見を叙述する」と、その意味・用法を説明している。「この形式
は『…スレバ』という強い因果関係を示すのではなく、『…シタ、
ソノトキに』程度のかるい関係を示すにすぎない」と分析し、した
がって恣意性をさけるトとは違い、タラは後続句に意志・希望・勧
誘・命令・許可等の表現を行なうことも許されるのであると述べて
いる[185]。

　タラが事態の実現を強調しているという特徴から見れば、前件事
態が実現した後、どうなるのか、どんな意見・希望・勧誘・命令・
許可を持つのかを、後件で表しているので、タラは後件焦点条件文
に現れやすいはずである。しかし、同じ時間関係を表すのに、事態
の継起・同時性を強調するトと違い、タラには強い仮定性が含まれ
ている。サワリー（1984：56）では、タラは完了の意味をしている
「タ」からできたため、常に X が Y に先行する論理を要求すると
述べた。そしてタラの完了性は、「ただ事柄の終結をいうのではな
く、確かめる、確認するという意味合いを含んでいるので、仮定性

---

[185]　森田（1967：36−37）を参照されたい。

の強さを感じさせる」と分析している[186]。タラが前件焦点条件文を表す用法を獲得するのは、この仮定性からなのではないだろうか。言い換えれば前件に仮定された事態が成立した場合、後件に示された結果が達成できるという用法である。

　サワリー（1984）では、バと比べれば、タラは話し言葉的な表現で、書き言葉より話し言葉において広く用いられていると指摘している[187]。こういう文体の特徴から、タラが前件焦点条件文における使用の頻度が少なくなく、バと同じぐらいの用例数を持っているのであろう。

　ナラについて、堀（2005：130）では、それまでの文脈にないことを仮定する用法が約半数を占めることから、ナラのプロトタイプ的用法は「仮定」であるとしている。

　田中（2005：286）では、ナラは前提情報にもとづく想定という意味で、きわめて文脈的であり、したがって単独の文というよりも、文を越えた分析が必要であると指摘している。前件が前提情報になると、後件が焦点になるのが当たり前であろう。田中（2005：286）はまた、「ノナラ」のように「ノ」を仲介しやすいのも「ナラ」の特徴で、「ノ」によって前掲情報の既成事実的な設定を意図していると述べている。「ノナラ」によってナラの前提情報が強調されているのであろう。

　益岡もナラ形式の文の顕著な特徴は、表現の重点が後件にあることである、すなわち、後件において表現者自身の判断や態度が示されるとしている[188]。

　徐秀姿（2012a）では、ナラはト・バ・タラと違い、主にモダリ

---

[186] サワリー（1984：51）を参照されたい。
[187] サワリー（1984：51、56、60）を参照されたい。他に、田中（2005：281）には「タラ」形式は口語的である、加藤（1998：92）にはタラは全体として「会話文」に多い傾向があるという指摘がある。
[188] 益岡（1993b：12）を参照されたい。

ティレベルと発話レベルにおける仮定を表すとしている。モダリティレベルでは、ナラ条件文は前件に仮定された事態が真である場合の、話者の意見・働きかけ・勧誘などの態度や推論を後件において示す。3.3 で触れたように、ナラのこの種の仮定は、断定の行動主が話し手ではなくて、聞き手（あるいは人一般）である[189]。つまり前件に現れるものは、普通前の文脈に一度現れたものである。言い換えれば、背景になっている。焦点になるのは、話者の意見・働きかけ・勧誘などの態度や推論を表す後件である。

　一方、発話レベルでは、4.1 で考察したように、前件には発話の主題や、言語活動・思考活動、或は表現の成立をめぐるメタ言語的な内容や、発話の情報の出所・根拠・比較基準や、後件発話の主張或は発話意図の正当性を提示するものがくる。これらの前件に示された前提条件が成り立つのなら、後件に続く発話が適切に行われるという意味用法である。ここでは、ナラ条件文の前件は、メタ言語的な前置き的内容が多く、後件発話の前提条件或は発話が成立するための要素条件を表し、背景になっている。自然に後件が焦点になる。それゆえ、ナラは前件焦点条件文は作れないのである。

　以上、ト・バ・タラ・ナラが前件焦点条件文における分布の違いから、それぞれの意味特徴を分析したが、条件文の基本的な意味は一体何であろうか。

　坂原（1985：45）は、「条件文 "p ならば q" の最もな基本的な意味は、"p を仮定すると、q は真となる" である」と述べている。

　言語学研究会・構文論グループ（1985：2）でも、条件的なつきそい・あわせ文では、「ふたつの出来事のあいだの関係は事実的ではなく、つねに条件的である。したがって、この≪条件的な≫という用語の意味においては、原因性に仮定性がつきまとっている。条

---

[189] 久野（1973：104）や呉侃（2000：173）などを参照されたい。

件的なつきそい・あわせ文では、程度の差はあれ、仮定性がつきまとっているのである」と述べている。

　前田（1991）では、「条件文」を「仮定的」且つ「順接」の「因果関係」を表す「論理文」と位置づけ[190]、条件文の最も基本的な機能とは、仮定的な関係を表せるとしている[191]。

　有田（1999）は Fillmore に従い、自然言語の条件文を次のように定義している。

　　自然言語の条件文
　　　a）代替世界（alternative world）を構築する。
　　　b）代替世界に基づいて推論を行なう。[192]

そして Dancygier の predictive conditionals を「条件文の典型例」と見なしている。

　　　a）前件 P が成立する世界を仮定する。
　　　b）その仮定世界での後件 Q の成立を推定する。[193]

　堀（2005：131）も言語的基準と頻度の 2 つの基準から、条件文のプロトタイプを考察した結果、「仮定」が条件文のプロトタイプであると述べた。

　以上の先行研究はすべて条件文の本質は仮定であると結論している。つまり前件である事柄を示し、これを前提にし、後件ではこれに基づいた話者の意見・提案・推論・結論・勧誘・命令などを示す、という後件焦点条件文の用法が基本的用法であるとされている。それなら、前件焦点条件文の用法はこの用法からの拡張であること

[190] 前田（1991：56）を参照されたい。
[191] 前田（1991：59）を参照されたい。
[192] 有田（1999：81）より引用。
[193] 有田（1999：81）より引用。

になる。

　堀（2005：131）は条件文のプロトタイプからの意味・用法の拡張の一つに、仮定性から話者の望ましさへの拡張があり、「仮定」→「条件」→「裏の条件」→「反事実」という方向であることを示している。「発話行為として条件文が示される場合、望ましい結果を得るために前件を勧めたり、申し出る（『条件』）、望ましくない結果を示して注意・警告する（『裏の条件』）という発話行為を行う。更に文法化が進むと、ナイトイケナイのような慣用表現になる。更に、話し手が前件が成立しないことを認識している場合、『反事実』へと拡張する」というふうな過程だそうである[194]。

　これによれば、上述のト・ナラが前件焦点条件文になれないのは、仮定の用法のままで、条件の用法への拡張ができないのに対し、バ・タラが前件焦点条件文になれるのは、この種の拡張ができるからなのであろう。しかしトには「裏の条件」、ナラには「反事実」という意味用法があり、二つとも「条件」への拡張はできなくても、その先への拡張ができるのである。なぜこの現象が起こるのか、今のところまだ不明なままである。日本語の条件文が複雑な様相を呈していることが、改めて浮き彫りにされている。

　本研究に使われている術語と、先行研究で使われている術語を合わせて考えれば、後件焦点条件文は「仮定」の用法、前件焦点条件文は「条件」の用法に大体当たることになる。言い換えれば本研究で扱っている条件文は、「仮定条件文」と「条件条件文」の二つに大きく分けられる。因みに、第二章から第五章まで観察しているのは前者のことで、本章で見ているのは後者のことである。

---

[194]　堀（2005：131）を参照されたい。

6.6　評価的用法

　表6−1から前件焦点条件文の後件で、一番多い述語は「いい」であることが分かったが、本節では「といい」「ばいい」「たらいい」など、いわゆる評価的用法について考察してみる。

　前田（1991）によると、こういう条件節に「いい」が付属した条件文は、従来「複合助動詞」（永野 1953）、「陳述的用法」（国立国語研究所 1964）、「合成の述語」（奥田 1988）、「助動詞性複合辞」（松木 1990）などと、いろんな術語で呼ばれてきた。前田（1991）ではこれを「評価的用法」と名付けている[195]。

　国立国語研究所（1964：149）では、条件文の中心的な用法の一つに、「陳述的条件」というのがあって、条件節の直後に「いい」「いけない」「だめだ」など、評価をあらわす語がつづいて、全体として一つの述語に近い表現をつくっているものを指している。こういう「陳述的条件」における「ば」「と」「たら」のうちわけは、次の表6−2に示されているとおりである[196]。

　　表6−2　「陳述的条件」における「ば」「と」「たら」の内訳[197]

（つぎの語）	ば	と	たら
よい（よろしい）	37	11	14
いけない	15	5	−
だめ	5	2	−

---

[195] 前田（1991：66−67）を参照されたい。
[196] 国研（1964：149）によると、「〜なければならない」もこの群に属するが、これは「ば」だけにみられる表現であるので、統計されていなかった。他に、「たら」特有の表現で、「〜たらどうだ（どうか）」というようなものもここに入るはずであるが、実例がなかったそうである。
[197] 国研（1964：150）の〔15.1〕を引用。表題は筆者がつけている。

　ここからは、筆者の統計結果（表6−1）との間に違いが見られる。表6−1においては、ドウ条件文では「ばいい」と「たらいい」の用例数はほとんど同じ（それぞれ52例と55例）であるのに対し、国研の統計では「ばいい」の方が「たらいい」よりずっと多い。これはたぶん国研（1964）は雑誌九十種に対する調査で、口語に多用されているタラの用例数が少なくなるのが原因なのかもしれない。同書では、同じ中心的用法の一つである「客観的条件」に属するとされる、「ば」「と」「たら」の用例数はそれぞれ292、482、186である[198]。ここからも国研（1964）においては、タラよりバの用例数が多いことが分かる。

　表6−2でもう一つ気付かれるところは、「といい」が11例あることである。表6−1からはドウ条件文の場合、「といい」は1例しか見られなかった。グループ・ジャマシイ（1998：294）にも、どうするべきかをたずねる疑問表現では「といい」は使えず、「たらいい」「ばいい」を使うという指摘がある。しかし、グループ・ジャマシイ（1998：294）はまた、その答えには、「たらいい／ばいい」だけでなく、「といい」も使うことができると述べている[199]。こう見れば、ここの11例は恐らく「疑問詞＋するといい」の形ではなく、述べ立ての形での「といい」の例文であると思われる。なぜ疑問の形ではいけないのに、述べ立ての形では用いられるのかは、今のところ原因が不明であり、今後の研究をまたなければならないが、ここでは先行研究に従い、述べ立ての形での「といい」を認め、「ばいい」「たらいい」と同様に、前件焦点条件文にしておく[200]。

[198] 国研（1964：152）の［15.3］を参照されたい。
[199] グループ・ジャマシイ（1998：294）は、「たらいい／ばいい」が特定の結果を得るために、「それで必要十分だ」という意味を表すのに対し、「といい」は「それが一般的に適切だ」という意味を表すと、三者の意味用法上の違いを述べている。
[200] 前節6.5でト条件文の基本的な意味からみれば、ト節が焦点になることが困難で、前件焦点にはあまりならないと分析したが、もしここでふれた先行研究の考察が正しけれ

　国研（1964：150）によると、「陳述的条件」の中で、「『いけない』『だめ』という否定的な評価をあらわす語が次につづくものは、全部『〜ないと』『〜なければ』のような否定条件であり、全体としては『〜ないといけない』のように二重否定の形で積極的にすすめる意味をあらわすものばかりである」。そして、「このうち、『〜といけない（だめ）』のばあいは、前に肯定の表現も来るはずであるが、実際には7例とも否定が先行していた。これに対して、次に『いい』がくるものは、『ば』に『施術を誤らなければいいが』というのが1例あるほかは、全部肯定的な条件である。」と述べている[201]。

　ここからは、こういう「陳述的条件」の機能は、後件は「いい」の場合でも「いけない」「だめ」の場合でも、文全体としては前件に示されたことに対し、プラス的に評価したり、何かを積極的に勧めたり働きかけたりすることであると言えるだろう。「施術を誤らなければいいが」という例も、形式的には打ち消しになっているが、意味的には「施術をうまくすればいいが」のような肯定的な条件である。

　「いけない」「だめ」などの否定的な評価を表す語に、肯定条件が共起しないということから、日本語では、プラス評価の場合には「ばいい」「たらいい」「といい」、積極的に勧めたり働きかけたりする場合には、「なければならない（いけない・だめ）」「ないといけない（だめ）」のように条件文が用いられ、一方、マイナス評価や、消極的に禁止したりする場合には、「てはならない（いけない・だめ）」のように、「ては」の形が用いられる、というふう

ば、ト条件文が述べ立ての形では前件焦点条件文に用いられることになり、ト条件文に対する再分析が必要になってくる。今の段階では、これを未解決の問題として、前節での観点を保留しながら、先行研究に従って考察を進めることにする。
[201] 国研（1964：150）を参照されたい。

に分担されて用いられる傾向があるのではないだろうかと思われる[202][203]。言い換えれば、条件文の場合は、普通プラス評価や、積極的に勧めたり働きかけたりするのに用いられているのである。したがって、本章のドウ条件文をめぐるコーパス調査で、後件に「いけない」「だめ」の例文が現れなかったのも理解できる。

　焦点の視点から見れば、「なければならない（いけない・だめ）」「ないといけない（だめ）」も、「といい」「ばいい」「たらいい」に似ていて、前件が文の焦点になっている。例えば、

（6－20）正直に何もかもかいて下さい。そうすれば私は<u>あきらめなければ</u>ならない時はあきらめます。（中日対訳）

（6－21）また、農業所得を引きあげるためにはどうすればよいか。農業政策はそれに<u>答えなければ</u>ならない。（中日対訳）

（6－20）では「<u>あきらめなければ</u>ならない時はあきらめます」とあるように、「あきらめる」ことが焦点になり、「あきらめる」か「辛抱強くがんばる」かの選択で、「あきらめる」にしている。（6－21）も、「どうすればいいか」に対し、可能な選択肢（例えば「答える」「応じる」「（を）無視する」など）から、「答える」ことを焦点にしているわけである。

　一方、堀（2004b：44－45）では、前件が「ナイト」と「ナケレバ」のような文を「裏の条件」ナイトと呼んでいる。「ナイト」は「電話会話」・「インタビュー」に、「ナケレバ」は「口頭発表」・「論文」に多用されているという調査結果である。この二者の使用場面の違いについて、「ナイトは『自然にそうなる』ことを示す基本的意味から、聞き手が結果を受け入れやすい効果があり、また、

---

[202] こういう意味からは、「なくてはならない」「なくてはいけない」は、「なければならない（いけない・だめ）」「ないといけない（だめ）」より、消極的なニュアンスがあるかも知れないと思われるが、まだ更なる考察が必要である。
[203] 「ばいい」「たらいい」「といい」の反対は、「なくてもいい」のような許可の表現なのだろう。

音節が短く話し言葉に向いている」、一方、バは前後の事柄の因果・論理的関係の強さを示すので、「ナケレバを用いることで、推論が論理的であることを示すため、学術的内容では多用されると言える」と分析している。

　大野等（2005：79）では、肯定的な「〜ば」や否定的な「〜きゃ」に見られるような、条件節だけの表現で提案の意味が表現される用法に触れ、「原宿行ってみたら」「来たら」の他に、「〜してもらったらどうかな」という例も挙げている。この文は後件が疑問文の形になっており、後件焦点条件文のように見えるが、ここの「どうかな」は「いいかな」の代わりに用いられ、聞き手と相談しているような口ぶりで、丁寧な文になっているが、焦点は文の前件にある。

　このような提案の用法の文が砕けた会話の中で、後件が省略される例を挙げておく。

　（6−22）本格的に「将来の夢」を意識し出すようになったのは、中学生になってからだった。その職業は、弁護士。きっかけは、何でもないようなことだった。当時、反抗期の激しかったボクに対して、母が「あなた、そんなに口ゲンカをして人を負かすことが好きなら、いっそ弁護士にでもなったら」と皮肉を言ったのだ。反抗期のくせに、どうやらその皮肉だけはバカ正直に受け取ったらしい。（中日対訳）

　（6−22）は「いっそ弁護士にでもなったらどう」のように、「どう」が省略されていることが分かる。焦点は前件にある。

　一方、「ならいい」はどんな意味用法であろう。

　（6−23）勉強がそんなに嫌いならいいよ。大学など行かないで就職したらいい。（グループ・ジャマシイ 1998：404、下線は筆者がつけたもの）

　「ならいい」はそれ以前からの話の内容や状況を踏まえて、「そ

のような事情なら、それでも構わない／…してもいい／…しなくてもいい」という話し手の許可や放任の態度を表す[204]。ここから、「ならいい」は「といい」「ばいい」「たらいい」と違った意味用法を持っていることが分かる。上述のとおり、「といい」「ばいい」「たらいい」は前件焦点条件文をなし、後件に示されたプラス評価に達成するためには、どうすればいいのかを表しているのに対し、「ならいい」は前件に示された事柄が前提になり、後件では、前件に示された内容が真である場合の話者の態度（「いい」）を表している。これは 6.5 で見てきたナラの特徴と密接な関係がある。ナラは前件焦点条件文が作れなく、後件焦点条件文しか作れないので、「ならいい」も自然に後件焦点条件文になる。ちなみに、（6−23）の後ろの文における「たら」は前件焦点条件文である。「勉強がそんなに嫌いなら、大学など行かないで就職したら？」に言い換えることができる。

　田中（2005：285）では面白い言語現象が指摘されている。

　（6−24）遺族の間には、「救援ネットワークが整備されていれば」という悔いが残る。（田中 2005：285、下線は元のまま）

　田中によれば、（6−24）は「『…整備されていたら』との悔い」のような言い方も可能である。つまり「レバ」と「タラ」は、「レバ（タラ）の N」「レバ（タラ）という N」という修飾句を作っている。それに対し、「ト」ならびに「ナラ」形式には、このような修飾機能が見られないそうである[205]。

　（6−24）の「救援ネットワークが整備されていれば」という条件文では、前件だけが示されていて、後件は現れていないが、それは「助かった（のに）」のような述語が復元できるだろう。この述

---

[204] グループ・ジャマシイ（1998：404）を参照されたい。
[205] 田中（2005：285）を参照されたい。

語の内容はその話の現場では自明の内容になり、省略され、前件が焦点になっている。つまりこの条件文は前件焦点条件文である。タラの場合も同じ説明がつく。一方、トとナラにこのような用法がないのは、それぞれ違った理由によるものだと思われる。

　ナラにこのような用法がないのは、ナラは前件焦点条件文とは共起できず、後件焦点条件文としか共起しないので、前件にナラが現れると、聞き手の関心は自然に後件の方に移されていく。こういう場合、焦点になっている後件の省略は普通考えられない。それゆえ、（6−24）のような文ではナラは不適切である。

　一方、「といい」は述べ立ての形では前件焦点条件文も作れるので、（6−24）はトに置き換えてもいいはずであるが、トに置き換えた場合意味が違ってくる。国立国語研究所（1964）において、これらの評価的用法の対照が行われている。

　　　「〜たらよい」「〜ばよい」「〜とよい」の三つをくらべると、「〜た
　　ら」がほとんど完全に「〜ば」におきかえられるのに対して、「〜と」と
　　「〜ば」とのあいだには多少の差がある。それは、「〜とよい」がやや積
　　極的に聞き手にある行動をすすめており、「〜方がよい」「〜なさい」に
　　近づくのに対して、「〜ばよい」は時に「〜ばそれですむ」という、消極
　　的なニュアンスをともなうことである。[206]

　つまり（6−24）はトに置き換えると、積極的なニュアンスを帯びるようになり、話者の希望などを表す用法になる。これは（6−24）のような、話者が悔しそうに話している反実仮想の例には不適切である。

　このほか、田中（2005：285−286）で指摘した、バとタラには言

---

[206] 国研（1964：150）より引用。ここの「〜とよい」がやや積極的に聞き手にある行動をすすめているという分析は、グループ・ジャマシイ（1998：294）において、「といい」は「それが一般的に適切だ」という分析とは、似ているところがある。

いさしの言い方があるのに対し、トとナラにはこうした言いさしの言い方が見られないという現象も、以上の分析で説明できるのではないかと思われる。バとタラは前件焦点条件文の場合、述語「いい」などは、特定の言語環境では自明のため、省略されても文意が伝達できるのに対し、トとナラは後件焦点条件文として使用される場合が多いので、焦点になるのは後件で、聞き手にとっては述語の出現が望ましいのだろう。

　この節では、ドウ条件文についての調査であまり見られなかった「といい」も視野に入れ、「といい」「ばいい」「たらいい」は前件焦点条件文を作るのに対し、「ならいい」はやはり後件焦点条件文の用法であることや、「といい」「ばいい」「たらいい」だけでなく、「なければならない（いけない・だめ）」「ないといけない（だめ）」なども、前件焦点条件文の体系に入れていいことを見た。

　本章は前件に「どう」が現れた、いわゆるドウ条件文を中心に、前件焦点条件文を見たが、ここから出た結論が、他の疑問詞が前件に現れた条件文をはじめ、すべての前件焦点条件文に適用できるかどうかは、もっとコーパスの検索範囲を広げたり、他のコーパスも使って比べたりして検証しなければならない[207]。そして、トの前件焦点条件文の用法は、ドウ条件文には見られなかったのに対し、先行研究では、述べ立ての形としては用いられるという考察が行われている。この保留問題についても、今後の研究課題にしておく。

---

[207] 本章におけるドウ条件文から出た結論を検証するために、筆者は日本国立国語研究所の「現代日本語書き言葉均衡コーパス」（少納言）を用い、前件に疑問代名詞「何」（「なん」「なに」も含まれる）が現れた条件文について、調査してみた。このコーパスから得たト・バ・タラ・ナラの例文はそれぞれ1、40、59、0例で、ドウ条件文の調査結果と非常に似ている結果が出た。そして前件と後件の述語の種類について見ても、ドウ条件文の場合と似たような傾向が見られている。即ち「何」条件文について観察した結果はここの結論をサポートしていることになっている。でも、「どう」「何」以外の他の疑問詞が前件に現れた条件文にも、こういう結果が出るかどうかについては、更に検証しなければならない。

第七章　条件文と主題文との関連[208]

7.1　はじめに

　本研究は条件文の前件と後件で、どちらが前提でどちらが焦点になるかを基準に、日本語の条件文を、前件焦点条件文と後件焦点条件文の二種に分けているが、前提－焦点を問題にすると、それは日本語の主題文を議論する時の視点の一つであることは、周知の通りである。

　丹羽（2000：100）では主題文についてこう説明している。

　　「X は P」という文において、「X は」の部分を主題（あるいは題目、トピック）と呼び、この「は」の働きを主題提示と言う。それに対して P の部分は提示された主題に対する解説（あるいは説明、叙述、陳述、評言、コメント）を表す。このような主題解説関係をなす文を主題文（有題文）と言う。主題解説関係とは、文を X と P という二つの部分に分け、X について、それがどうであるか、どうなったかなどという説明を与えるという関係である。ごく端的に言えば、主題とは「X について」という関係を表す。

　そして、主題文を一文内の情報構造という面から見ると、「山田は沖縄へ旅行に行った。」という文では、「山田はどうしたか」、あるいは「山田はどこに旅行に行ったか」という前提部分に対して、「沖縄へ旅行に行っ（た）」、或は「沖縄（へ）」という部分が焦

---

[208] 本章の主な内容は論文「从焦点的观点看非条件句中的ナラ的用法」（《日语学习与研究》2014 年第 6 期）と「主題性と条件性との関連」（修刚、李运博《跨文化交际中的日语教育研究（1）》，高等教育出版社，2011 年）にまとめられ、発表されている。

点（文の中で重要な情報を表す部分）になっている。つまり、主題は前提部分を構成する要素である。これに対して、「山田が沖縄へ旅行に行った。」という文においては、典型的には、「何があったのか」というような関心のもとに発話されて、文全体が焦点になっている場合と、「誰が沖縄へ旅行に行ったのか」という前提のもとで、「山田が」の部分が焦点になっている場合とがある、と説明を続けている[209]。

　この説明の背後には、三上（1960：156）における、「Ｘハ」はＸについて言えばという心持であるという説明と、久野（1973：28）における、ガには総記と中立叙述の用法がある、という主張が基礎にあるように思われる。

　つまり、ハ主題文において、ハの示された主題は前提部分を構成する要素で、ハ以外のもの（或いはその一部）は文中の重要情報を表し、焦点になる。一方、ガの場合は、文全体が焦点になっている場合と、ガの部分だけが焦点になっている場合とがある。

　Haiman（1978）は条件文と主題文の特徴を対照し、この二つは同じカテゴリーを定義していると述べている。この論文の趣旨はそのテーマに示した通り、「条件文は主題文である」ということである。

　日本語について見れば、こういう条件文と主題ないし主語との関連が観察されている。

　6.5において、後件焦点条件文と前件焦点条件文の例として、李光赫（2007）から「1に1（幾つ）を足せば」の例を引用したが、李光赫（2007）ではそれぞれ主題ハと主語ガとの対照もされている。もう一度引用しておく。

　（7−1）問：1に1を足せばいくつになりますか？

---

[209] 丹羽（2000：100−101）を参照されたい。

　　　答：1に1を足せば2になります。

　　　　cf.1 足す1（は／＊が）2です。（李光赫2007：103）

（7−2）問：1に幾つ足せば2になりますか？

　　　答：1に1を足せば2になります。

　　　　cf.1 足す1（が／＊は）2です。（李光赫2007：105
−106）

　ここからは条件文と主題／主語との間に関連が見られる。(7−1)
において、疑問文の条件文では、前件は与えられた前提で、その結
果が問われていて、焦点になっているが、回答文ではその焦点にな
っている結果を答えている。疑問文も回答文も後件焦点条件文であ
り、ハで表現できる。これに対し、（7−2）においては、後件に与
えられた結果になるためには、前件にはどんなものがくればいいの
かを、問題にしているので、前件が焦点になっている。これはガ文
と同値である。

　こういう条件文とハ／ガ文と平行的である言語現象は、次のよう
な文にも観察されている。前章では前件焦点条件文には、後件によ
くプラス評価や、積極的な意味の述語（例えば「いい」）がくると
いうことを見たが、これらの文と形式的にも意味的にも似ているガ
の文がある。

　　（7−3）英語の単語は何万あるのか。そのスペルを覚え、発音を
覚え、意味を伝える労力を漢字を覚える労力に比して見る<u>が</u>よい。
（中日対訳）

　　（7−4）根本的に同じでないものを、詭弁を弄して、でたらめな
比較論断はやめた<u>が</u>よい。（中日対訳）

　　（7−5）そこで、康子と二人きりで会ったとき、彼女に対してど
ういう態度をとるの<u>が</u>一番いいか。それが当面の問題であった。（中
日対訳）

165

　（7−3）−（7−5）においては、それぞれ「動詞ル形＋がよい」「動詞タ形＋がよい」と「動詞ル形＋の＋がいい」の形をしている。少しニュアンスが違ってくるが、これらをそれぞれ、「見ると／見れば／見たらよい」「やめると／やめれば／やめたらよい」「とれば／とったら一番いい」などに置き換えても、大体の文意は変わらないのである。

　日本語では主題と条件、特にハとバは、語源的に密接な関連性があるとされている。三上（1963：19）によれば、矢田部達郎の著書に「波婆同源説」があり、富士谷成章『あゆひ抄』の「は家」は「ば」をも含んでいて、考古学的時代にハからバが分れ出たそうである。それゆえ、ハとバの類似は、条件句もいわば広義の主辞であることを語るものである、と述べている。

　木下（1966）によれば、大野晋氏は、かつて仮定条件のバの起源を、推量の助動詞ムと係助詞ハとの結合に求めたそうである。「咲かば」を例にとって言えば、

　　sak-am-fa→sakamfa→sakamba→saka^{m}ba→sakaba

という過程を辿って変化成立したものだと推定されるのである。これに対し、木下はこのハはその中に格助詞ニに当たるものを含むものと見、またそのムとハの間に、時間を示す体言「時」などの語があるべき形として理解している。すなわち、「ム時ニハ」などあったら解りやすいと述べている[210]。

　一方、山口（1994：22）によれば、順接仮定条件の形式「未然形＋ば」の原形は、未然形に推量の助動詞「む」が付いた準体句を係助詞「は」が承る、「未然形＋む＋は」だそうである。

　いずれの説においても、ハとバの間には語源的に深い関連が見られている。

---

[210] 木下（1966：161−162）を参照されたい。

本章では、三上氏の研究と、それ以降の主な研究を先行研究として概観した上で、特にナラ文の焦点問題をめぐって、条件文と主題文との関連について見ていきたい。

7.2　条件文と主題文との関連をめぐる先行研究

7.2.1　三上氏の研究

Haiman（1978）は主題文のマーカーが同じく条件文のマーカーになっている現象を取り上げ、トルコ語とタガログ語の二言語を紹介しているが、日本語においても、主題文のハと条件文のバが同源であることは昔から指摘されている。

三上によれば、「Xハ」はXについて言えばという心持ちである。「Xハ」は、内に条件法を潜めていることも見られ、条件法「スレバ」「シタラ（バ）」の末尾の「バ」と提示法の「ハ」とは、もとは同じ助詞だったろうという推定があると述べられている[211]。

具体的に、三上（1960：81）は「Xハ」は、条件法と同じはたらきをすることがあると指摘し、次の（7-6）は（7-7）とは大体同じ意味であると述べている。

（7-6）詳しいこと<u>は</u>、広報第三号を見てください。（三上 1960：81）[212]

（7-7）詳しいこと<u>を知りたければ</u>、広報第三号を見てください。（三上 1960：82）

条件法と提題の関連として、三上はまた、動詞（「である、にする、とする」など措定を表す動詞や、「と言う」「と来る」など引用を表す動詞）の条件法が、提題になっている言語現象を取り上げ

---

[211] 三上（1960：156）を参照されたい。
[212] 元の片仮名書きを平仮名にしている。以下同じ。

ている[213]。これは 4.1.1 において「発話の主題を表す条件文」として挙げた後置詞的なものである。

　また、三上は「x……X ハ」という形の名詞句において、取り立てられている本尊は X でなく x である場合があるとし、次の例（7－8）－（7－10）を挙げている。

　　（7－8）新聞を読みたい人は、ここにありますよ。

　　（7－9）切符の切らないかたは、切らせていただきます。

　　（7－10）会費を忘れた者は、ぼくが立て替えておいてやろう。
（三例とも三上 1960：82）

　三上（1955（1972））においてもこの種の文に触れている。三上（1955（1972）：257－258）では、題目の「何々ハ」と格の関係について述べ、「何々ハ」は普通名詞文の題目（無格）や時の格、位格、主格、対格に対応するが、「新聞の読みたい人は」のように、格もへちまもない場合もあると述べている。ここの「新聞の読みたい人は」というのは、前出の例文「新聞の読みたい人は、ここにありますよ」のことである。

　この種の文について、三上は、X に当たる「人」「方」「者」は、申しわけだけの名詞であるから、削れば、次の（7－11）と（7－12）になると説明している。

　　（7－11）新聞を読みたければ、ここにありますよ。

　　（7－12）切符が切ってなければ、切らせていただきます。（二例とも三上 1960：83）

　更に、（7－13）のように簡約して、「読みたいか、読みたくないか」は相手に一任してもいいわけであると述べている。

　　（7－13）新聞は、ここにありますよ。（同上：83）

　　（7－8）（7－9）と（7－11）（7－12）がほぼ同値であるという

---

[213] 三上（1960：157－158）を参照されたい。

ことは、主題文と条件文の関連性を物語っているが、なぜ「人」「方」「者」は申し訳だけの名詞なのか、三上には説明がなかった。

　これについて、呉侃・金（2013）では、（7−11）（7−12）は発話レベルにおける条件文であるのと同様に、（7−8）−（7−10）は、次の（7−8）′−（7−10）′のように解釈できるとし、ここのハは、発話レベルにおける発話の対象を表していると説明している。

　（7−8）′ 新聞を読みたい人は、（教えてあげますが）ここにありますよ。

　（7−9）′ 切符の切らない方は、（注意しますが）切らせていただきます。

　（7−10）′ 会費を忘れた者は、（教えてあげますが）僕が立て替えておいてやろう。（三例とも呉侃・金 2013：62）

　発話という語用論的視点からの説明の方が、的確で説得力があると思われる。

　前でも検討したように、（7−11）は（7−14）のような意味に読み取られている。

　（7−14）新聞を読みたいなら、教えてあげますが、ここにあります（から、どうぞ読んでください）よ。

　ただ、その字面だけからは、（7−11）から（7−14）に読み取ることが出来ない。「新聞を読みたい」と「ここにあります」の間には統語論的関連はないのである。（7−11）から（7−14）のような意味をとるのは、語用論的理解が必要である。言い換えれば、もし相手が新聞を読みたいなら、その新聞のありかを教えるのは適切なことであるが、もし相手が新聞を読みたいのでなければ、わざわざ新聞のありかを教えても無用なことになる。似たようなことは（7−12）についても言える。それゆえ、（7−11）（7−12）のような

条件文を発話レベルの条件文と分析したが、（7－8）に対しても、似たような分析が出来る。（7－8）は、「（新聞を読みたい）人はここにある」という意味ではなく、（7－14）に似たように、新聞のありかを教えるという発話をする場合、その聞き手を新聞を読みたい人に特定する、という発話意図が含まれている。（7－9）（7－10）についても似たような説明ができる。

　一方、三上は主題文、特に「……シタ時ハ」という提題は、条件法相当になることも指摘している[214]。

　ナラとハの関連について、三上（1960：165）では、Ｘハ以外に題目を提示する形式として「Ｘナラ」を取り上げ、「Ｘナラ」は、条件法関係の提題の代表であると述べている。「Ｘナラ」と「Ｘハ」の違いについて、次のように説明している。

　　Ｘナラ──相手から話し手に移りつつある題目、条件つきの題目
　　Ｘハ──すっかり話し手のものになっている題目、無条件の題目[215]

7.2.2　近年の研究

　三上氏以降、主題と条件の関連について、あまり積極的に取り上げられることがなかったようである[216]。ここでは、近年この問題に関する研究、特にナラの提題の用法についての主な研究として、鈴木（1992）、丹羽（1993）、渡辺（1995）、高梨（1995）、江田（2005）を挙げておく。

　まず渡辺（1995）を取り上げる。この文献は他のいくつかの研究とは少し違った視点を取っている。渡辺はハイマンの「条件文は主題である」という仮説に基づき、条件文と繋辞文は似通った構文形

---

[214] 三上（1960：83－84）を参照されたい。
[215] 三上（1960：165）より引用。
[216] 鈴木（1992：2）を参照されたい。

態で成り立っている、主題を表す形態素が条件または前提を表すことは日本語だけの現象ではなく、数々の言語について言えることである、繋辞文、トピック文、そして条件文が互いに連続体をなしている、日本語の「なら」が繋辞、条件接続助詞、主題提示の助詞という三つの機能に関係している事などを述べている。

　鈴木（1992：6－8）は、単文を形成するナラには、提題のナラもあれば、提題でないナラもある、ナラの前項・後項の組み合せは、前提－焦点、焦点－前提のどちらにでもなり得る。ナラが提題と言えるのは、前項が前提となっている場合である。提題でないナラは、比較的自由に不定語に下接することができ、前件が焦点になるという主旨である。

　丹羽（1993）は、単文中で用いられるナラを、相手から持ち出されたものを主題にする「受取主題」のナラと、対比的に用いられる、可能な選択肢の中から、当該項目を選ぶことを仮定している選択のナラと、区別している。そして選択のナラに対しては、前件が焦点になるものと位置づけている[217]。

　高梨（1995：173－183）では、非節的なＸナラは事態を表さないものであるとして、主題の受け取りのナラと、焦点のナラとに分けて議論している。

　渡辺（1995）については特に異議がないのである。一方、上述の鈴木、丹羽と高梨は観点が似ている。三つの文献の共通点は、ナラを二つに分けることである。

　一つは三上が「相手から話し手に移りつつある題目」と呼んだ受け取り主題の用法で、相手がそれについて述べたり、質問したりしたＸを主題として、何らかの述べ立てを行う場合である。中には言語化されていないが、相手の動作や言動などの様子から、話し手

[217] 丹羽（1993：26）を参照されたい。

が相手の事情や意図を推察して行なった述べ立ての場合も含まれ
ている[218]。

　もう一つはいわゆる焦点のナラである。相手の発話や意図が関与
しないという点で、主題の受け取りのナラと異なっている。丹羽は
可能な選択肢の中から当該項目を選ぶことを仮定している、とその
意味機能を説明し、選択のナラと呼んでいるが、この種のナラでは
焦点が前項にあるとする点では、三つの先行研究とも同じ見方であ
る。

　前件に焦点があるとした理由はそれぞれ少し違っている。鈴木で
は比較的自由に不定語に下接することができる点に注目し、丹羽は、
後件が既に実現したと知られた事態にも用いられるという、多くの
仮定条件文と異なる特徴や、「は」に比べ用法がかなり限られてい
ることなど、その種々の特徴から見たが、高梨は、後件は望ましい
と評価されるもの（普通は肯定的な内容を表すもの）がくる、とい
う点に注目し、この性格は、いわゆる前件に焦点のある条件文に共
通することから、前件焦点条件文とは意味的にパラレルなものであ
るとしている。その上、高梨は鈴木と似て、X ナラには、X に「何」
「だれ」「いつ」などの疑問語を取る質問文が可能であるという、
取り立て助詞一般には見られない特徴があると指摘している。

　このようないわゆる焦点のナラは、その文脈で成立することが望
まれる後件 Y を成立させるための要件として、X を選び出し、提
示する働きをしているとされている[219]。

　江田（2005）は主題の「なら」の表現する内容を考察した論文で
あるが、主題のハと対照し、ナラは前件を焦点化すると結論してい
る。江田（2005：5）では、「木村さんは事務所にいますか。」と

---

[218] 高梨（1995：180－181）を参照されたい。
[219] 高梨（1995：182）を参照されたい。

いう問いに対する答えとして、「はい、いると思います。」と、「は
い、木村さんならいると思います。」とでは、後者の「なら」は、
それがついたものを際立たせる役割を果たしていると分析してい
る。そして例文分析を通して、「なら」による主題の表示は、「は」
よりもっと対比のコントラストが強く、主題の「なら」は前件を焦
点化し、肯定的に評価するのに対し、それと対比するものを否定的
にとらえるものであると結論している[220]。

　ここから江田（2005）の「ナラは前件を焦点化する」という考察
と、前述のいくつかの先行研究における、焦点のナラの用法とは違
っていることが分かる。江田が検討しているのは、主題の表示のナ
ラが、前件を焦点化するという、主題のハと違った性質である。い
わゆる選択のナラや焦点のナラについては触れていない。

7.2.3　疑問点

　第六章ではコーパス調査を通して、ト・バ・タラ・ナラでは、少
なくとも、ドウが前件にくる前件焦点条件文には、ナラの実例が見
当たらなかったという結果が出た。その章の終わりでも述べたよう
に、ドウ条件文から出た結果が、すべての前件焦点条件文に適用で
きるかどうかは、もっとコーパスの検索範囲を広げたり、他のコー
パスも使って比べたりして検証しなければならないのである。検索
範囲を広げれば、他の疑問語からなる条件節に、ナラが現れる例文
が出て来るかもしれない。しかし、前章の調査では、ドウ条件文に
バ・タラの例文数がそれぞれ 63 例と 64 例もあるのに、ナラ条件文
が一つも出てこないのは、ある程度、ナラ条件文が前件焦点条件文
に用いられる頻度がかなり低いと言ってもいいと思われる。

---

[220] 江田（2005：6）を参照されたい。

　一方、上の節で見てきた先行研究で、鈴木、丹羽と高梨は、単文中で用いられるナラには、後件焦点の提題の用法と、前件焦点の選択の用法との二種の場合があるとしている。三つの文献では術語こそ異なっているが、ナラについての見方は似ていて、実例（作例も含め）も挙げ、分析もまとまっていて、特に反対する事項はないようである。一方、江田の場合は、これらの文献とは違った視点から、主題表示のナラが、前件を焦点化するという点を主張している。

　では、条件節のナラと単文中で用いられるナラに見られる、この種の食い違いは、どう解釈すればいいだろう。単文中で用いられるナラには、条件節のナラとは、性格の似たような提題の用法がある一方、性格の全く違ったものもある、と捉えるしかないのか、問題になってくる。

　まず、先行研究において、選択のナラは前件焦点である、という結論への厳密な説明がなかったのが問題である。

　7.2.2 では、先行研究が選択のナラが前件焦点であると結論した過程について簡単にふれたが、鈴木は提題でないナラは、比較的自由に不定語に下接することができる例から、前件が焦点になると述べている。丹羽は実例から出発し、選択のナラは可能な選択肢の中から当該項目を選ぶことを仮定しているので、通常の条件文の前件が焦点になる場合に類するものと位置づけている。一方、高梨が X ナラが焦点の用法であるとしたのは、主に例文に現れた、後件に望ましいと評価されるものがくるという性格が、前件に焦点のある条件文と共通しているからである。

　しかし、お互いに共通した特徴を持っているからといって、直ちに X ナラも前件に焦点があると結論できるかどうかが疑問である。なぜかというと、高梨の論文にもあるように、必ずしも前件に焦点がなくても、ナラの後件には肯定的な事態になじみやすいという傾

向があり、事態のタイプを表すＸナラとの区別が難しい例もあるのである[221]。この点については、丹羽（1993）でも、ナラには肯定的な事態でないと、用いられにくいという傾向があるという指摘があり、それは、否定表現というものが、通常ある状況にないということを消極的に述べるに留まり、特定の状況を指示するものではない、という性格によると説明している。「『＜Ｘ＝Ａ＞なら』と他のものはさておいて特にＡを選択し、そこにある出来事が生起したり、ある状態が存在すると述べるのは自然なことである。しかし、特にＡを選択しておいて、そこに何も出来事や状態がないというのは噛み合わないのである」と述べている[222]。

　ここからは、ただ後件に望ましいと評価されるものがくる、という性格が、前件焦点条件文と共通していることから、直ちにＸナラも焦点の用法であると結論するのは、少し根拠が足りないのではないかと思われる。鈴木と丹羽にも結論への厳密な説明がなかった。

　次に、以上の先行研究の分析が正しいなら、非節的なＸナラの二つの用法、いわゆる受け取り主題のナラと、焦点のナラとの間に、関連がなくなり、別々のものになるだけでなく、非節的なナラと条件節のナラの間の関連性も見えなくなる。

　一方、高梨においても、主題の受け取りのＸナラは、Ｘハに置きかえても、ほとんど意味が変わらなく、焦点のＸナラも、Ｘが疑問語の場合の他は、意味には微妙な違いが見られるが、おおむねＸハに置き換えられる、そして、条件節のＸナラにも、Ｘハにかなり近いものがあると、主題の受け取りのＸナラ、焦点のＸナラ、条件節のＸナラとＸハとの関連を述べているが[223]、それではこの三者の間にも共通点があるのではないかと考えられるのである。

[221] 高梨（1995：183）を参照されたい。
[222] 丹羽（1993：29）を参照されたい。
[223] 高梨（1995：183－184）を参照されたい。

7.3　本研究の観点

　本研究では、こういう単文中で用いられるナラを、高梨に従い、非節のナラと呼んで、条件節のナラとの関連を見ていきたい。因みに、提題のナラの前件と後件は、ナラ条件文における前件と後件とは、形態から見ても意味から見ても、異なったところが多いのであるが、ここでは議論の便宜上、江田（2005：1、3）に従い、非節のナラ文についても、ナラの前にくる名詞節を前件、ナラの後にくる述語節を後件と呼ぶ。ナラ条件文における P と Q を区別するために、提題のナラの場合は、それぞれ X、Y にし、即ち非節のナラは「X なら Y」という形をなすものである。

　7.2.3 でみた疑問点から、本節では上述の先行研究における、いわゆる焦点（或いは選択）のナラという見方については、反対するわけではないが、まだ議論する余地があると思い、保留しておく。その代わり、筆者なりに、こういうナラも、広義的な提題の用法であるとし、非節のナラの二つの用法と、非節のナラと条件節のナラとの関連を、統一した視点で検討しようと試みる。

　まず本研究の観点を表明しておく。

　本研究では、ナラはスポットライトをその前の名詞（或いは副詞など）X に浴びせる働きをしていると思う。スポットライトを浴びる対象 X としては、相手から持ち出されたものでもいいし（いわゆる受け取り主題のナラの場合）、話者が選択したものでもいい（いわゆる焦点（或は選択）のナラの場合）。言い換えれば、いわゆる受け取り主題のナラと、選択のナラ或いは焦点のナラとの間には、根本的な違いがなく、一線を画するような境界線がないのである。

　これは江田（2005）の「ナラは前件を焦点化する」という考察と、似ているように見えるが、本研究の考えでは、X を焦点化させると

いう機能は、主題提示の段階にとどまり、Xを文の焦点にまではさせていないで、文の焦点は相変わらず後件Yにあるというのである。具体的に説明すれば、何かについて言う場合、あるいは、該当話題に関しては、いくつかある物（例えばX、A、B、C、D）の中から、その一つ（X）を選び出す。この段階では、ナラはXに光をあてて、それを際立たせ、一度焦点化させているが、これは話題の提示・特定の働きをするのである。文全体として表したいのは、やはりXはどうなのか、どうするのかというところであり、文の焦点は後件Yにおかれている。言い換えれば、ナラを用いた文では、二段階の処理が含まれているのである。

これに対し、ハはスポットライトの当てられていない舞台のようである。舞台としては、一人の舞台の場合でもいいし、多人数の舞台（肯定の場合）、或いは無人の舞台（否定の場合）の場合でもいい。舞台に一人がいれば、観客の視線が自然にその人のほうに集中し、この役者が何をするのかに注目するが、多人数の場合になると、何人かの人が同じ動作をしたり、全員で一つの団体的なことを営んだりする場合は、一人の場合と同一視することができる。もし、この多人数の中の人々が、それぞれ違った動作をすれば、観客の視線はそれぞれ追っていくだろう。ここからは対照が生まれる。舞台にいるはずの役者が舞台にいない場合は、否定が生まれる。

久野（1973：207）では、主題となる名詞句は総称（generic）名詞句か、既に話題にのぼっている事物を指す文脈指示（anaphoric）名詞句でなければならないのに対し、対照となる名詞句にはこのような制約がないと述べている。ここでいう「一人の舞台」は、大体文脈指示の場合、多人数が同じ動作をしたり、全員で団体的なことを営んだりする場合は、総称の場合に当たる。多人数で人々が違った動作をする場合と、無人の場合は、対照になる。

　ハには肯定も否定も出来るのに対し、ナラには後件には肯定的な内容がくる、という傾向があるので、何（誰）かを選んで言えば、という意味が伴う。選ばれなかったものにはナラの代わりに、ハが用いられる。つまり、ハは普通の無標の主題で、ナラは選択の主題と言える。

　久野（1973：27－28）では、ハには主題を表すのと対照を表すのと、二つの用法があると主張し、主題となり得るのは、すでに会話に登場した人物・事柄、すなわち、現在の会話の登場人物・事物リストに登録済みのものを指す名詞句であると述べている。これに対し、ナラの場合は、Xはまだ登録済みでないで、いくつかの選択肢から何か一つを登場させなければならないと思われる。言い換えれば、ナラは前の名詞Xに光を当て、焦点化させているが、この作業が終わってはじめて、Xが登場済みになる。その上、Xはどうなのかについて述べていき、後件が文の焦点になっている。

　これから、いくつかの例文を見てみよう。

　高梨（1995）では（7－15）の例文を挙げている。

　　　（7－15）a「ドイツ語かフランス語が読めますか。」

　　　　　　　「ドイツ語なら読めますが、＊フランス語なら読めません。」

　　　　　　 b「フランス語は読めますか。」

　　　　　　　「フランス語なら、全然読めません。」

　　　　　　 c「あの論文は何語で書かれているんでしょうね。」

　　　　　　　「ドイツ語なら読めるけど、フランス語なら読めませんね。」（高梨1995：168）

　高梨は（7－15）abcにおけるナラの使用状況の違いについて、aのみが不適なのは、これは焦点のXナラであるからで、bは主題の

178

受け取り、cは条件節のXナラであると解釈している[224]。

　この説明も一理あるが、aの回答文における「ドイツ語」と「フランス語」も相手の質問文に一度出たので、bと同様に受け取り主題とすることができないだろうかなど、疑問がないわけではない。

　本研究のスポットライトの見方で見れば、（7－15）abcはそれぞれ次のように見ることができる。□になっているのは、スポットライトが当てられていることを示している。

　a　 ドイツ語 　フランス語

　b　 フランス語 　　（ドイツ語　ギリシャ語　…）

　c　 ドイツ語 　 フランス語 　　（ギリシャ語　…）

　aにおいては、相手の質問文に出た「ドイツ語」と「フランス語」が舞台にのぼっているが、二つとも登場済みのものと処理せずに、「ドイツ語」だけにスポットライトが当てられ、登録済みのものにし、焦点にさせる。そして、「ドイツ語はどうなのかというと、ドイツ語は読めます」というふうに、文の焦点は後件になる。一方、スポットライトが当てられていない「フランス語」は、比較対照の対象として扱われ、ナラの代わりにハが用いられている。bでは、質問文には「フランス語」だけが舞台にのぼっている。一人舞台と受け取られる場合は、ハが用いられ、「フランス語は、全然読めません。」のような文になるが、言外の「ドイツ語」や「ギリシャ語」などが想像されれば、この「フランス語」に光が当てられ、焦点にさせることができるようになり、後件は「読めません」のような打

---

[224] 高梨（1995：183）を参照されたい。

消しの形をしていても、ナラが用いられる。一方、cの場合、質問文においては、「何語」のような疑問詞がきて、舞台には何も具体的なものがないが、回答文では、話者の脳裏に諸外国語が浮かべられ、「ドイツ語」「フランス語」「ギリシャ語」…の中から、「ドイツ語」と「フランス語」にスポットライトが当てられ、登録済みのものにする。この二者を際立たせ、焦点化させてから、続いて「もしこの言語で書いたらどうなるのか」というふうに、「ドイツ語<u>なら</u>読めるけど、フランス語<u>なら</u>読めませんね。」のように、それぞれの結果を表明し、文の焦点が後件になる。

　これで、（7−15）abc においては、三つとも後件が焦点になっていると説明できるのである。

　以上、ハに比べ、ナラにはいくつかの選択肢が考えられ、その中の一つを選んで説明している、というニュアンスが強いことが分かる。ここの選択肢は相手の話にすでに言語化されている場合もあるし、その一部やすべてが言語化されていない場合もある。前者は通常受け取り主題のナラとされるものの場合で、後者は受け取り主題のナラの場合もあるし、いわゆる焦点のナラの場合もある。

　この見方では、江田（2005）の例も容易に説明できる。

（7−16）A「あの人はだれですか。」

　　　　Ba「ああ、あの人はハンさんです。」

　？Bb「ああ、あの人ならハンさんです。」

（7−17）A「あの人はだれですか。」

　　　　B「どの人ですか。」

　　　　A「あの若くてきれいな人です。」

　　　　Ba「ああ、あの人はハンさんです。」

　　　　Bb「ああ、あの人ならハンさんです。」（二例とも江田 2005：5）

　江田（2005：5）はこの二つの例文について、（7－16）の会話では後件に焦点があり、Aの聞きたいことは、あの人がだれであるかということである、そのときに直接Bbのように、「なら」を使って答えると唐突な感じがする。それに対し、（7－17）のように、「あの人」について多少説明が入り、描写が具体的になると、「あの人」に焦点がおきやすくなり、（7－17）Bbの許容度は（7－16）Bbより高くなると分析している。

　何の描写もない（7－16）と比べ、具体的な描写のある（7－17）の方が、焦点が「あの人」に置きやすい、という江田の説明には、納得できるが、ではなぜ（7－16）Ba（＝（7－17）Ba）は後件に焦点があるのに、（7－17）Bbになると、前件に焦点があるようになるのか、疑問である。（7－17）Bbは、（7－16）Baに似ている構文で、意味的にも（7－16）Baに似て、「あの人」の名前について、「ハンさんです」と教えているわけである。それゆえ、（7－17）Bbは（7－16）Baと同様に、後件が焦点になっているはずである。

　本研究の観点で見れば、（7－16）は一人舞台の場合で、選択する必要がないため、ハが用いられているが、（7－17）では、舞台に多人数いるが、Baの場合、「あの若くてきれいな人です」という前の文によって、「あの人」は登録済みのものとして扱われ、話者の関心はこのXに集中し、この人が誰なのかを教えているが、Bbの場合、「あの人」は登録済みのものとして扱われていないで、何人かいる中から、「あの人」を選択し、ナラで焦点化させ、登録済みのものにする。この作業が終わると、次には他の人ではなく、あの人がだれなのかといえば、「ハンさんです」と教えているわけである。つまり、Bbにおいては、二段階の処理が行われているのである。ここの（7－16）Baも（7－17）Bbも、後件が焦点になっ

ている。

　次は先行研究において、しばしば焦点のナラの主な特徴とされている、前件に疑問詞が来る場合の例を見てみよう。

　　（7－18）「山田さんとも田中さんとも行きたくないって言って、いったい、誰と<u>なら</u>行くのですか。」

　　（7－19）「何時<u>なら</u>会えますか。」（二例とも鈴木 1992：6）

　先行研究において、前件に疑問詞が来るとされている例は、（7－18）（7－19）のように、「誰なら」「誰となら」「何時なら」「何なら」「いつなら」のような、形の短い前件が来ているものがほとんどである。（7－18）（7－19）は次の（7－20）（7－21）のように、動詞をつけた形に言い直すことが出来る。

　　（7－20）「山田さんとも田中さんとも行きたくないって言って、いったい、誰と行く<u>なら</u>行くのですか。」

　　（7－21）「何時に行く<u>なら</u>会えますか。」

　　（7－18）（7－19）は（7－20）（7－21）の縮約形と見なすことが出来る。（7－20）（7－21）と次の（7－22）－（7－24）、（7－25）－（7－27）と同値であるからである。

　　（7－22）「山田さんとも田中さんとも行きたくないって言って、いったい、（一緒に行くのが）誰とであ<u>れば</u>行くのですか。」

　　（7－23）「山田さんとも田中さんとも行きたくないって言って、いったい、（一緒に行くのが）誰とだっ<u>たら</u>行くのですか。」

　　（7－24）「山田さんとも田中さんとも行きたくないって言って、いったい、（一緒に行くのが）誰と<u>なら</u>行くのですか。」（＝7－18）

　　（7－25）「（行くのが）何時であ<u>れば</u>会えますか。」

　　（7－26）「（行くのが）何時だっ<u>たら</u>会えますか。」

　　（7－27）「（行くのが）何時<u>なら</u>会えますか。」（＝7－19）

　丹羽（1993：31）にあるように、「仮定実現条件文」では「はっきり言うなら／言えば／言うと／言ったら」の他、「とする」（「とするなら／とすれば／とすると／としたら」）、「のだ」（「のなら／のであれば／のだったら」）、名詞述語（「なら／であれば／だと／だったら」）の場合では、仮定条件を表す四形式の対立が中和されるのである。他に、仁科（2003：63）でも、「ば」や「たら」を用いた「のであれば」形や、「のだったら」形などでも、「なら」と同様の用法を持っていることが多いと指摘している。

　それで、（7−24）（＝7−18）、（7−27）（＝7−19）は（7−22）（7−23）、（7−25）（7−26）と同値のものとして用いられ、ナラの典型的な用法ではなく、バ・タラの用法への拡張であると見なすことができる。

　以上、いわゆる焦点のナラを、焦点ではなく、一種の特殊な主題と見なして分析してきた。ハと比べ、ナラの場合は、前にくるものにスポットライトが当てられ、焦点化されるが、一度焦点化されたものが、登録済みのものとして、既知の主題になる。そして、これについて言えばどうなるのかを後件で述べ、後件が焦点になる。ナラにおいて、スポットライトが当てられる対象は、ハと違い、いくつかのものから選択されたものであるというのが特徴である。選択肢は、先行文脈（例えば質問文）では、言語化されている場合（例えば7−15aとb）もあるし、具体的に言語化されていない場合（例えば7−15c）もある。極端な場合は、疑問詞のようなものも現れている（例えば7−18、7−19）。

　ここまで、本研究の観点で、非節のナラについて説明することを試みたが、このように説明することが出来れば、7.2.3において見たような、先行研究における、いわゆる受け取り主題のナラと、焦

点（或は選択）のナラ、そして非節的なナラと条件節におけるナラとの間に、関連がなくなるという問題は生ぜずにすむ。言い換えれば、第六章で検討したように、条件節のナラには後件焦点になる傾向があるのと同様に、非節のナラも前件を焦点化させてはいるが、それを際立たせ、登録済みのものにするだけで、文の焦点はやはり後件になるのである。そして、いわゆる受け取り主題のナラと、焦点（或は選択）のナラとでは、いくつかあるものの中から、何かを選択する過程での作業は異なっているが、根本的な違いは見られないのである。

　今後もっと多くの例文を通して、本章での観点を検証していきたい。

第八章　非条件句的ナラ的本质[225]

8.1 引言

日语中ナラ既有作为接续助词，接在一个句子后面构成条件句，表示条件的用法（如例8−1）；也有接在一个名词（或副词）后面，构成非条件句，表示主题的用法（如例8−2）。

（8−1）君が左に行くならわたしは右に行こう。君が右に行くならわたしは左に行こう。 （BCCWJ）

（8−2）「山本さん、そろそろ家賃を払っていただきたいんですが。」「家賃なら、昨日銀行に振り込みましたよ。」 （蓮沼等2001：45）

本章讨论的非条件句的ナラ是指像上面例（2）这样接在一个名词（或副词）后面，构成非条件句，表示主题的用法的ナラ。

本章将在第七章的基础上，进一步分析非条件句的ナラ的信息结构；并对条件句的ナラ与非条件句的ナラ之间的关联，以及非条件句的ナラ的两种用法间的关联作进一步的考察。最后考察非条件句的ナラ的本质。

8.2 非条件句的ナラ的信息结构

第七章分析了非条件句的ナラ的用法，认为ナラ使X焦点化的功能，只停留在主题提示阶段，并没有使X成为句子的焦点，句子

---

[225] 本章的主要内容已整理成论文《非条件句的ナラ的本质》发表（《上海海事大学日本学研究文集（2015）》，上海浦江教育出版社，2016年）。因为原文以中文发表，所以本章也用中文。

的焦点仍然在后项 Y 上。本章进一步对此予以明晰。按照先行研究对非条件句的ナラ的分类，分承前主题的ナラ（「受け取り主題のナラ」）和焦点的ナラ（「焦点（或は選択）のナラ」）两种情况进行讨论。

8.2.1 承前主题的ナラ

（8−3）A「あの人はだれですか。」

Ba「ああ、あの人はハンさんです。」

?Bb「ああ、あの人<u>なら</u>ハンさんです。」 （=7−16）

（8−4）A「あの人はだれですか。」

B「どの人ですか。」

A「あの若くてきれいな人です。」

Ba「ああ、あの人はハンさんです。」

Bb「ああ、あの人<u>なら</u>ハンさんです。」 （=7−17）

与例（8−4）中ハ和ナラ都能用不同，例（8−3）中ハ可以使用，而用ナラ则有些唐突。这里显示了ハ和ナラ在信息结构上的不同。先看例（8−4）中ナラ的用法。

A「あの人はだれですか。」 …X …Y（X 为主题，Y 为焦点）

B「どの人ですか。」

A「あの若くてきれいな人です。」

Bb「ああ、<u>あの人なら</u>　把 X 焦点化 = FOC（X）（ X ）

= 提示主题（第一阶段）

ハンさんです。」= 表明句子的焦点（第二阶段）

例（8−4）Bb 的ナラ为承前主题的用法。A「あの人はだれですか。」呈现的是一般的主题−焦点的信息结构（用"…X …Y"表示）。在 B 询问「どの人ですか。」后，A 给出了关于 X 的信息，即「あの若くてきれいな人です。」。对此既可以如（8−4Ba）所

示用ハ来回答，也可以如（8－4Bb）一样用ナラ来回答。（8－4Bb）体现了ナラ的信息结构，即第一阶段说话人从前面的语境中承接了「あの人」，并用ナラ将该主题凸显出来（用下划线表示，以下同），X 变成了⊠；第二阶段，给出对方所需的信息，即「ハンさんです。」这个句子的重点内容。从整体看ナラ呈现出两个阶段的处理。

再来看例（8－4）中ハ的用法。

A「あの人はだれですか。」　…X　…Y（X 为主题，Y 为焦点）

B「どの人ですか。」

A「あの若くてきれいな人です。」

Ba「ああ、あの人は　（X = 提示主题）　ハンさんです。（Y = 表明句子的焦点）」

虽然 Ba 句子和 Bb 类似，也经过了 B、A 的问答，锁定了「あの人」的范围，但是用ハ的句子与ナラ不同，没有把 X 焦点化这个过程，整体是一个阶段的处理。这点可以从不包含 B、A 问答的例（8－3）能自然地用ハ来表示这点得到验证。

A「あの人はだれですか。」　…X　…Y（X 为主题，Y 为焦点）

Ba「ああ、あの人は　（X= 提示主题）　ハンさんです。（Y= 表明句子的焦点）」

如果把ハ的信息结构表示为"TOP（X）ハ　FOC（Y）"（TOP 为主题 TOPIC 的缩略，FOC 为焦点 FOCUS 的缩略。以下同）的话，ナラ的信息结构可以表示为"TOP（⊠）ナラ　FOC（Y）"。这里的⊠表示在第一阶段把 X 焦点化的过程（由 X 变成⊠），这个被焦点化后的⊠成为ナラ的主题。

8.2.2 焦点的ナラ

焦点的ナラ是指如以下铃木（1992：6）中所示的例（8－5）（8－6）（8－7）中ナラ的用法。

（8−5）甲：何か書くもの持っていませんか。

　　　　乙：鉛筆<u>なら</u>あります。

（8−6）甲：歩けますか。

　　　　乙：ええ、ゆっくり<u>なら</u>歩けます。

（8−7）甲：最近フランスに行ってきたそうですねえ。

　　　　乙：いいえ、中国に<u>なら</u>行きましたけど、フランスには行ってないですよ。

与承前主题的ナラ前的 X 通常在前面被言语化不同，焦点的ナラ是从满足谓语 Y 的母集合中选择 X。这里的母集合是指在发话的前景或背景中，具有被选择可能性的项目的集合[226]。如例（8−5）中，

甲：何か書くもの持っていませんか。　　…X　…Y　（X 为名词对象语，Y 为谓语）

乙：<u>鉛筆なら</u>　　　　　　从满足 Y 的事项中选择 X, FOC（X）（X̄）

　　　あります。　　　　　　　　　　Y　（谓语）

例（8−5）中，甲句中的「何か書くもの」构成了一个母集合 X（書くもの：鉛筆、ボールペン、ペン等），和承前主题不同的是，乙句并不是直接承接这个 X，而是从这个母集合中选择一个能满足谓语内容（「持っている」，即「ある」）的事项 X，加以凸显（FOC（X）），X 变成了 X̄；然后把它作为ナラ的主题加以提示，再表明谓语内容，完成句子。这里ナラ的信息结构可以表示成"TOP（X̄）ナラ FOC（Y）"。

例（8−6）中，甲句只有谓语，没有任何和 X 有关的内容。乙句从满足前面疑问句的谓语内容（歩ける状態）的母集合（ゆっくり、普通のスピードで、速く等）中选择了 X（＝ゆっくり），加以凸显（FOC（X）），X 变成了 X̄；然后把它作为ナラ的主题加以提示，

[226] 感谢神户大学定延利之教授（现在为京都大学教授）给予的提示。论文的所有谬误由笔者负责。

再表明谓语内容，完成句子。该句中ナラ的信息结构仍然是"TOP（X̄）ナラ FOC（Y）"。

甲：歩けますか。　　　　　　　　　（…X）　…Y（Y为谓语）

乙：ええ、<u>ゆっくりなら</u>　　从满足Y的事项中选择X，

　　　　　　　　　　　　　　　　　　FOC（X）　X̄

　　　　　　歩けます。　　　Y　（谓语）

在焦点的ナラ中，Y的内容基本上与其前面的疑问句内容保持极性（肯定否定的值，polarity，「極性・ポラリティ」）的一致。如果有可能发生不一致时，会对X进行修正，使句子的内容与其前面的疑问句内容保持一致。如例（8−7）中，针对甲的确认要求，乙无法保持极性的一致（「フランスには行ってないです」），遂对X进行了修正，从满足Y的事项中选择了一项（「中国」）来保持极性的一致。这个能保持极性一致的选择项，作为焦点被选择出来（X̄），由ナラ加以提示，成为新的主题。后面是与前面句子极性一致的谓语Y。这里ナラ的信息结构依然是"TOP（X̄）ナラ FOC（Y）"。

甲：最近フランスに行ってきたそうですねえ。　…X…Y （X为名词补语，Y为谓语）

乙：いいえ、<u>中国になら</u>　　　从满足Y的事项中选择X，

　　　　　　　　　　　　　　　　　FOC（X）　X̄

行きましたけど、フランスには行ってないですよ。　Y（谓语）

综上所述，无论是承前主题的ナラ，还是焦点的ナラ，都是通过ナラ，使聚光灯对准其前面的内容X，使之成为焦点；而焦点化后的X（即X̄），即成为已完成注册登录的东西，构成已知的主题。然后在后项Y中表示就X而言如何。经过两个阶段的处理，句子的焦点仍然在后项Y上。其信息结构都可以表示成"TOP（X̄）ナラ FOC（Y）"。为了叙述的简便，后文不是特别提及信息结构时，仍然用X来表示ナラ的主题。

8.3 ナラ把 X 焦点化的方式

8.2 从承前主题和焦点两种情况对ナラ的信息结构进行了分析。从上述分析中可以看到ナラ把 X 焦点化的方式是不同的。具体地承前主题的ナラ是从前述内容中承接 X 作为主题，焦点的ナラ是从满足谓语内容的事项中选择一项 X 作为主题来进行提示。

这一小节着重考察ナラ在第一阶段把 X 焦点化的过程。ナラ把 X 焦点化的过程，就是把 X 从母集合中选择出来的过程。

ナラ把 X 焦点化的方式具体可以分为会话的明示和心内处理两种。会话的明示是指在会话的前面部分明确出现了 X 的内容，或者提示了 X 所在的母集合。

承前主题的ナラ从前述会话中承接了 X 作为主题。如例（8-4）中从前面「あの人はだれですか。」「あの若くてきれいな人です。」中承接了「あの人」，并提示了一个包含「あの人」在内的母集合的存在。从该母集合中选择 X，由ナラ作为主题进行提示。这里 X 及其所在的母集合在前面会话中被言语化。另一方面，焦点的ナラ中 X 通常是不被言语化的，满足谓语的事项构成 X 所在的母集合。从该母集合中选择一个满足谓语内容的事项 X，由ナラ作为主题进行提示。但也有像例（8-5）这样母集合（「何か書くもの」）被言语化的例子。

承前主题顾名思义，X 在前述语境中通常被言语化过。但 X 所在的母集合有时并没有被明确提示，而是通过心内处理来形成的。也就是说 X 所在的母集合在前面会话中没有被明示，但通过心内处理，在说话者的心里形成了一个母集合。

（8-8）「山本さん、そろそろ家賃を払っていただきたいんですが。」「家賃なら、昨日銀行に振り込みましたよ。」（=8-2）

这里只看到答句中的 X「家賃」在前面问句中被言语化，而 X

190

所在的母集合似乎不存在。但其实没有母集合的主题通常是不能被ナラ来提示的。

前述例句（8－3Bb）通常不说，是因为在这个句子中「あの人」独立存在，没有可供选择的母集合。这样的主题可以用ハ来提示，却因为没有从母集合中进行选择的操作，所以通常不用ナラ。下面的例句也是基于相同的理由。例（8－9）中，「今日」已经完全成为了主题，没有可供选择的母集合。这种情况下用ナラ不自然。

（8－9）？おい、今日ならいい天気だよ。（丹羽 1993：24）

因此我们可以认为，看似没有母集合的例（8－8），其实在说话者的心里是有一个无形的母集合存在的，比如："家賃、ガス代、電気代"等。说话人从脑里的这个母集合中，抽取对方问的 X（「家賃」）来进行回答。

对于例（8－4），也有人认为如下面例（8－10）所示，即使中间不加其他会话，在发了感叹词「ああ」之后，也能说「あの人なら」[227]。

（8－10）A「あの人はだれですか。」

　　　　　B「ああ、あの人ならハンさんです。」

这里可以看到，通过感叹词「ああ」表明了说话人经过心内处理，在脑里形成了关于「あの人」的母集合。

甚至我们可以认为该句在特定的语境下，不需「ああ」也能成立。比如在问句「あの人はだれですか。」之后，对话的两个人通过眼神或者手势的交流，A 能让 B 领会到所问的是何人的话，这句话也能成立。这里母集合是问话人用眼神或手势所锁定的「あの人」所在的母集合（比如同时在操场上或是照片中的几个人等）。

[227] 感谢神户大学定延利之教授（现在为京都大学教授）给予的提示。论文的所有谬误由笔者负责。

8.4 句子的焦点

上面分析了承前主题的ナラ和焦点的ナラ这两种ナラ的信息结构及其使 X 焦点化的方式。ナラ通过会话的明示和心内处理两种方式，从前述内容中承接主题，或者选择满足谓语内容的事项作为主题来提示。这个过程中先把 X 变成焦点，通过ナラ使其确定为主题。江田（2005）所说的焦点可能就是这个意思。但是句子的焦点仍然在后项上。

如下面的例（8−11），也可以回答成（8−11）'。

（8−11）「木村さんは事務所にいますか。」

　　　　「はい、木村さんならいると思います。」（江田 2005：5）

　　　（8−11）'「いや、木村さんなら急用があって、帰ったんですよ。」

与（8−11）比，（8−11）'的后项给出了从前面句子中所不能推断的新的信息。

ナラ起着把聚光灯对准其前面名词或副词 X 的作用。但ナラ使 X 焦点化的功能，只停留在主题提示阶段，并没有使 X 成为句子的焦点。句子的焦点仍然在后项 Y 上。这一点也可以从下面的例句中得到证实。

（8−12）a「山田君元気？」「うん、山田君なら元気だよ。」

　　　　b「山田君元気だね。」「？うん、山田君なら元気だね。」

（8−13）「山田君が来たよ。」

　　　　a「山田君なら毎日来るんですよ。」

　　　　b「？山田君なら毎日来るんですね。」（丹羽 1993：32）

上面例句中，例（8－12a）、（8－13a）比例（8－12b）、（8－13b）更为自然。这是因为例（8－12a）、（8－13a）中后项 Y 提供了更多信息，把焦点置于后项，这更符合非条件句ナラ的信息结构的缘故。

结合 8.2、8.3 和本小节对ナラ信息结构、ナラ把 X 焦点化的方式，及句子的焦点的分析，本研究认为非条件句的ナラ包含了以下两个阶段的处理。第一阶段，在纵聚合关系上，通过会话的明示和心内处理，从语境或是脑里的母集合（如 X、A、B、C、D）中，选出一个（X）。第二阶段，在横组合关系上，提示句子的焦点 Y。

8.5 非条件句的ナラ两个用法间的平行性

承前主题的ナラ，从前述内容中承接了 X 作为主题。X 所在的母集合，通过会话的明示或心内处理来表示。从该母集合中把 X 提示出来后，在后项表明句子的焦点。

另一方面，焦点的ナラ是从满足谓语内容的事项中选择一项 X，使之焦点化。而一旦成为焦点后的名词 X，就成为已经登录注册的东西，构成已知的主题。然后关于 X 怎么样，在后项中予以提及，后项成为焦点。这点与承前主题的ナラ并没有本质性的不同。

焦点的ナラ与承前主题的ナラ的不同，在于其选择项 X 所在的母集合是前面言语化过的内容所在的母集合，还是由满足前面谓语内容的选项构成的母集合。承前主题的ナラ的 X，通常在前述内容中被言语化。X 所在的母集合，通过会话的明示，或者是心内处理来形成。而焦点的ナラ是从满足前面句子谓语内容的多个选项构成的母集合中选择一项来表示，使之成为主题，然后在后项 Y 中给出相关的信息。

综上所述，在就某一个事项进行叙述或谈及某一话题时，非条件

句的ナラ首先从几个事项（X、A、B、C、D 等）中把其中一项（X）选出来。在这个阶段，ナラ把聚光灯对准 X，使其凸显出来成为焦点，起到的是对话题进行提示、特定的作用（第一阶段）。而整个句子所想要表达的，仍然是 X 怎么样、X 做了什么等，句子的焦点仍然在 Y 上（第二阶段）。这里能看到非条件句的ナラ两个用法间的平行性。

8.6 条件句的ナラ和非条件句的ナラ的平行性

对于条件句的ナラ和非条件句的ナラ的关联，8.5 中已经进行了分析，认为非条件句的ナラ尽管把前项焦点化了，但那仅仅是使其凸显出来，成为已登录的东西，成为已知的主题，句子的焦点仍然在后项上。这点和条件句的ナラ呈现后项焦点的倾向是一致的。

条件句的ナラ和非条件句的ナラ的平行性还体现在不能用于完全确定的主题上。

前面分析了例（8-3Bb）和例（8-9）通常不说，是因为在这些句子中「あの人」和「今日」已经完全成为了主题的缘故。没有可供选择的母集合时通常不用ナラ。这点和ナラ条件句是平行的。

（8-14）＊夏になるなら、軽井沢に行きます。（=5-2）

如第五章中所提到的那样，久野（1973：104）认为表示确定的事情时，不能使用「S₁ナラ S2」的句式。这是因为这种情况不需要对方的断定，说话人对于听话人的断定也没有怀疑（或不完全认可）的余地。

承前主题的ナラ与ナラ条件句类似。虽说 X 是从对方那儿接过来的话题，但还没有成为确定的主题。承前主题的ナラ中，存在一种不是对 A（或 B、C、D 等），而是对 X 进行说明的话这样一种假定。如例（8-8）（=8-2）就含有「ガス代や電気代などのことではなく、家賃のことについて言えば」这样的语感。

定延（2013）认为ナラ不仅表示条件，还可以标记新获得知识（新规獲得知識）（如「彼が来たナラ私は帰る」），把新获得知识与条件（真伪不确定的信息）同等处理。

非条件句的ナラ也与此类似。在对信息进行处理的阶段，可能会混杂各种项目。承前主题虽说是从对方那儿接过来的话题，但在说话人的脑里可能会混杂着其他要素（尽管没有言语化）。在承前主题的ナラ中，进行了这样一种操作，即从承前主题和其他要素混合而成的母集合中，选择 X 使其凸显出来，就这个事项进行叙述（"如果是这个事项的话，是这样"）。

这点也适用于焦点的ナラ。焦点的ナラ的 X，通常没有在前面语境中被言语化，而是由说话人从满足谓语内容的事项中选择其中一项，作为主题来提示。含有"如果是这个事项的话，是这样"的语感。这个主题同样也不是完全确定的主题。

8.7 非条件句的ナラ的本质

上面小节提到无论是承前主题的ナラ，还是焦点的ナラ，都不能是完全确定的主题。这点显示出非条件句的ナラ的本质是假定性和选择性。

焦点的ナラ由于是说话人从满足谓语内容的事项中选择一项，就该事项进行叙述，"如果是这个事项的话，是这样（Y）"。也就含有"如果不是这个事项，而是别的事项的话，可能就不是这样（非 Y）"的含义，有较强的对比性。焦点的ナラ假定性和选择性比较明晰。

而承前主题的ナラ承接了前面语境中的 X，有些句子中 X 所在的母集合，在前面语境中没有被言语化，似乎假定性和选择性不明显。但从前面的分析中，我们可以看到，不含假定性和选择性的主题，即完全确立的主题，是不能用ナラ来提示的。当承前主题的ナラ X 所

在的母集合没有被言语化时，是通过心内处理，在脑里形成了 X 所在的母集合。所以承前主题的ナラ仍然有假定性和选择性。

第九章　条件表达的周边形式「場合」
228

　　如 1.1 所提到的那样，日语中除了ト・バ・タラ・ナラ这几个典型的条件表达以外，还有很多条件表达的周边形式。本章将以「場合」为条件表达周边形式的代表做一个考察。

9.1 引言

　　「場合」通常被认为有三种意义用法：①事情进行时的状态、情况。局面。②如果某事发生的时候。那样的时候。③关于…。就…而言的话（『デジタル大辞泉』）。下面的例（9-1）、（9-2）、（9-3）分别是这三种用法。

　　（9-1）滞納の原因には、大きく分けて経済的な困窮が原因の場合と、それ以外の理由の場合があります。（BCCWJ）

　　（9-2）（前略）もし先に受けた会社が採用だった場合、採用が決まった後で辞退しても良いのでしょうか？（BCCWJ）

　　（9-3）どちらかというと行政改革は外科手術みたいな要素があるわけですが、教育改革の場合は内科療法のようなもので、外科のように大きく人の目に映るというような要素は少ない（後略）。（BCCWJ）

228 本章的主要内容已整理成论文《条件表达的周边形式「場合」》发表（《日语学习与研究》2016 年第 5 期）。因为原文以中文发表，所以本章也用中文。本论文的完成得到了多位老师的帮助。在第七届汉日对比语言学研讨会的分科会上发表时得到了日本活水女子大学渡边诚治老师、东京外国语大学加藤晴子老师，以及上海海事大学张超老师的宝贵意见。论文写作过程中也得到上海海事大学稻木彻老师的非常有益的提示。匿名评审专家也对整篇论文的修改提出了非常宝贵的意见，一并表示衷心的感谢。论文的所有谬误由笔者负责。

　　由于②的用法，「場合」也被视作是条件句的周边形式之一。虽然数量不多，也有一些著作和论文提到过「場合」，如前田（2009）、アリアルタディ（2014）等。前田（2009：109）指出「場合」不仅有作名词的用法，在功能上有时非常接近接续助词，接在谓语的后面，接续后项。认为「場合」基本是限定某个状况进行提示，有的也很接近条件，例如可以和「もし」一起使用。对于「場合」在什么情况下接近表示条件的用法，前田（2009：110-111）分前面谓语为ル形和タ形两种情况进行了讨论。认为前面谓语为ル形时，当前项对于后项来说成为原因、表示前项引发后项产生这样一种起因的情况下「場合」成为条件。

　　前田（2009）主要分析了「場合」接在谓语后面的情况，对于接在名词后面的「場合」只在注中提到，没有进行分析。另外条件和原因、起因虽然有联系，但仍然是不同的性质，用原因、起因来解释「場合」表示条件的用法似乎也不是很准确。我们应该更本质性地分析这个问题。

　　アリアルタディ（2014）通过从报纸和期刊中所收集到的1303个「場合」的例句对其用法进行了考察，并着重分析了各种用法下主句的情态类型。具体地アリアルタディ（2014）认为「場合」主要有表示典型的假定和一般条件句的用法，还有少量的例句中的「場合」是表示既定条件、反事实条件和表示习惯的条件句的用法（アリアルタディ 2014：5）。论文采用把句末的情态分为表现类型的情态、评价与认识的情态、说明的情态、传达的情态这4种情态类型的分类法，对各种用法下的「場合」的主句的情态进行了分析。但对于本研究所关注的「場合」的三种意义用法间有什么关联，为什么表示状态、情况、局面的「場合」能获得表示条件的用法；表示条件的用法的「場合」多用于哪些场合等问题，则没有涉及。

　　本章将通过日本国立国语研究所『現代日本語書き言葉均衡コー

パス』（「少納言」）（以下称 BCCWJ）检索例句，通过对这些例句的分析，来考察「場合」的意义用法，讨论其三种意义用法间的关联，分析「場合」从状态、情况、局面的用法中获得表示条件的用法的机制。

9.2　「場合」的意义用法

9.2.1　表示状态、情况、局面的用法

「場合」的基本用法是作名词使用，表示事情进行时的状态、情况、局面。在客观世界中每天不断发生着各种各样的事情，这些事情发生时又存在着各种各样的情况和局面。作为名词使用的「場合」就表示这些状态、情况、场面。如例（9-4）中的「場合」[229]表示「そこ（関所）を通る」这样一种情况、局面，后面谓语表示这个情况、局面下的具体情形（「通行手形という手形を見せなければ通れなかったんだ」）。

（9-4）昔は、道のあちこちに関所があって、そこを通る<u>場合</u><u>に</u>、通行手形という手形を見せなければ通れなかったんだ。（BCCWJ）

「場合」所表示的状态、情况、局面经常会成组出现，如例（9-5）和例（9-6）中的「場合」就表示"P 和非 P"的两种情况。例（9-7）则表示「格安航空券は予約後いつ頃どこの航空会社とわかるものなんでしょうか」的（多种情况中的）两种情况。

（9-5）滞納の原因には、大きく分けて経済的な困窮が原因の<u>場合</u>と、それ以外の理由の<u>場合</u>があります。（= 例（9-1））

（9-6）そして、そういう<u>場合</u>もそうでない<u>場合</u>もあるとして、

---

[229] 「場合」在句中很多时候会后接助词，以「場合に」「場合は」等形式出现。为了叙述上的方便，文中不一一地加以区分，而是统称为「場合」。

そのことにどう対処するのが最も有効で有意義なやり方か、という問題があります。（BCCWJ）

（9-7）格安航空券は予約後いつ頃どこの航空会社とわかるものなんでしょうか？私の経験では、予約時に教えてくれる<u>場合</u>と、当日まで分からない<u>場合</u>まで、様々です。（BCCWJ）

因为表示各种各样的状态、情况、局面，所以「場合」常构成「場合が多い」、「多くの場合」、「大抵の場合」、「場合によっては」、「場合と同様に」、「場合にかぎって」、「場合もあり得る」、「場合を除き」、「場合じゃない」等惯用表达。

（9-8）「辺」や「エッジ（Edge）」と呼ぶ<u>場合が多い</u>です。（BCCWJ）

（9-9）また、実際に不法行為を行った被用者は、<u>多くの場合</u>、賠償の資力が乏しく、被害者の救済が十分とはいえません。（BCCWJ）

这些惯用表达中的「場合」是名词用法，表示各种各样的状态、情况、局面。这些「場合」构成的句型表示这些状态、情况、局面的存在以及彼此之间的关系。

9.2.2 提示主题的用法

「場合」还有提示主题的用法，即表示"关于…。就…而言的话"的意思。

（9-10）なかでも、三重、和歌山の神社整理は激しく、和歌山の<u>場合</u>、明治四十四年（一九一一年）半ばごろまでに、三七一三社のうち二九一三社が減却されたという。（BCCWJ）

（9-11）自動車同士や自動車と歩行者などの衝突の<u>場合は</u>警察も事故として取り扱うのでしょうが、歩行者同士の<u>場合は</u>、普通は警察に連絡しませんが、（後略）（BCCWJ）

　　例（9-10）中是在前面提到「三重、和歌山」两个地方之后，就其中的一个「和歌山」的情况进行讨论，后面叙述它具体是怎样的情形。例（9-11）则用两个「場合」分别提示了两种情况（「自動車同士や自動車と歩行者などの衝突の場合」和「歩行者同士の場合」），它们后面的句子分别讨论了这两种情况下的具体情形，进行比较。这些「場合」提示主题，相当于「…に関して。…について言えば」（『デジタル大辞泉』），这一点在例（9-12）中可以得到印证。

　　（9-12）精神運動興奮、幻覚、妄想、自傷行為、暴力などがみられる過活動型せん妄と寡黙、不活発、不眠などが前景となる低活動型せん妄の 2 つに大きく分類する場合があるが、低活動型せん妄の場合は痴呆やうつ病と誤診されることが多いため注意を要する。振戦せん妄に関してはアルコール依存の項（p.35）を参照。（BCCWJ）

　　例（9-12）中「…場合は」与「…に関しては」两个形式形成对照，分别提示「低活動型せん妄」与「振戦せん妄」来作为主题，后面谓语部分分别对这两个主题进行说明。

　　提示主题的「場合」很多时候可以用同样表示主题的「は」「なら」来替换。

9.2.3　表示条件的用法

　　（9-13）フキノトウは、普通、生食をしませんヨネ？キイチゴのように、そのまま口に入れる場合にはエキノコックス（寄生虫）も問題になりますが、加熱すれば、大丈夫だと思います。（BCCWJ）

　　例（9-13）中的「場合」连接「そのまま口に入れる」和「エキノコックス（寄生虫）も問題になります」两项。这两项都是用言，所以这里的「場合」作接续助词使用。整个句子是把「そのまま口に入れる」和「加熱する」这两种情况进行对比，分别叙述该情况下是

怎样的情形。由此可以认为句中的「場合」与「ば」同价，表示条件。

　　「場合」除了如例（9-13）所示接在动词非过去时后以外，也可以接在形容词（例9-14）、形容动词、连体词（例9-15）、以及动词的过去完了时态和否定形式（例9-16）后表示条件。

　　（9-14）屋外などで USB ハブを利用しづらい<u>場合</u>は、「USBリピーターケーブル」（5P 参照）も利用できます。（BCCWJ）

　　（9-15）消去動作が不十分な<u>場合</u>は、めまいや脱力感などの不快な症状を起こすことがあるので、<u>そういう場合</u>は気分がすっきりするまで繰り返す。（BCCWJ）

　　（9-16）欠席した<u>場合</u>は必ず補講。何らかの理由で泳げない<u>場合</u>はレポートですと。9 枚かけとか言われてたような気がしました。（BCCWJ）

　　如前田（2009）也提到的一样，「場合」还可以接在名词后面，表示条件。

　　（9-17）代表取締役をおいていない<u>場合</u>、または代表取締役が欠席の<u>場合</u>はほかの取締役、あるいは出席者の中から議長を選出することになります。（BCCWJ）

　　（9-18）▽万一事故が発生した<u>場合</u>、応急処置はしますが、事故の責任は負いかねます。▽当日欠席の<u>場合</u>、参加費は返金しません。（BCCWJ）

　　例（9-17）（9-18）中后面的两个「場合」（「代表取締役が欠席の場合は」「当日欠席の場合」）都是接在名词「欠席」的后面，从词性看是一个名词。但是从意义上看，这两个「場合」与前面的「代表取締役をおいていない場合」「万一事故が発生した場合」是同价的，相当于一个接续助词的用法，在句中表示条件。

　　野田等(2003)指出单句和复句作为句子来说本质上并没有差异，只是在是否包含接近于句子的形式上有差异而已。单句和复句的关

系，从最基本的典型的单句到典型的复句之间有很多阶段，是连续的（野田等 2003：7-12）。上面例（9-17）（9-18）中前后两个「場合」分别接在用言和体言后面，看似分别为复句和单句，但意义上它们之间并没有太大的区别。这里后面一个「場合」部分的修饰词「欠席」也相当于「欠席する」「欠席した」这样的用言的意义，例（9-17）中的「代表取締役が欠席の場合」甚至本身带有格成分，具备了复句的特征。动名词的使用以及单复句之间的连续性特点使得很多名词修饰「場合」的句子，也充当接续助词的用法，表示条件。

　　从形态上看，除了例（9-13）-（9-18）中的「場合には」「場合は」「場合」以外，例（9-19）从意义上来看，「場合につきましては」也表示条件，该句相当于「得がたければ」。例（9-20）中的「場合においても」表示「踏み切ったとしても」「踏み切っても」这样的逆接关系[230]。本研究依据铃木（2009：87-88）把「テモ接続の文」视作条件句的观点，也把「場合においても」看作是条件句。

　　（9-19）満期釈放者等の者が、身柄の拘束を解かれた後、親族等の援助等が得がたい<u>場合につきましては</u>、更生緊急保護というものを行いまして、帰住先をあっせんいたしますとか、（中略）そのような援助を行っているところでございます。（BCCWJ）

　　（9-20）施設入所にやむを得ず踏み切った<u>場合においても</u>、その入所期間を最小限度にとどめるように工夫し、家庭復帰・社会復帰を早期に実現できるように駆使しなければならない。（BCCWJ）

9.3　「場合」三种用法之间的关联

　　上面 9.2 考察了「場合」的三个意义用法，即表示状态、情况、局面的用法，提示主题的用法和表示条件的用法。从 9.2.3 对「場合」

230　前田（2009：110）也提到「場合でも」表示逆条件的情况。

203

表示条件的用法的分析中，观察到接在名词后面的「場合」有时相当于一个接续助词的用法，从中可以看出「場合」的名词用法和接续助词用法之间的关联性。

　　本小节将进一步考察「場合」三种用法之间的关联，来究明「場合」从状态、情况、局面的用法中获得表示条件的用法的机制。

　　如同例（9-10）－（9-12）中「場合」所提示的主题具有与其他内容进行对比的含义一样，表示条件的用法的「場合」也体现了这种对比性，即是在 P 这个事态与非 P 的事态之间，就 P 这个事态进行假设。关于条件句和主题句的关联，在第七章中作了讨论，并在第八章中讨论了ハ和非条件句的ナラ的信息结构，因此本章所讨论的「場合」的三种用法中，主题用法和表示条件的用法之间的关联不再专门展开讨论，而主要讨论「場合」状态、情况、局面的用法和表示条件的用法之间的关联。

　　（9-21）社員が次のいずれかに該当するときは、予告または予告手当なくただちに解雇することができる。1　日々雇用されている<u>場合</u>　2　2カ月以内の期間を定めて雇用している<u>場合</u>　3　採用日から 14 日を経過しない試用期間中の<u>場合</u>　4　懲戒解雇の事由に該当する秩序違反の行為があった<u>場合</u>　5　天災事変その他やむをえない理由により、事業を続けることができなくなった<u>場合</u>（解雇の制限）（BCCWJ）

　　例（9-21）中「場合」列举的是构成「予告または予告手当なくただちに解雇することができる」的几种情况，虽然形态上这里列举的是一系列由「場合」作中心词的名词词组，表示相关的状态、情况、局面，却暗含条件的用法，意即「…場合は、予告または予告手当なくただちに解雇することができる」。这点在下面例（9-22）中也类似。与（9-21）中列举多个「場合」作中心词的名词词组不同的是，（9-22）中是以「場合」作定语修饰其他名词的形式出现的。

（9-22）このような共同不法行為は具体的には、次のようなケースがあります。1　車両同士の追突事故で、通行人がまきぞえで負傷した場合の各車両の運転手。2　交通事故で負傷して治療を受けたところ、医師のミスで傷が悪化した場合の運転手と医師。3　無免許者に車を貸した場合の無免許者と貸した人。4　助手席に乗って運転を教えている途中に事故が起きた場合の運転手と助手席の人。5　車を運転することを知りながら酒をすすめた場合の運転手と酒をすすめた人。6　家畜が突然道路に走ってきて衝突されたために暴走して事故を起こした場合の、暴走車の運転手と家畜の所有者。7　道路のくぼみにはまって自転車が転倒したところに後続車が突っ込んだ場合の道路管理者と後続車の運転手。（BCCWJ）

例（9-22）中「場合」为名词，加上「の」修饰后面的名词，但是这些句子都是设想某个情况下的具体情形，即「車両同士の追突事故で、通行人がまきぞえで負傷した場合、各車両の運転手（の行為）が共同不法行為になる」等，具有条件的意义用法，可以用「…通行人がまきぞえで負傷したら、各車両の運転手（の行為）が共同不法行為になる」来替换。

在例（9-23）中可以更加清楚地看到「場合」状态、情况、局面的用法和表示条件的用法之间的关联。

（9-23）俊彦はリサが部屋にいないと、勝手に決めつけている。この決めつけはよくない。いる場合といない場合。ふたつのケースを考えておかなければならない。取材の時にそっくりだった。あらゆるケースを想定しておかないと、取材はできない。今日は天気がよかったからいいようなものの、もし悪かったらどうするのかまでを考えておかなければ編集者失格となる。それと同じ。（BCCWJ）

例（9-23）中，如同后文（「ふたつのケース」）所示，「いる場合」与「いない場合」表示两种情况，是本文9.2.1中所讨论的表

示状态、情况、局面的用法。但是从意义上看，「考えておかなければならない」的应该是「リサが部屋にいる場合はこうする、いない場合はこうする」这样的两种情况。这可以从后面列举了「天気がよかったから」「もし悪かったら」这两个条件句来作为对比这点中得到说明。即前面的两个「場合」与「天気がよかったから」「もし悪かったら」是同价的，也是表示条件的用法。

以上可以看到「場合」的状态、情况、局面的用法和表示条件的用法之间是相关联的。

如 9.2.1 中所提到的那样，「場合」的基本意义用法是作名词使用，表示事情进行时的状态、情况、局面。在客观世界中每天不断发生着各种各样的事情，这些事情发生时又存在着各种各样的情况和局面。作为名词使用的「場合」就表示这些状态、情况和局面。但「場合」表示的不是于某日某时在某场所发生的、具体时空中存在的事情的状态、情况和局面，而是状态、情况和局面的类型。

（9-24）1 つの資産に加えられる修理、改良が次のようなものなら、修繕費用扱いです。1）その費用額が 20 万円未満の<u>場合</u> 2）過去の実績から見て、3 年以内の周期で行われる<u>場合</u>。（BCCWJ）

例（9-24）中两个「場合」表示的是「1 つの資産に加えられる修理、改良」中「修繕費用扱い」的两种类型，即「その費用額が 20 万円未満」和「3 年以内の周期で行われる」。前者只要是 20 万日元以下都属于这个类型，具体是多少万日元，并不涉及。即 15 万日元、18 万日元、19 万日元都可以。后者只要是 3 年以内的周期内进行的，也都属于这个类型，具体多少时间，并不涉及。1 年、2 年、2 年半等都可以。一个状态、情况和局面的类型是不特定多数的情况的集合体。

铃木（2009：74-75）认为条件关系「P ナラバ Q」中的 P 表示的不是个别的、特定的事态，而是事态类型（「事態のタイプ」）。

具体地在一般条件句中是想定多次的情况，当 P 成立时 Q 就总是成立。在表示个别状况的假定条件句中也同样，是指 P 成立的多种情况下，Q 总成立的关系。

本研究认为「場合」作为不特定多数的情况的集合体，获得条件的用法，也是因为它符合这里的 P 表示事态类型的条件。作为名词用时，「場合」表示状态、情况和局面的类型，即某种事态类型。当这样的「場合」作为接续助词使用时（如前所述，形态上有「場合」「場合は」「場合には」等），就变成了表示前项事态和后项事态间的关系，表示前项所示事态类型实现时，后项所示事态必然实现。

铃木（2009：74）中把条件关系「P ナラバ Q」的最基本的意义定义为"「P ナラバ Q」把事情分为 P 成立和不成立时两种情况，表示的是当 P 成立时，Q 一直（总是）成立这样一种关系"。

把「場合」的意义用法与「P ナラバ Q」进行对照，可以发现两者基本是重叠的。也就是说「場合」也是设定了 P 成立和不成立的两种情况，表示的是当前项事态类型成立时，后项事态必然实现的关系。这种关系是条件句所表示的关系，所以「場合」就获得了条件的用法。换句话说，「場合」的表示条件的用法是从表示状态、情况、局面的用法中派生出来的。

第十章　「場合」の存在意義と条件用法を獲得する条件[231]

10.1　問題提起

　第九章で、「場合」の意味用法を考察し、状態・事情・局面の用法から条件表現の用法を獲得する動機づけについて考察したが、条件表現の用法としての「場合」の使用場面や、「場合」と条件表現の主要形式「と・ば・たら・なら」の間にどんな異同と関連があるのか、触れていなかった。

　本章は「場合」と「と・ば・たら・なら」の異同と関連を考察し、「場合」の存在意義をみて、「場合」が条件表現の用法を獲得する条件について考察したい。

10.2　先行研究と問題点

　前田（2009：110-112）では「場合」の後ろに「です。」がついて述語用法的に働いている用法を見て、これは「場合」が名詞の性格を持っているからこそ可能なのであり、他の条件を補う機能を果たしているとしている。「場合」が論理文を構成する条件として、前田（2009：112）は意味上の条件は、前件と後件の意味的な関係が、論理文での関係に等しく形式上の条件としては、前節述語がタ

---

[231] 本章の主な内容は「条件表現の周辺形式『場合』の存在意義と条件用法を獲得する条件」という論文にまとめられ、発表されている（『東アジア言語文化研究』創刊号、2019年）。

形になったり、後節末の述語に推し量りを表す形式が用いられたりすることによって、条件文に近づくと結論している。

　「場合」を前の述語のテンスにより、ル形とタ形の二種類に分けて分析するのは合理的であるが、この二種類の状況が孤立的に見え、お互いにどんな関連があるのか、前田（2009）には分析がない。ほかに、後ろに「です」がつく形の他に、「場合」にあり、他の条件文にはない形式がないのかも例文に対してより一層の分析とまとめが必要である。また、「場合」が論理句を構成する二つの条件、特に前の述語がタ形の場合、あるいは文末に推量形式が用いられるというのが「場合」が条件用法を獲得するのに大切な条件なのかどうかも、検討する余地があると思われる。

　本章では先行研究をもとにし、条件表現の周辺形式「場合」と主要形式「と・ば・たら・なら」の異同を考察し、「場合」の存在意義を見る。また、「場合」が条件表現の用法を獲得する条件についてもみたい。

10.3　「場合」と主要条件表現との関連

10.3.1　「場合」が表せる条件文

　「場合」と「と・ば・たら・なら」が表せる条件文を議論する時、どんな文を条件文とみなすのか、即ち条件文の判断基準と区分けの基準が大きく関係している。

　鈴木（2009）では条件文として、仮定条件文と一般条件文の他に、事実的条件文、反復関係を表す条件文、決定条件文とテモ接続条件文が認められている。事実的条件文とは前句事態の成立に伴って後

句事態が成立することが過去に一回生じた場合の条件文のことで、反復関係を表す条件文とは、過去において繰り返し生じた事態関係をタラ、バ、トを用いて表す場合である。決定条件文とは前句の事態はある一定の時間が経過すれば必ず実現することであって、その時点になって事態が成立した時には後句の事態も成立するという意味を持つ文のことである。テモ接続条件文というのは、テモによって接続された文である（鈴木 2009：83-89）。

　上述の鈴木（2009）の認定基準に基づいてみれば、決定条件文以外の条件文は、すべて「場合」によって表されることができる。次の例（10-1）から（10-5）はそれぞれ仮定条件文、一般条件文、事実的条件文、反復関係を表す条件文とテモ接続条件文の例である。

　（10-1）（前略）もし先に受けた会社が採用だった<u>場合</u>、採用が決まった後で辞退しても良いのでしょうか？（BCCWJ）

　（10-2）既存住宅に一定の省エネ改修工事を施した<u>場合</u>、固定資産税が減額されます。（BCCWJ）

　（10-3）四国地方整備局によると、早明浦ダム（高知県）の貯水率は 5 日午前 0 時現在 56.7%（平年 90.9%）で、前日より 1.2 ポイント低下した。このまま雨が降らない<u>場合</u>、第 2 次取水制限に乗り出す目安の 45%にまで低下するのは 13 日前後と予想されるという。（アリアルタディ 2014：3）

　（10-4）僕は都市を書く<u>場合</u>は、東京のホテルに月に何度か泊まるようにしています。（アリアルタディ 2014：14）

　（10-5）施設入所にやむを得ず踏み切った<u>場合</u>においても、その入所期間を最小限度にとどめるように工夫し、家庭復帰・社会復帰を早期に実現できるように駆使しなければならない。（＝9-20）

　「場合」が決定条件文を表せないのは、この種の条件文の特徴と関連していると思われる。決定条件文は仮定性がなく、モシを用い

ることができない。この種の条件文は英語においても、if ではなく、when で表されているのである（鈴木 2009：86）。「場合」は前件の事態のタイプが成り立てば、後件の事態は必ず成り立つという条件結果関係を表している。仮定性のない決定条件文は事態のタイプではないので、「場合」で表されないのである。

10.3.2　「場合」と「と・ば・たら・なら」との区別

「場合」の使用場面と「と・ば・たら・なら」と比べ、どんな違いがあるのか、「現代日本語書き言葉均衡コーパス」（BCCWJ）を利用して調べてみた（紙幅の都合上、後者は「なら」を代表として調査する）。一回の検索で現れた 500 例の中から、条件用法でない例を外し[232]、条件用法の例をそれぞれ 211 例と 208 例が得られ、これらの例文のメディア／ジャンルについて調べてみた。結果は表 10－1 のようになる。

「書籍」からの「場合」の 118 例をもっと詳しく読むと、例（10-6）のように、タイトルか副題から法律の条文であると判断できるものや、例（10-7）のようにタイトルは法律でなくても、内容は税務など法律に似ている性質のものが合計 47 例と数多くあることが注目される。ジャンルが法律である例（14 例）と書籍の中にある法律関係の例（47 例）に、例（10-8）のような「広報紙」に用いられる「場合」の例（19 例）を合計すれば、80 例（37.9%）ある。

（10-6）加工などにより両者の商品が実質的同一性を失っている場合には、13 項の規制対象となる。（BCCWJ）（書籍/3　社会科学　経済法　独占禁止法と競争政策）

---

[232] 例えば、「……場合がある」「この動物の場合は……」などのような例は「場合」の名詞の用法として排除する。「どうにもならぬ」「なぜなら」などの慣用表現の例や「あなたなら」のように主題を表すか仮定を表すか曖昧な例は「なら」の例文から排除する。

表 10−1　「場合」と「なら」の例文のメディア／ジャンルの統計

メディア／ジャンル	書籍	Yahoo!知恵袋	広報紙	国会会議録	法律	雑誌	Yahoo!ブログ	白書	教科書	新聞	合計
場合	118	30	19	15	14	5	4	4	1	1	211
	55.9%	14.2%	9.0%	7.1%	6.6%	2.4%	1.9%	1.9%	0.5%	0.5%	100%
なら	113	59	0	6	0	13	16	0	0	1	208
	54.3%	28.4%	0%	2.9%	0%	6.3%	7.7%	0%	0%	0.5%	100%

　（10-7）資産の譲渡等が上記以外である場合　外国法人が選択した場所が納税地となります。（BCCWJ）（書籍/3　社会科学　実務家のための消費税実例回答集）

　（10-8）「耕作していない農地だから」「一時的なものだから」と安易な考えで、許可なく転用した場合は農地法違反となり、工事の中止や原状回復が命じられます。（BCCWJ）（広報紙/中国地方/岡山県　広報やかげ）

　以上の分析から見れば、3割以上の「場合」の例が法律関係や「広

報紙」に用いられていることが分かる。

　「場合にあっては」をキーワードで BCCWJ で検索した結果、88例が現れてくる[233]。この中で 84 例は法律条文で、他の 4 例もそれぞれ「社会福祉法人設立・運営ハンドブック」、「割賦販売法の解説」、「企業会計規則集」など法律や規則に関する解釈の文に用いられている。

　また、BCCWJ でジャンル／メディアを「広報紙（2008）」に、「期間」は「全期間」にして、「場合」を検索した結果、例文が5377 例あるのに対し、ジャンル／メディアが「新聞（2001－2005）」になった場合は 409 例しかないのとも対照的になっている[234]。

　これに対して、「なら」の例文のジャンルを見ると、書き言葉のコーパスであるため、半分ぐらいは「書籍」に用いられている一方、「法律」「広報紙」「白書」などでの使用例は 0 である。つまり、こういう公的で改まった文体での「なら」の使用は少ないと言えるだろう。また、「書籍」の「なら」の例文の中で「　」に括られ、会話であると判断できる例が 30 例あるのに対し、同じ「書籍」のジャンルの「場合」の例文の中で会話であると判断できる文は 2例しかないのが対照的である。

　法律条文は前件にある仮定条件も後件に示される法律的結果もある事態のタイプで、通常具体的な人物や特定の時空間が示されていない。法律はどの人にも平等であり、またどの時間にも、いつでも守られるべきであるという特徴がある。前件の仮定条件が成り立てば、後件に示される法律的結果が発効するという関係を表す[235]。一方、「広報紙」は市民の生活に密接な情報や政策などを伝えてい

---

[233] 一つの文に「場合にあっては」が一つ以上用いられている例もあるので、「場合にあっては」の総例文数は 88 例を超えている。
[234] ここでは検索した結果として例文数を示すだけで、具体的な意味用法は分析しないことにする。
[235] 稲木徹先生から有益なコメントをいただきました。本研究の責任は一切筆者が負う。

る。いずれも不特定多数の人に通用し、時間と場所が特定されていないのが普通である。言い換えれば、ある事態のタイプを表しているのである。文体上法律条文や「広報紙」の情報や政策などは改まった書き言葉が用いられている。

　「場合」が法律関係の条文や「広報紙」に多用されているのは、こういう文は前件では事態のタイプを表し、前件に示された事態類型が成り立てば、後件も成り立つという関係を表し、「場合」の意味用法にふさわしい他に、「場合」と「と・ば・たら・なら」の間の文体上の違いも大きな要因になっていると思われる。

　まとめて言えば、「場合」と「と・ば・たら・なら」の大きな違いは文体上の違いであり、「と・ば・たら・なら」は書き言葉にも話し言葉にも広く用いられているのに対し、「場合」は改まったな文章に多用され、他の条件文の補足的な役割を果たしている。アリアルタディ（2014：15）は「場合」形式の仮定条件文では主節には、「〜よ」「〜ぞ」「〜さ」など伝達を表す終助詞が使われにくいと述べているが、これも「場合」が話し言葉より書き言葉に多く用いられていることと関係していると思われる。

　前田（2009：110-112）では「場合」の後ろに「です。」がついて述語用法的に働いている用法は、「場合」が名詞の性格を持っているからこそ可能なのであり、他の条件を補う機能を果たしているとしている。「場合」の補足的な働きは他にも多くの所に現れている。

　（10-9）いいかえれば、「地方公共団体が標準行政以外の行政を行う場合の財源は、まず、留保財源（標準地方税収の一定率、都道府県 20%、市町村 25%）等や節約財源によることとし、それでもなお不足する場合には、当該行政に関する住民の選択と負担を前提として、超過課税、法定外普通税等により確保すべきである」とい

う。（BCCWJ）

　例（10-9）における「場合」は名詞の用法であり、後ろの名詞「財源」を修飾し、「…財源」は文の主題をなしている。この文を「地方公共団体が標準行政以外の行政を行う場合、その財源は…」に直せば、条件用法になる。これは「場合」が名詞と接続助詞の両方の働きを持っていて、状況・主題・条件など多種の意味用法を表し、用法間を自由に切り替えできる便利さからできるのだと言える。言い換えれば、「と・ば・たら・なら」の主要条件表現は「ればの話ですが」「たらの話ですが」等の文型でしか名詞の前にくることがないが、「ればの話ですが」などでは条件表現が直接後ろの名詞「話」を修飾しているのではなく、文型全体が前出内容や後出内容の条件上の限定を表している。こういう点では、（10-9）における「場合」が直接「財源」の修飾語になるのとが異なっている。

　「場合」はこういう特別な意味用法のため、見出しや挿入語として用いられるのに適している。例（10-10）では前の「場合」は名詞の用法で、見出しをなしているが、後ろの「場合に」は見出しの内容を繰り返しいうので、意味がつながっていると思われる。例（10-11）の前の「場合」は名詞の用法で、後ろの名詞「取り扱い」を修飾して、見出しになっている。後ろの「場合には」は、見出しの内容について詳しく説明し、条件を表す。例（10-12）の「場合」は括弧の前の名詞「委任状」に対する補足説明で、「代理人が入札する場合は委任状をお持ちください」という意味ににになる。

　（10-10）常任代理人が選任されている<u>場合</u>　常任代理人が選任されている<u>場合に</u>、株主名簿上の株主又は株主名簿上の株主の背後に存在する実質上の株主が直接議決権行使を求めてきた場合にどう対応するかが問題となる。　（BCCWJ）

　（10-11）事業化を断念した<u>場合</u>の取り扱い　事業化の準備段階

において市場調査やマーケティングの結果事業化を断念せざるを得ない状況になった<u>場合には</u>、事業化断念に至った理由を記載した調査報告書を作成し企画審査委員会への提出後、各所属部門に復帰する扱いとなる。（BCCWJ）

（10-12）公売保証金（118万円　253万円）、はんこ、身分証明書、委任状（代理人が入札する<u>場合</u>）※原則どなたでも参加できます。（BCCWJ）

同様に、いくつかの事態を並べる時にも、「場合」は「なら」にない便利さがある。

（10-13）軽自動車やオートバイなどを譲渡、廃車した<u>場合</u>や転居した<u>場合は</u>、名義変更や住所変更の異動手続きが必要となります。（BCCWJ）

「と・ば・たら・なら」に似て条件を表す用法がある一方、用いられるジャンルや構文上その補足的な役割を果たしているのが、「場合」の存在意義かもしれない。

10.3.3 「場合」+「の話」構文

ここでいう「「場合」+「の話」構文」は例（10-14）のように、「場合」が連体修飾語になり、「の話」を修飾する構文のことである。通常日本語の条件文は前件に接続助詞「と」「ば」「たら」「なら」「場合」などがついた節が後ろの主節と一緒にできた文のことを指す。これと違い、「場合」も含め、条件節が連体修飾語になり、「の話」を修飾する構文（即ちは「「場合」+「の話」構文」）は構文全体が条件を表す節になるのである。

（10-14）ですから順調にいった<u>場合の話</u>ですけれども、今局長の御答弁のように、諸条件を整備して、知事が建設省に許可申請を提出する、それに二、三年かかる。（BCCWJ）

　「条件節+「の話」構文」については、第十二章で詳しく見ることにするが、「「場合」+「の話」構文」と「「と」「ば」「たら」「なら」+「の話」構文」の特徴をみてみると、両方とも挿入語として括弧や横線（－）で主節とつながり（例10-15、10-16、10-19）、文末にはともに「けれども」「が」「けど」などの接続助詞（例10-14、10-16、10-17、10-19）、節の前に「ただし」などの接続詞が現れる（例10-18、10-19）など多くの相似点があることが分かる。

　（10-15）ところが、ヨーロッパなどではむしろその逆で、その当事者自身がそのようなパーティないし会食などを自分の判断で設定するのが常識なのです（もちろん、本人がそのような気になった場合の話です）。　（BCCWJ）

　（10-16）次回は―次回なるものを作るほどおまえが愚かならの話だが―もっと早くにおいを嗅ぎあてよう。　（BCCWJ）

　（10-17）「もし暇があったらの話だけど」とジェフが言った。（BCCWJ）

　（10-18）ただし、これはアガリ点の見込みが安い場合の話です。ドラが3枚ある。　（BCCWJ）

　（10-19）ちょっと訊きたいけど―ただしおまえに頭ってものが少しでもあればの話だけど―そんな便利な道具を持ってたら、囚人は脱獄しても英雄になれやしないだろ？　（BCCWJ）

　例（10-14）-（10-19）から分かるように、「「場合」+「の話」構文」と「「と」「ば」「たら」「なら」+「の話」構文」には多くの相似点がある。

　（10-20）あくまでも、事務所とか店舗として貸した場合、または無理に課税売上を作った場合の話です。　（BCCWJ）

　例（10-20）には二つの「場合」があり、この文は「事務所とか店舗として貸した場合の話です」と「無理に課税売上を作った場合

の話です」の二つの構文からなっている。前の 10.3.2 で分析した通り、こういう並立事項を条件用法として並べる用法は「場合」の性質を利用している。即ち、「の話」との構文から見ても、「場合」は「と・ば・たら・なら」に似て「条件表現＋「の話」構文」を作る用法があり、構文上似ている特徴を持っている一方、性質上補足的な役割を果たしている。

10.4　「場合」が条件用法を獲得する条件

　前田（2009：110-111）では、「場合」がどんな場合に条件表現に近いのかを見た。「場合」が条件的になるのは、一つには意味上の条件、即ち前件と後件の意味的な関係が、論理文の関係に等しくなることである。そして、形式上の条件として、前節述語がタ形になったり、後節末の述語に推し量りを表す形式が用いられたりすることによって、条件文に近づくと述べている。第九章の分析から分かるように、前田のこの二つの条件では、前件と後件の意味関係が論理句の関係でなければならないという意味上の条件は確かに満たされなけれならない。具体的には、前件がある事態のタイプを表し、前件と後件の間には前件で示される事態のタイプが成り立てば、後件で示される事態も必ず成り立つという条件 - 結果の関係が必要である。しかし、形式上、前の述語がタ形の場合、あるいは文末に推量形式が用いられるという形式上の条件は、「場合」が条件用法を獲得するのにそんなに大切な条件ではないのである。

　（10-21）（前略）訂正がない場合には同封の「確認はがき」を、訂正がある場合には「年金加入記録照会票」を必ず提出してください。（BCCWJ）

　（10-22）「漏れ」や「間違い」がある場合、年金記録が変われ

ば正しい年金額をお受け取りいただけることとなります。 （BCCWJ）

（10-23）「番号が認識できません。」という案内が<u>あった場合</u><u>は</u>、電話機の「＊」を押してから番号を選択してください。(BCCWJ)

（10-24）届出後に家族数の変更、使用の休止及び廃止が<u>あった</u><u>場合</u>も届出が必要です。 （BCCWJ）

例（10-21）（10-22）では「場合」の前には「ある」が用いられ、例（10-23）（10-24）では「あった」が用いられている。しかしここの「あった」は「ある」の完了の形式で、「場合」で示される事態が完了の状態にあることを表すだけである。「ある」と「あった」は本質的な区別がなく、両方ともに「場合」の前に置かれ、仮定条件（例 10-21 和 10-23）をも一般条件（例 10-22 和 10-24）をも表すことができる。言い換えればどちらの形式を使うのかは事態が完了したのか未完了なのかだけによる。上記の表 10－1 で分析された例文において、「場合」の前に来る表現の内訳は下記のとおりでる。211 例中、動詞ル形 88 例（中で「ている」形が 12 例）、夕形 68 例（中で「ていた」形が 2 例）、「ない」が 17 例（中で「ていない」が 3 例）、「なかった」が 5 例、「形容詞・形容動詞・名詞」が 28 例（過去形や打ち消し形も含まれている）、「たい」が 5 例である。つまり完了の形がもっとたくさん使われていることは観察されていない。上に挙げられている例を見て分かるように、文末表現には推量形式がよく用いられているわけでもない[236]。こういうことは前田（2009）において言及のあった形式上の条件はそんなに大切ではないことを表している。言い換えれば、「場合」が条件を表す用法は、意味上前件と後件の間に事態のタイプ間の条件結果の関係にあるという条件は満足させなければならないが、前に完了の形

---

[236] アリアルタディ（2014）では「場合」の文末の各種のモダリティが分析されている。

式を用いるかどうか、文末形式に推量の形式を用いるかどうかは、あまり重要な条件ではない。つまり形式上特に要求がないのである。

10.5　まとめ

　本章は条件用法の周辺形式「場合」と条件用法の主要形式「と・ば・たら・なら」との異同と関連を見てきた。「場合」は「と・ば・たら・なら」に似て条件を表す用法がある一方、性質上補足的な役割を果たしているのが、「場合」の存在意義かもしれない。「場合」は意味上前件は事態のタイプを表し、前件と後件の間には前件に示される事態のタイプが成り立てば、後件に示される事態も成り立つという条件結果を表すが、形式上特に要求がないのである。

　本章は「場合」が表すことのできる条件文を考察した時、表せる条件文の種類を見ただけで、各種の条件文の具体的な使用頻度や使用傾向の量的研究はなされていない。条件用法の「場合」が表す事態のタイプは法律関係の文章や「広報紙」によく用いられていることを考えれば、何種類かの条件文の中で、「場合」は一般条件文に一番多く用いられているのではないかと推測されるが、これを検証することを今後の課題としておく。

第十一章　日本語における時間関係と条件関係の関連──「時」を中心に[237]

11.1　問題提起

　時間関係と条件関係は別々のカテゴリーのようにみえるが、お互いに関係していることはすでに多くの文献に指摘されている。例えば、Michaelis（1996）は still の時間用法と譲歩の用法に関して、時間領域と論理領域が同じ語彙によって表されていることに触れている[238]。呂叔湘（1982：409-410）は時間関係の文はよく条件関係を含んで、仮設の意味を兼ねて持っている時間関係もあると述べている。例としては、英語の when はよく if の意味を兼ねて持っていて、ドイツ語では時間と仮設関係を表すのには同じく wenn を用いていると指摘している。中国語においても、時間名詞「时」が仮設助詞としての用法が近代にあったし、現在でも方言ではこういう用法が残っているとされている[239]。韓国語では「－면」（myen）には条件関係を表す用法と時間関係を表す用法の 2 つの異なる用法があると指摘されている[240]。

---

[237] 本章の主な内容は「日本語における時間関係と条件関係の関連──「時」を中心に」という論文にまとめられ、発表されている（『連語論研究＜Ⅸ＞　宋協毅先生退官記念号』、国際連語論学会研究会報告第 43 号、日本語文法研究会発行、2018 年）。

[238] 大堀寿夫（2002：147）を参照。

[239] 江藍生（2002）を参照。

[240] 鈴木・孫（2010：38）を参照。

　江藍生（2002：291）では時間と仮設の関係は、英語、ドイツ語と中国語では同じ認知的に動機づけられ、時間カテゴリーから仮設カテゴリーに入るのが、中国語を含め、多くの言語に共通する語用認知規則であると述べている。では日本語では条件カテゴリーと時間カテゴリーの関係はどうなっているのか。先行研究で指摘されている時間領域と論理領域が同じ語彙によって表されているという言語現象は日本語にも存在しているのだろうか。

　日本語には時点・時間を表す表現が多く存在しているが、中では代表的な時間関係を表す表現「時」は、条件関係を表す用法もあると観察されている。一方、「おり（に）」「さい」など条件関係を表す用法が観察されていなく、もっぱら時間関係専用の表現もある。本章は代表的な時間関係を表す表現「時」[241]を研究対象に、日本語における時間カテゴリーと条件カテゴリーの関係についてみていく。

　まず「時」の解釈から、その時間関係を表す用法と条件関係を表す用法についてみて、条件関係を表す用法を獲得する条件を検討する。それから少し中国語の場合と対照してみる。

11.2　「時」の意味用法

　『デジタル大辞泉』では、「時」は「過去から現在、現在から未来へと、一方的また連続的に流れていくと考えられているもの。物事の変化・運動によって認識される。時間。」と解釈されている。その中で行為や状態を表す連体修飾を受ける「時」の意味用法については、㋐ある状態になっている時点や時期。「家に着いた時、母はいなかった」「幼稚園の時は、やんちゃ坊主だった」㋑ある状況

---

[241] 漢字「時」の他に仮名「とき」と書かれている場合もある。本研究ではこの両者の区別を特にせずに検討している。

を仮定的に表す。おり。場合。「地震の時はどうしよう」と解釈している。

　時間関係を表す「時」は通常過去（完了）か（例11－1）、現在（一般）（例11－2）もしくは将来（例11－3）のどれか物事が行われる（行われた）時間を示している。

　（11－1）「その言葉」とは、初めて母に会った<u>時</u>、母から言われたセリフだった。（BCCWJ）

　（11－2）ひとつの時代が終わり、新しい時代が始まる<u>時</u>、必ず人々の心の中で変革が起こる。（BCCWJ）

　（11－3）金なんて、必要なだけあればいい。どんなにたくさんあったって、<u>死ぬ時</u>は持って逝けない。（BCCWJ）

　以上の例では、「時」は何かの物事（「初めて母に会った」「新しい時代が始まる」「死ぬ」）が行われる（行われた）時間を表している。

　これに対して、次の例（11－4）の「時」は、「彼は全くその知識をひけらかさない」「それらを一切捨ててしまっている」という物事の行われる時点を示す用法ともとれるし、「そういう場合は」のような用法にもとれる。「彼は全くその知識をひけらかさなければ」「それらを一切捨ててしまっていれば」のように条件関係を表しているととられても文が成り立つ。

　（11－4）それと同じ理屈で、非常に博識の男がいて、彼は全くその知識をひけらかさない<u>時</u>、われわれは彼の知識に脱帽する一方、やっぱりその男の人格の部分で、非常に魅かれていく。（中略）ぼくはパーティ嫌いですけれど、たまたまパーティに出るでしょう。そこで、自分は美人と意識してる女、自分を博識やと思ってることが目に表われている男を見るとがまんならなくなる。それらを一切捨ててしまっている<u>時に</u>、どういう美しさと純真さが表われるでし

223

ょう。/同様的道理，如果有一个非常博学的男子，当他根本不炫耀自己的学问<u>时</u>，我们不仅会佩服他的学问，而且还会为他的这种人品所吸引。（中略）我讨厌宴会，但还是得不时地去参加一些宴会。在那里，我只要看到那些自以为自己是美人的女子，或者自认为是博才多学而自炫其能的男子时，便会难以忍受。<u>如果把这一切都统统舍弃的话</u>，那将会表现出一种何等的美貌和纯真。（中日对译）

　　例（11-4）の中国語訳で、この二つの「時」はそれぞれ時間を表す「时」と条件を表す「如果……的话」になっているのが興味深い。こういう時間関係か条件関係か二つの解釈に取れる例が少なくない。

　　（11-5）本日は雨・風共にきつい日です。皆さま外出する<u>時</u>は足元にお気をつけください。（BCCWJ）

　　（11-6）後は…もしみんなが外出する<u>時</u>ハムちゃんをどうするか？など、課題をクリアせねばなりませぬ。（BCCWJ）

　　例（11-5）では「時」は皆さまに「足元にお気をつけください」と注意の必要な時間を示し、時間関係を表すととれる。この「時」は名詞的用法で、時間格をなしている。これに対し、例（11-6）は例（11-5）に似ている文であるが、「もし」が付け加えられると、ある事情を仮定するニュアンスが強まり、「もしみんなが外出すれば」と同値になり、後件の質問文「ハムちゃんをどうするか」の条件を表すようになる。言い換えれば、時間を示す意味が薄くなると同時に、条件関係を表す意味が強くなる。この「時」は接続助詞的な機能をもたらしてくる。

　　（11-7）火傷をした<u>時</u>は、直後に流水でしばらく冷やすのが基本ですから、次に<u>もし</u>火傷した<u>時</u>は、そうしてみて下さいね。（BCCWJ）

　　例（11-7）における二つの「時」については、それぞれ時間関

係を表す用法と、条件関係を表す用法と思われるのが普通であろう。前の「時」は「火傷をした」という物事の行われた時点を表し、その時点で基本的にとられる行為を説明する文が後ろに続いている。例（11－1）－（11－3）と同じような時間関係を表す用法である。一方、後ろの「時」は「火傷した」の後ろについて、過去の物事を表しているように見えるが、副詞「もし」が表しているように、「火傷する」という事態が行われる場合のことを仮定し、この「時は」は前件と後件の間にある条件と結果の関係を表す用法である。「次にもし火傷したら」「次にもし火傷がした場合は」などに言い換えても意味が変わっていない。

　江藍生（2002：294）は仮定助詞としての中国語の「時」はよく対照的な文に用いられていると指摘している。対照的な文が強調しているのは事態が行われる時間ではないので、文法化が行われやすくなると分析されている。日本語でもこういう対照的な文における「時」の使用が観察されている。

　（11－8）これは2つのサイコロをつぼのなかに入れて、よく振ってからつぼを伏せ、出た目の数の和を見ます。もしその和が偶数であったときは「丁」、奇数のときは「半」といって、丁か半かに賭けるのです。　（BCCWJ）

　例（11－8）では、二つの「ときは」が対照的になっていて、サイコロの出た目の数の和の二つの可能性、つまり「和が偶数であった」と「奇数」の場合を比べながら言っているのである。サイコロが出た目の数の和は偶数か奇数かは対照的になっていて、二つの「とき」で対照的になっている二つの可能性を並べ、両者のうち、どちらかその場合にはどうなるのか、と説明しているわけであるが、中国語の「时」に似て、強調しているのはその和が偶数か奇数かの時間でない。それより偶数の場合は「丁」、奇数なら「半」という

ふうに、事態を表す意味が強くなっている。特に文の初めに副詞「もし」が共起すると、「時」が持っている時間関係がもっと薄くなり、条件関係を表す用法が浮き彫りになってくる。

　（11-9）「僕はいま、どういう事になっているんですか。逮捕されたんですか、勾引されているんですか。それとも出頭命令ですか。何です。…逮捕ならば判事の逮捕令状がある筈だし、勾引のときは勾引状を被告に見せなくてはならないと、刑事訴訟法の七十三条だったかに書いてありますね。それとも出頭命令ですか」/ "你们现在把我当什么样的人对待？是逮捕，是拘留呢？还是传讯呢？倒底是什么？……如果是逮捕应该有法官的逮捕证；是拘留的话，也得把拘留证给我看一看。这在刑事诉讼法第七十三条上写得很明白……不然的话，那就是传讯我。"（中日对译）

　例（11-9）では「勾引のときは」は「逮捕ならば」と並べられていて、二つの事態が取り上げられている。それぞれ「逮捕のときは」「勾引ならば」に引き換えても大差がない。ここから例（9）における「とき」は「ならば」と似た条件関係を表す用法を獲得しているとみていい。中国語訳では二つとも仮定文になっている。

11.3　時間関係の「時」と条件関係の「時」の区別

　以上、行為や状態を表す連体修飾を受ける「時」は時点や時期を表す用法と、仮定条件のような関係を表す用法があることをみてきた。つまり、時間関係を表す用法と条件関係を表す用法が「時」に存在している。

　では、時間関係を表す用法の「時」と条件関係を表す用法の「時」とどう違っているのであろうか。時間関係を表す「時」が条件関係

を表すようになる条件は何であろうか。

　行為や状態を表す連体修飾を受ける「時」の二つの意味用法の間に区別が見られる。ある状態になっている時点や時期を表す用法では、通常だれかが或いはどこかでというように、具体的な事柄が特定できる。例えば『デジタル大辞泉』における例は、「私が家に着いた時、母はいなかった」や「田中さんは幼稚園の時は、やんちゃ坊主だった」というふうに、主格などをはさむことができ、時空間に実際に行われた（行われる）ある具体的な事柄に特定できる。

　一方ある状況を仮定的に表す用法では、だれかが或いはどこかでということが特定されていない。例えば、「地震の時はどうしよう」というのは、あなた、私、私たち、みんななど不特定多数の人を指していて、そして場所も特定されていない。

　時制の視点から見ても二つの用法の間に違いが見られる。

　時間関係を表す「時」は通常過去時制か、現在もしくは将来などの非過去時制のどれかである。「（3時に）家に着いた時、母はいなかった」や「（9時から15時まで）幼稚園の時（＝幼稚園にいた時）は、やんちゃ坊主だった」はどちらも過去時制で、過去の時間に行われたことを表している。それぞれ「（5時に）家に着く時、母いるかな。」（将来）、「幼稚園にいる時は、やんちゃ坊主だ」（現在）、「来年幼稚園に行く時、どうなるかな。」（将来）のような将来や現在の時制とは対照的である。

　一方、状況を仮定的に表す用法では、過去か非過去かの時制の対照が意識されていない。「地震の時はどうしよう」は「地震になった時」のように過去の時制ととられるのが普通であるが、「地震になる時はどうだ、地震になった時はどうだ」という時制の対照は問題になっていない。「地震が生じたらどうしよう」と同値に「地震になった」という事態の発生を条件として提示している。

だれかが或いはどこかでというのが特定されていないで、不特定多数について言っているのと、時制の対照がないというのは、言い換えれば、この「時」の前の内容「地震」はある事態類型を表しているのである。つまり何年何月何日、日本や世界のどこかでなどという具体的な時空間を捨象した「地震になった」という抽象的な事態を表している。

　（11−10）ナットは自動車メーカーによってネジのピッチが違います。もし購入される<u>時</u>は、自分の車に合うピッチを選んで下さい。（BCCWJ）

　（11−11）<u>もし</u>万が一、「何」という苗字の方が自分のお客様になった<u>とき</u>は、名前を聞き返すときに「何様ですか？？？」と言わなければならないのでしょうか？（BCCWJ）

　（11−12）携帯番号だけだと、もしかしたら相手がお金だけもらって商品を渡すつもりがない人の可能性もあるので、一応住所も聞いておけば、<u>もし</u>そうなった<u>時</u>にも対処の方法が増えます。（BCCWJ）

　例（11−10）における「購入される」は購入する人や場所などにかかわらぬ不特定多数についていっている事態類型である。（11−11）（11−12）も話題になるのは「『何』という苗字の方が自分のお客様になった」「そうなった（相手がお金だけもらって商品を渡すつもりがない）」というような、ある事態の類型を表している。

　（11−13）36の「ドラムの摩耗、損傷」は、さっきと同じようにウエアインジケーターがある<u>時</u>はこれを目安にして点検する。な<u>い場合は</u>、ホイールを取り外し、ドラムの内面をきれいにしたあと、損傷がないか、限度を越えて摩耗していないかを見る。（BCCWJ）

　例（11−13）では、「ウエアインジケーターがある時は」と「ない場合は」が並べられていて、相対する二つの事情が比較されてい

る文であるが、それぞれ「時は」と「場合は」が用いられている。これはこの二つの表現はお互いに関連していることが物語られている。上記の「時」についての『デジタル大辞泉』における解釈①においても、「場合」との意味の類似が言及されている。

　第九章と第十章では条件表現の周辺形式「場合」がどんな条件の下で、事が行われているときの状態・事情・局面を表す用法から、条件表現を表す用法を獲得するようになるのかについて検討してみた。事が行われているときの状態・事情・局面を表す「場合」が条件を表す用法を獲得する条件としては、前件では事態類型を表し、前件と後件の間では、前件で示される事態類型が成り立てば、後件で示される事態が必ず成り立つという意味的な制約がある。一方、形態上は、特に要求がないと分析されている。

　この条件は「時」についても成り立っているのではないかと思われる。

　例（11-13）においては、「時は」と「場合は」の働きが似ていて、前の内容「ウエアインジケーターがある」と「ない」が表しているのは不特定の人間、場所、車種の不特定多数からなる事態類型である。この時、「時は」は「場合は」と同様に接続助詞的な働きを果たし、この事態類型が示している事態が成り立てば、後件で示される内容の車の点検になるということを示している。つまり、「時」は「場合」と同様に条件を表す用法を獲得している。

　（11-14）もし、昼間に老人たちだけになる<u>時</u>、（1）公民館や福祉会館で定期的にある趣味などの会合に通わせる。（後略）
　（BCCWJ）

　（11-15）しかし、裁判所は、閲覧または謄写により会社またはその親会社もしくは子会社に著しい損害を生ずるおそれがある<u>ときは</u>許可をなしえない（同条七項）。（BCCWJ）

　例（11−14）の「時」は「昼間に老人たちだけになる」という事態類型を表している。具体的にどこで何時かという事柄には特定していない。例（11−15）は会社法における条文で、だれかがどこかでという時空間に行われた事柄ではなく、法律上定められているある種の行為を表している。

　時間名詞が仮設のカテゴリーに入ることについて、江藍生（2002：300）では、仮設文の従属節はいつもある条件を取り上げ、この条件が実現されたら、主文で示される結果が現れるというので、仮設文のほとんどは時間的要素が含まれている。それゆえ、時間名詞が仮設のカテゴリーに入るのは偶然のことではないと分析している。この分析は日本語についてもいえるのではないかと思われる。

11.4　中国語との対照

　形態からみれば、日本語の「時」も中国語に似て、後置助詞になる。

　（11−16）会社が軌道にのり、順風満帆で進んでいる<u>ときには</u>、経営者は経営能力だけで評価される。だが、あわや倒産というような絶体絶命の窮地、こういう<u>場合には</u>経営者の全人間的な真価が問われるものだ。/当公司走上正轨，一帆风顺地不断取得进展<u>时</u>，人们仅以经营能力的高低来评价一个企业家。但倘若遇到诸如险些陷入破产这样一种走投无路的绝境<u>的话</u>，那时则将追问一个企业家的真正价值——是否具有多方面的力挽狂澜的才干。（中日对译）

　例（11−16）において日本語ではそれぞれ「ときには」と「場合には」で条件が示されていて、中国語の訳文ではそれぞれ「时」と「的话」に訳されている。「的话」については次章で詳しく見ていくが、中国語の話し言葉では「的话」が単独で用いられたり、仮設

230

従属節の末尾について、仮設連詞と共起して用いられたりして、仮説のニュアンスを強調している（張斌 2010：676）。張誼生（2002:356-376）では「的話」を仮設の助詞とみている。言い換えれば、「的話」と「場合には」は似ているような条件を表す用法を持っている。

　一方例（11-16）において、中国語の訳文の「時」は日本語の「ときには」に似ているような用法であると思われる。文頭に「会社が」という主格があるが、具体的にどの会社かというのではなく、どんな業種の会社も、どこにある会社も、というふうに、不特定多数の会社を指している。つまり事態類型を表していて、この「ときには」は「場合には」に似た条件関係を表す用法である。これに対訳されている中国語の「時」も条件関係を表す用法だと思われていいであろう。これだと、文献に指摘されている近代の中国語や現在の方言にだけでなく、現代の中国語にも、条件関係を表す用法が存在していることになる。言いかえれば、日本語においても、中国語においても、「ときには」や「時」などの時間を表す表現が事態類型を表す時、「的話」と「場合には」に似ているような条件を表す用法を持っている。

　江藍生（2002：293）では、時間名詞としての「时」は、過去、現在、将来のどの時点を表すこともできるが、仮設の行為、事件は未然のもので、仮設を表す助詞「时」は将来の行為、動作、事件を表す未然の時間名詞から虚化してできると述べている。つまり、「时」は過去か非過去かの時制を表しているが、非過去の中で、現在あるいは一般や将来を表す時、ある時間に特定されないので、一回性の事柄についてでなく、多数回の事柄についても言及でき、前件と後件の間の論理関係を表すようになると分析している。言いかえれば、中国語の仮設を表す「时」は非過去の時制と共起している

のである。これと対照的に、日本語の「時」は、過去時制とも共起している。

　（11−17）競馬の比喩でいえば、おまえ自身の論拠からしても、もしもうかる確率が高いと判断した<u>ときには</u>馬券を買うべきだ、ということになるはずだ。（BCCWJ）

　（11−18）<u>もしも</u>一時的に下がったあと、また上がった<u>時に</u>血管が破れたり、血栓が飛んだりするので危険ですよ。（BCCWJ）

　（11−19）リッチを驚かした発見といえば、シナの緊急用の通信機関のことで、それはおたがいに肉眼で見える範囲内に小さな塔を建てておき、戦争などの危険が差し迫った<u>時には</u>、いろいろな方法で火を燃やして次々と合図を送ることだった。/如果要讲令利玛窦吃惊的事情的话，那就是中国用于紧急的通信方法。那是在肉眼可望见的范围之内建一座小塔，一旦发生战争危险，就以各种方式点燃烟火达到传递信息的目的。（中日対訳）

　例（11−17）−（11−19）では、「時」の前はすべて過去時制「た」である。でもこれらの「た」は、事柄が過去の時間に行われたのを示しているのではなく、ある種の事態になった場合という完了を表している。言いかえれば、条件関係を表す「時」には過去時制と非過去時制があり、上の例のように「た」の過去時制をとっても、過去を表すのではなく、事態が完了したことを仮定していっているのである。こういう意味では中国語と根本的に違っているのではない。

11.5　まとめ

　行為や状態を表す連体修飾を受ける「時」は文の連用節になっているが、意味用法によっては、格関係をなしている時間を表す名詞

的な用法と、条件関係を表す接続助詞的な用法がある。時間関係を表す「時」は、通常だれかが或いはどこかでというように、具体的な事柄に特定できるが、条件関係を表す「時」はそれが特定されていなく、不特定多数についていっているのが普通である。そして時制の対照もない。言いかえれば、事態類型を表す「時」は「場合」と同じように条件関係を表す用法を獲得している。

　中国語の「时」と比べれば、条件を表す「時」は過去時制とも共起しているが、過去を表すのではなく、事態が完了したことを仮定しているのであり、中国語に共通していると思われる。これで、先行研究に指摘されていた時間領域と論理領域が同じ語彙によって表されているという言語現象は、中国語、英語、ドイツ語、韓国語にだけでなく、日本語にも観察されている。

　日本語において、時間カテゴリーから条件カテゴリーへの拡張は「時」の他にもみられる。接続助詞「たら」は時間カテゴリーと条件カテゴリーにまたがっているといっていいだろう。

　（11-20）もし、先生に会っ<u>たら</u>、泳ぎを教えてくれて有り難うといってくれって。（BCCWJ）

　（11-21）甲斐を見失っている男性は今まで通り、毎朝家を出て、どこかの公園でその日を過ごし、夜になっ<u>たら</u>、また家に帰ります。（BCCWJ）

　（11-22）ところが、いったい何を血迷ったのか、この日本大使館の連中は一人残さず、夜になっ<u>たら</u>引き上げてしまったのである。（BCCWJ）

　例（11-20）の「先生に会ったら」は前の「もし」と共起し、「先生に会わない」場合と対照しながら、「先生に会う」ことが実現された後のことを頼んでいる条件関係を表す用法である。一方、例（11-21）の「夜になったら」は「夜にならない」場合と対照されてい

るのは考えられず、「夜になった後は」のように、時間関係を表す用法であると思われる。（11−22）の「夜になったら」は、いわゆる契機を表す用法で、前件に示されたことがらが実現された後、後件に示された事柄が行われたことを表し、条件関係よりも時間関係を表すニュアンスが強いと思われる。

　次の例（11−23）では、「日には」も「時には」に似ているような条件関係を表す用法である。

　（11−23）<u>もし</u>反動が恐しいの、騒動が大きくなるのと姑息な事を云った<u>日には</u>この弊風はいつ矯正出来るか知れません。/<u>如果</u>我们竟说些姑息<u>的话</u>，什么害怕招来反作用啦，什么乱子还会闹大啦，那么不知要到什么时候，才能纠正这种恶劣的风气。（中日対訳）

　「時」の他に、日本語には時点・時間を表す表現が多く存在している。同じ時間関係を表す「おり（に）」「さい」などは、条件関係を表す用法が観察されていなく、もっぱら時間関係専用の表現といえる。これは文法化が行われているものと、ほとんど文法化がなされていないものがあることによるのだろうと思われるが、もっと詳しい研究は今後の課題としておく。

第十二章　中国語の「的話」と日本語の条件節と「条件節＋の話」構文[242]

12.1　はじめに

　世界の様々な言語にはほとんど条件と仮定のカテゴリーがある。中国語では通常条件複文と仮定複文に分けられ、条件複文には充分条件複文「只要 P，就 Q」、必要条件複文「只有 P，才 Q」、無条件複文「不管 P，都 Q」等があり、仮定複文には「如果 P，就 Q」、「否則」複文等がある（張斌 2010：669-679）。

　日本語では通常こういう区分けはしないで、仮定条件文といえば、通常接続助詞「と」「ば」「たら」「なら」がつく条件節と、結果を表す主節からなる文のことを指す。「と」「ば」「たら」「なら」節はよく中国語の「的話」に訳されている。

　張誼生（2002：356-376）は「的話」を結構助詞「的」＋名詞「話」からなる非連語構造の「的話」、「哪里的話」の中の語気詞「的話」と、仮定を表す助詞「的話」の三種類に分けている[243]。

　仮定助詞「的話」と日本語の条件文については、それぞれ数多くの先行研究がある。

　張誼生（2002）は付着対象と分布の視点から「的話」の構文的特徴、連結機能・モダリティ機能・テキスト機能と語用機能から「的

---

[242] 本章の主な内容は「中国語の「的話」と日本語の条件節と「条件節＋の話」構文」という論文にまとめられ、発表されている（『連語論研究＜Ⅶ＞　高橋弥守彦先生退官記念号』、国際連語論学会研究会報告第 41 号、日本語文法研究会発行、2017 年）。

[243] 本章では主に仮定を表す助詞「的話」について検討する。

話」の伝達機能を考察した。付琨（2012）によれば、「的話」はすべての仮定条件複文に現れ、仮定条件の蓋然性を標記するだけでなく、疑似譲歩、蓋然性充分条件、蓋然性必要条件と推論因果などの複文にも現れ、その中に隠れている蓋然性の意味関係を表している。

　日本語の条件文に関する研究も数多くある。蓮沼（1987）はテハとバの選択要因をめぐって、条件文における日常推論を検討した。鈴木（2009）は条件とは何かという基本的な問題をめぐり、条件関係「Ｐナラバ Ｑ」の最も基本的な意味を「Ｐが成り立つ場合と成り立たない場合とに場合分けをし、Ｐが成り立つ場合には、いつも（必ず）Ｑが成り立つということを表す」とまとめている（鈴木2009：74）。

　中国語と日本語の仮定条件文はそれぞれ複雑な体系をなしており、形態上の特徴・構文的特徴・モダリティ機能・意味機能・語用的機能などの視点から対照できる。その中で「的話」と「と」「ば」「たら」「なら」は似ているところが多い。例えば、両方とも助詞で、条件複文の前件の節末に位置しているなど、文中における位置も似ている。また両方とも仮定条件を表す。それゆえ、この両者についての対照研究は中国語と日本語の条件文の対照研究の切り口となっている。

　一方、日本語には、中国語の「的話」と形態上似ている「の話」が条件節と共起する構文（本研究では「条件節＋の話」構文と呼ぶ）がある。では、「的話」と「の話」の両者間はどういう関係にあるのか、「条件節＋の話」構文と通常の条件文とはどう違っているのかも、問題になっている。本研究は「条件節＋の話」構文も視野に入れて、「的話」と日本語の条件節の対照研究をしたい。

　形態から見れば、中国語の「的話」は単独で用いられる場合もあれば、連詞「如果」などと呼応して用いられる場合も少なくない。

一方、日本語の条件節は、単独で条件を表すことができ、文頭の副詞「もし」などは仮定の意味を強めているにすぎない。

　便宜上、本研究では「仮定条件文」を「条件文」と略する。単独で用いられる「的話」と連詞「如果」などと呼応して用いられる「的話」については、特に区別しないことにする。

12.2　中国語の「的話」と日本語の条件節

　第十章でも取り上げたように、鈴木（2009：74）では、条件文に入れられているのは、仮定条件文と一般条件文の他、事実的条件文・反復関係を表す条件文・決定条件文・テモ接続条件文がある。

　中日対訳コーパスを利用して中国語と日本語の例文を考察すれば、これらの条件文が「的話」で翻訳されている例文が観察される。

　（12−1）若し君、何かの必要で道を尋ねたく思は<u>ゞ</u>、畑の真中に居る農夫にき<u>ゝ</u>給へ。農夫が四十以上の人であっ<u>たら</u>、大声あげて尋ねて見給へ、驚て此方を向き、大声で教へて呉れるだらう。／假如你因某种需要想去问路<u>的话</u>，就请你向地里的农民打听。如果是四十岁以上的农民<u>的话</u>，你要放开嗓子大声地问。他或许会吃惊地把脸扭过来，大声回答你。（中日対訳）

　（12−2）会社が軌道にのり、順風満帆で進んでいるときには、経営者は経営能力だけで評価される。だが、あわや倒産というような絶体絶命の窮地、こういう<u>場合には</u>経営者の全人間的な真価が問われるものだ。／当公司走上正轨，一帆风顺地不断取得进展时，人们仅以经营能力的高低来评价一个企业家。但倘若遇到诸如险些陷入破产这样一种走投无路的绝境<u>的话</u>，那时则将追问一个企业家的真正价值——是否具有多方面的力挽狂澜的才干。（＝11−16）

　例（12−1）と（12−2）はそれぞれ仮定条件文と一般条件文の例

である。例（12－1）では典型的な条件表現「ば」と「たら」が用いられ、例（12－2）では条件表現の周辺的な形式「場合には」が用いられている。

　（12－3）私には、いまの生活が、たまらないのです。すき、きらいどころではなく、とても、このままでは私たち親子三人、生きて行けそうもないのです。/现在的生活我受不了。这不是喜欢不喜欢的问题，而是照旧不变的话，我们母子三人是怎么也活不下去了。（中日対訳）

　例（12－3）の条件節にある「このまま」はこれが事実的条件文であることを表している。この節では後件によく消極的な結果がくる条件表現「では」が用いられている。

　（12－4）そして私たちは、御飯がたべたければ小さな土鍋で米を炊き、別にお櫃へ移すまでもなくテーブルの上へ持って来て、罐詰か何かを突ッつきながら食事をします。それもうるさくて厭だと思えば、パンに牛乳にジャムでごまかしたり、西洋菓子を摘まんで置いたり、晩飯などはそばやうどんで間に合わせたり、少し御馳走が欲しい時には二人で近所の洋食屋まで出かけて行きます。/要是想吃饭，我们就用砂锅煮，煮好后用不着把它盛到饭碗里，直接放在桌子上就着罐头吃。如果嫌麻烦不愿做饭的话，就用牛奶、面包加果酱凑合一顿，或吃两块西式点心填填肚子。晚饭就吃荞麦面条或汤面敷衍了事。想开荤的时候，两个人便去附近的西餐馆。（中日対訳）

　（12－5）駒子に会ったら、頭から徒労だと叩きつけてやろうと考えると、またしても島村にはなにか反って彼女の存在が純粋に感じられて来るのだった。/他想如果再碰到驹子的话，他就给她个冷水浇头告诉她这是徒劳的，可是在岛村心里却又一次反而感觉到她的存在是纯洁的。（中日対訳）

　例（12－4）は反復関係を表す条件文で、節には「ば」が用いら

れている。例（12－5）では、「駒子に会う」が一定の時間が過ぎれば実現する事柄であれば、決定条件文になる。節には完了を表す条件表現「たら」が用いられている。

（12－6）「使えない、というのはね。医学的な見地からなんだ。使ってみ<u>ても</u>正確な効果を期待できない、という事です」と助教授は管理人を相手にしないで、むしろ僕の方に向きなおりながらいった。／"我说的不能使用是从医学的角度来看，即使用<u>的话</u>，也得不出正确的效果。就是这么回事。"副教授并不看管理人，相反却朝着我说。（中日対訳）

例（12－6）はテモ接続条件文である。（12－1）～（12－6）はすべて「的話」に訳されている。

前にも述べたように、「的話」は文中で単独で用いられる他、よく連詞と共起する。例文から、「的話」と共起する連詞には「如果」「如」「如果説」「仮如」「仮使」「仮定」「仮若」「要是」「要」「要説」「只要」「倘若」「若」「若是」「若要」「万一」「一旦」「果真」「不然」「要不然」「否則」などがあることが分かる。

一方、日本語の条件節は前件の末に位置し、主節を従えて条件文をなしている。副詞「もし」はよく条件節と共起するが、必須ではない。対訳コーパスにおいては、中国語の「的話」に翻訳された日本語の原文の条件節には、典型的な条件表現「と」「ば」「たら」「なら」以外、「日には」「時は」「場合（に）（は）」「限り（は）」「ちゃ」「ては」「（の）では」「以上は」などがある。これはこれらは日本語における非典型的で、周辺的な条件表現であることを物語っている。

上の例文から、中国語では仮定条件でも、譲歩条件でも「的話」で表されているのに対し、日本語では、「と」「ば」「たら」「なら」は仮定条件しか表すことができず、譲歩条件は「ても」「とい

っても」などによって表されていることが分かる。でも周辺的な条件表現「場合」は「的話」と同様に、仮定条件を表すとともに、逆接条件文も表すことができる。

　（12－7）施設入所にやむを得ず踏み切った<u>場合においても</u>、その入所期間を最小限度にとどめるように工夫し、家庭復帰・社会復帰を早期に実現できるように駆使しなければならない。（＝9-20）

　ほかに、「的話」は比較の文にも用いられている。

　（12－8）そう考えた時私は少し安心しました。それで無理に機会を拵えて、わざとらしく話を持ち出す<u>よりは</u>、自然の与えてくれるものを取り逃さないようにする方が好かろうと思って、例の問題にはしばらく手を着けずにそっとして置く事にしました。/这么一想，我就稍为安心了一点，所以我觉得<u>与其</u>勉强制造机会，特地提起那件事<u>的话</u>，不如不丢失自然所给予的东西要比较好吧。我决定把那个问题偷偷地搁下，暂时不去碰它。（中日対訳）

　例（12－8）では、日本語の原文は「よりは」と「方が」が呼応して用いられている比較の文であるのに対し、訳文では、「的話」は「与其」と呼応して用いられ、後ろに「不如」を従え、比較の文になっている。

　上の分析から、「的話」は仮定条件と結果、譲歩条件と結果、比較条件と結果などの関係を表す広い連結機能があるのに対し、日本語では、これらの連結機能は異なる形式で表されていることが分かる。でも、「的話」でも日本語の条件節でも、蓋然性モダリティ機能を表している。

　以上の分析から、中国語の「的話」と日本語条件節との対応関係をまとめれば、以下の表12－1になる。

表 12-1　中国語の「的話」と日本語条件節との対応関係

	連結機能	意味機能	共起する単語	対応する日本語の表現
的話	順接条件	仮定	仮定連詞：如果、要／若是、仮若／如、倘若等 副連兼類詞：万一、一旦、只要等	典型的な条件表現：と・ば・たら・なら 周辺的な条件表現：日には・時は・場合（に）は・限り（は）・ちゃ・ては・（の）では・以上は
	逆接条件	譲歩、逆接	即使、即或、就是	たって・ても・場合においても
	比較条件	比較	与其	より（は）[244]

12.3　「条件節＋の話」構文

　江藍生（2004：397）は日本語の「の話」に触れ、「の話」は"的話"に相当し、仮定の従属節につくことができると述べ、次の例を挙げている。

　（12-9）あした雨ならの話ですが私は行きません。（江藍生2004：397）

　そして、この「の話」はよく倒置された従属節の末尾に用いられるとも述べている。

　（12-10）私は行きませんよ、あした雨ならの話。（江藍生

---

[244] 比較は日本語では普通条件文のカテゴリーに入っていないので、違った線にしている。

2004：397）

　確かに日本語の「の話」は中国語の「的話」とは文字の意味が似ていて、お互いに対応しているとみなしていい。でも江藍生（2004）における例はあまり自然な日本語ではなく、「の話」の分析もあまり正確ではない。

　前にも述べたように、日本語の条件文は通常接続助詞「と」「ば」「たら」「なら」がつく条件節と、結果を表す主節からなる文のことを指す。即ち条件節の後ろには通常結果を表す主節がくる。一方、例（12−9）（12−10）では、条件節の後ろには助詞「の」がきて、「話」の連体修飾語になって、「条件節＋の話」構文で条件を表している。

　現代日本語書き言葉均衡コーパス（少納言、BCCWJ）で、それぞれ「との話」「ばの話」「たらの話」「ならの話」を検索文字列とし、全メディア／ジャンルと全期間で検索した例文を手作業で分析し、「条件節＋の話」構文の例を併せて 175 例抽出した。その中に、「ばの話」（「ならばの話」の例文を除く）は 128 例で、「たらの話」は 30 例で、「なら（ば）の話」は 17 例である。「との話」には「条件節＋の話」構文の用法の例文がない。

　この調査結果から、「条件節＋の話」構文の使用頻度はそれほど高くなく、「と」「ば」「たら」「なら」「場合」などによってできている通常の条件文と比べ、例文数が多くないことが分かる。これはこの構文の使用場面が普通の条件文と異なっていることを物語っている。

　第十章で「場合＋の話」について少し触れたが、例文から「条件節＋の話」構文のいくつかの特徴が観察される。

　①この構文が位する文は、よく前後に点線や破線或いは括弧に区切られ、挿入成分として文に入れられている。

（12-11）Aからの任意の弁済がない場合には、Aの一般財産—これがあれ<u>ばの話</u>ですが—を執行するほかありません。（BCCWJ）

（12-12）担当しているから自信を持っていえます！証明を書いてもらって（書いてくれれ<u>ばの話</u>ですが）今日の日付を打ってもらうしかないのでは？（BCCWJ）

　例（12-11）（12-12）において、「条件節＋の話」構文はそれぞれ破線と括弧に区切られ、挿入成分として文の中に入れられ、解釈・補足の働きを果たしている。言い換えれば、主文の主張・判断「Aの一般財産を執行するほかありません」「証明を書いてもらって今日の日付を打ってもらうしかないのでは？」は、「これがあればの話ですが」「書いてくれればの話ですが」を前提にしている。この前提が成り立たなければ、主文の内容も成り立たなくなる。挿入成分であるので、この構文を削除しても、文の意味に変わりがない。次の例（12-13）は破線などがなくても、意味からみれば、「条件節＋の話」構文は挿入成分の働きを果たしている。

（12-13）ポーズではなく、実行を賭けて抵抗勢力とぶつかる局面が、小泉首相がつくろうとすれ<u>ばの話</u>だが、まったくありえないわけではない。（BCCWJ）

　次の例（12-14）においては、中国語の原文では、ある言葉（「戦略」）について挿入成分として補足説明を加え、日本語ではそれ相応に「条件節＋の話」構文に訳されている。

（12-14）这是什么战略——假使这群只会跑路与抢劫的兵们也会有战略——他不晓得。／これがどんな作戦—退却と物とりをこととするだけのこの部隊にも作戦といえるようなものがあったとすれ<u>ばの話</u>だが—にもとづいたものであるかについては、見当もつかなかったが、（後略）（中日対訳）

　②よく倒置の構文に用いられている。これは江藍生（2004：397）

が言及した「の話」はよく倒置された従属節の末尾に用いられるという用法である。

　（12－15）だから、今夜きみの仕事が終わったあと、三人で両親の家へ行こう。きみがよければの話だけど。　（BCCWJ）

　例（12－15）では倒置の形になっている。主文において話者の主張「今夜きみの仕事が終わったあと、三人で両親の家へ行こう」を言った後、その前提条件「きみがよければの話だけど」を補足している。通常の条件文の語順、即ち従属節が前で、主節が後ろにあるという語順に直しても、文は成り立つ（12－15'）。

　（12－15）'だから、きみがよければの話だけど、今夜きみの仕事が終わったあと、三人で両親の家へ行こう。

　でももし通常の語順をとるなら、（12－15）'よりもむしろ（12－15）"のように普通の条件文が用いられるだろう。

　（12－15）"だから、きみがよければ、今夜きみの仕事が終わったあと、三人で両親の家へ行こう。

　「ばの話」の128例の中で、形態上挿入成分或いは倒置構文と容易に判断できる文は91例ある（71.1%）。これは「条件節＋の話」構文の典型的な用法は補足説明であることを物語っている。

　こういう補足説明は話の内容についてなされることができる。

　（12－16）そうだとすれば、もっともありそうな場所は納戸に違いないと推理したんだ。納戸があればの話だけど。　（BCCWJ）

　例（12－16）では前の文に「納戸」が現れ、後ろの「条件節＋の話」構文に「納戸」が再び現れ、「照応反復」（anaphoric repetition）になっている。話者が再び言及するのは、話の内容について補足するからである。前述内容はある仮定条件をもとにして成り立っていることを表している。

　補足説明は表現の仕方についてもなされている。

（12－17）つまり作者は感情のドラマを優先したのであろう。いずれにせよ、それらは厳密に言え<u>ばの話</u>なので、十分に面白い展開であった。（BCCWJ）

　例（12－17）は言い方について補足説明している（「厳密に言えば」）。

　（12－18）我竟不料在这里意外的遇见朋友了，----假如他现在还许我称他为朋友。/こんなところで意外にも友人にぶつかろうとは――いまでも友人と呼ぶことを彼が許してくれれ<u>ばの話</u>だが。（中日対訳）

　例（12－18）は倒置の文とみなされていいが、話者の発話意図からみれば、主文を発した後、話をもっと慎ましくするという発話意図から、後続の文を付け加えたのである。言い換えれば、普通の条件文の倒置した文ではない。（12－18）’は成り立たないのである。

　（12－18）’＊假如他现在还许我称他为朋友，我竟不料在这里意外的遇见朋友了。

　ここからは、通常の条件文の結果節と条件節が倒置すれば、「条件節＋の話」構文が成り立つというわけではないことが分かる。言い換えれば、「条件節＋の話」構文の倒置は、形式上のものだけではなく、通常の条件文とは違う意味用法を持っているのである。

　③「条件節＋の話」構文の文末にはよく接続助詞（言いさし用法も含めて）が現れている。上の例（12－11）（12－12）（12－13）（12－14）（12－18）の節の後ろにある「が」や、例（12－15）（12－16）の後ろにある「けど」等がそれである。「ばの話」の128例についてみた結果、節の後ろに「が」がつく例文は68例で、「けれども」は2例、「けど」は10例、「けれど」は5例、「けども」は1例ある。即ち「ばの話」構文の中で、合わせて86例（67.2%）の後ろに順接や逆接を表す助詞がついている。これは「条件節＋の

話」構文に現れている、話を慎ましくするため、補足説明を加える
という話者の発話意図に一致している。

　④「条件節＋の話」構文の文頭にはよく接続詞「ただし」（9例）、
「もっとも」（7例）、副詞「もちろん」（9例）、「あくまでも」
（3例）、感嘆詞「まあ」（「ま」「まぁ」が含まれている）（4
例）、「いや」（「いえいえ」が含まれている）（3例）などが現
れている。

　（12－19）ちょっと訊きたいけど―ただしおまえに頭ってものが
少しでもあれ<u>ばの話</u>だけど―そんな便利な道具を持ってたら、囚人
は脱獄しても英雄になれやしないだろ？（＝10－19）

　前述内容について補足説明をする「ただし」「もっとも」は、上
に述べた「条件節＋の話」構文の典型的な用法にふさわしく、よく
用いられている。「もちろん」は肯定の口ぶりで前述の内容がどん
な場合で成り立つのかを補足説明している。「あくまでも」は話者
が伝えようとする内容をある条件が実現する範囲内に限定すると
いうニュアンスを強めている。感嘆詞「まあ」は話者の保留の態度
を表し、「いや」は会話なら聞き手に、独り言の場合は自分自身に
ある言い方を否定し、よく後ろで補足的な解釈と説明をしている。
こういうモダリティ表現は「条件節＋の話」構文と共起し、話者の
話を慎ましくするため、補足説明を加えるという発話意図を表して
いる。

　中日対訳コーパスの例文からもこういう特徴がみられる。

　（12－20）“这是打个比方罢了。”静珍揩了一下颧骨上的眼泪，
又是一声喟然长叹。“可现在天还冷，又刮着北风……”／「例え<u>ば
の話</u>やがね……」といいながらも静珍は頬の涙を拭うと気遣わし気
に吐息をついて、「とはいうても、まだ寒いし北風もきついわな
ァ……」（中日対訳）

　例（12－20）は中国語の原文では「罢了」が前述内容（「打个比
方」）を限定する働きを果たしている。訳文では「例えばの話やがね
ね……」で表されている。

　（12－21）……そして、あわよくば、手紙を書いて、鴉の脚にむ
すび……いや、むろん、あわよくばの話である……／……而且，真
要是得手的话，写一封信绑在乌鸦的腿上……不，当然是得手以后的
事唠……（中日対訳）

　例（12－21）における「あわよくばの話である」は前の文に現れ
た「あわよくば」を照応反復していて、前には「いや」で前述内容
の部分的な否定と補足を表し、「むろん」で補足の内容を肯定して
いる。

　上の分析で分かるように、「条件節＋の話」構文は通常の条件文
と比べれば、よく挿入成分や倒置構文としてふるまっている。主文
にとって必須成分ではなく、補足的な成分であり、その背景や前提
条件を解釈したり、補足説明をしたりして、ある種の語用論的機能
を果たしている。通常の条件文を「P ならば、Q。」と表せば、「条
件節＋の話」構文の典型的な用法は「Q。P ならばの話だが。」と
表していいだろう。通常の条件文では、条件節と主節とが緊密につ
ながっているのに対し、「条件節＋の話」構文は主節から独立した
特殊な仮定表現である。

　「の話」と「的話」とは文字の意味が対応しており、「的話」が
「条件節＋の話」構文に訳されている例文がみられる。

　（12－22）……怎么办呢，聪明的余永泽最后想出了一个奇妙的主
意，——给卢嘉川写封信。劝告他，警告他，如果他懂得做人的道德
的话。／…どうしたらいいか、——小才のきく余永沢は、さいごに、
妙案を考えだした。芦嘉川に勧告と、警告の手紙をだすのだ。もし
も、かれが「人の道」がわかる男だったらの話だが。（中日対訳）

第十三章　汉语"的话"与日语条件小句的句法特征与语义功能[245]

13.1　引言

　　汉语的假设条件句可以有多种形态。以假设句式"如果 P，就 Q"为例，"如果"是表示假设的代表性标志，"就"是常跟"如果"呼应使用的关系词，但"就"不是非用不可，即也有"如果 P，Q"的形式。同时表示假设语气的"的话"，也有显示假设分句的作用，即还有"P 的话，Q"的形式。"的话"也常同"如果"之类配合使用，构成"如果 P 的话，Q"的句式[246]。除此之外，还存在只有后项副词的"P，就 Q"句式。其他"你去，我也去。"之类不出现连词、副词的句子，在一定的语言环境下，也可以构成"如果你去的话，我也去。"的假设义。而日语中「と」「ば」「たら」「なら」等则是必需的接续助词，句前的副词「もし」可以加强假设的语气。

　　如本书前面几章所述，日语中对条件句的研究也非常多。

　　由于篇幅的关系，本章着重讨论"的话"与日语条件小句的句法特征与语义功能。为了表达上的方便，文中把"假设条件句"略称为"条件句"。另外对于单独使用的"的话"与和连词"如果"等呼应使用的"的话"，本文不细加区别。

---

[245] 本章的主要内容已整理成论文《汉语"的话"与日语条件小句的句法特征与语义功能》发表（《日语教育与日本学·第 12 辑》，华东理工大学出版社，2018 年）。因为原文以中文发表，所以本章也用中文。

[246] 参考邢福义（2001：83-85）。

13.2　先行研究

张谊生（2002：357-368）从附着对象与分布的角度考察了"的话"的句法特征，也分析了"的话"的语用功能。认为语用功能，就是"X 的话"（有时也须借助前面假设连词的帮助）所具有的表示各种言语表达的功能，大致包括五个方面：提出假设、阐释原因、排除例外、委婉推测、补充说明。这些功能中，"提出假设"、"阐释原因"、"排除例外"等主要是基于"的话"表示假设的语义而产生的功能，本研究把它们作为语义功能进行讨论。

对于日语的条件句，铃木（2009：74-75）认为条件关系「P ナラバ Q」中的 P 表示的不是个别的、特定的事态，而是事态类型（「事態のタイプ」）。具体地在一般条件句中是想定多次的情况，当 P 成立时 Q 总是成立。在表示个别状况的假定条件句中也同样，是指 P 成立的多种情况下 Q 总成立的关系。

基于这样的定义，铃木对日语条件句的分类中，把「テモ接続の文」也视作了条件句（铃木 2009：87-88）。根据铃木的定义，日语中的条件小句，有顺态接续和逆态接续两种形式。分别以前项前提句后接接续助词「と」「ば」「たら」「なら」或者「ても」、后接后项结果句的形式出现。

本章以汉语"的话"与日语「と」「ば」「たら」「なら」「ても」等连接的假设条件小句为研究对象，对汉日假设条件小句的句法特征与语义功能进行对比分析。具体地，从中日对译语料库中，检索以日文为原文、译文中含有"的话"的例句，建立研究所需的例句库。对例句中条件小句的句法特征与语义功能进行分析，进行汉语与日语的对比。

13.3　句法特征

　　张谊生（2002：357-361）从附着对象与分布的角度考察了"的话"的句法特征，附着对象又从构造单位和功能类型两个方面进行了考察。本小节主要从附着对象的构造单位这个角度讨论日语条件小句的情况，与汉语进行对比。

　　从构造单位看，可以充当"的话"的被附着成分"X"的，共有四种结构体：小句、复句、短语、单词。这些小句、复句、短语、单词的共同点是都具有明确表述性，都可以表示一个完整的事件（张谊生2002：359）。

　　虽然关于复句等的定义在日语与汉语中不尽相同，但日语条件小句中被接续助词附着的对象与汉语的情况大致类似。以下的例（13-1）-（13-4）分别是被附着对象（用双下划线标出）为小句、复句、短语、单词的例句。

　　（13-1）「呼び出しがあったら、一応出掛けて説明してやって下さい。（略）」/"要是有人问起的话，得请你来说明一下。（略）"（中日对译）

　　（13-2）田舎へ来て九円五十銭払えばこんな家へ這入れるなら、おれも一つ奮発して、東京から清を呼び寄せて喜ばしてやろうと思った位な玄関だ。/大门十分堂皇，以致使我想到：在乡下只要付九元五角房租就能住上这么高级的房子的话，我也发个狠心，把阿清婆从东京叫来，让她高兴高兴。（中日对译）

　　（13-3）三年間一生懸命にやれば何か出来る。/这三年要是用功的话，总会学到一些东西。（中日对译）

　　（13-4）「変でしょう、そんな人にウィスキーなんて！上げるならお金の方がいいでしょう」/"那不合适吧？那种人送什么威士忌！送的话，就送钱好了。"（中日对译）

与张谊生（2002：358-359）所讨论到的被附着对象的词性类似地，日语条件小句中的被附着对象为单词时，也如汉语一样，可以是动词（例 13-4）、形容词（例 13-5）等谓词，也可以是名词（例 13-6）、代词（例 13-7）等体词，还可以是副词（例 13-8）。

（13-5）「明日、梶さんのところへ伺って、せめて写真だけでも見ていただこうと思うんです。<u>よろしかったら</u>見にいらしって下さい」/"明天去拜访梶先生，至少想请他看一眼照片。方便<u>的话</u>，就请一块儿去看看。"（中日对译）

（13-6）<u>清なら</u>こんな時に、おれの好きな鮪のさし身か、蒲鉾のつけ焼を食わせるんだが、貧乏士族のけちん坊と来ちゃ仕方がない。/如果是阿清婆<u>的话</u>，这种时候，她会让我吃到爱吃的金枪鱼生鱼片或是烤鱼糕的。可到了这个贫穷旧官僚的小器人家里，你有什么办法！（中日对译）

（13-7）<u>それなら</u>、私も、私の虹を消してしまわなければなりません。/如果是那样<u>的话</u>，我也不能不把我的彩虹抹掉了。（中日对译）

（13-8）「うんと高いのでしょうか。<u>少しなら</u>、私、持っているんですけど。」/"贵吗，钱不多<u>的话</u>，我有……"（中日对译）

张谊生用了"不然的话"作为连词的例句（例 13-9）。

（13-9）<u>不然的话</u>，他怎敢得罪科长弟弟呢！（张谊生 2002：359）[247]

对于连词后面接续助词"的话"的情况，笔者作了调查。具体方法是，在北大汉语语料库（CCL）中，以连词加"的话"的形式（如"而且的话"）作为检索词，以现代汉语为检索对象，对连词"不然""而且""所以""但是""就""于是""然后""至于""说到""此外""比方（说）""接着""然而""只是""不过""因为"

---

[247] 下划线为笔者所加。

"由于""因此""或者""如果""何况""除非""以免""为了"等分别进行了检索。

结果显示，与"不然的话"检索到 559 个例句数形成鲜明对比的是，其他连词除了少数几个有例句外，或者检索不到后面加"的话"的实际用例，或者并不是助词"的话"的用法。检索到少量有加助词"的话"的例句的连词有："而且的话""于是的话"分别有 1 个例句，"此外的话""因此的话"分别检索到 2 个例句，"所以的话"检索到 5 个例句。这几个例句中，除了"而且的话"与"此外的话"的 1 个例句以外，其余 9 个例句均出自《百家讲坛》，显示出较特殊的使用场合的特点。

对于日语中的连词（「接続詞」）后加条件表达的情况，笔者也作了调查。日语典型的条件表达有「と」「ば」「たら」「なら」几种，但基于句法的限制，除了「なら」以外，连词后面不能简单地加上其他几个表达，故而以连词后加「なら」的形式为代表进行考察。

具体地，在现代日语书面语平衡语料库（BCCWJ）「少納言」中，以连词后加「なら」（如「しかしなら」）为检索词进行了检索。具体检索的连词有：「しかし」「それに」「けれども」「が」「ところが」「だから」「ですから」「それで」「そのため（に）」「そこで」「ゆえに」「すると」「だけど」「ところが」「でも」「また」「そして」「それから」「しかも」「そのうえ」「一方」「または」「それとも」「あるいは」「ただし」「ただ」「つまり」「すなわち」「例えば」「それでは」「では」「ところで」。结果显示，能检索到作为连词用法下后加助词「なら」形式实例的只有「そのため」（8 例）、「そのために」（5 例）与「それから」（2 例）。其他连词均没有检索到与「なら」一起使用的实例。

（13-10）「どうか、私の目の前に姿を現してください。<u>そのためなら</u>、わたしはあなたとともに、地獄へでも虚無の淵にでも参

りましょう」（BCCWJ）

　　（13-11）次男の良雄に死なれたいま、忠一の願いはこの長男
の身体を、元の元気な姿にかえしてやりたいということであった。
<u>そのためになら</u>、自分達夫婦が犠牲になってもいいとさえ思ってい
た。（BCCWJ）

　　（13-12）「南八はね、ボクに言うんだ。『最初にドストエフ
スキーを読んではいけない。初めはチェホフを読み、プーシキンを
読み、トルストイを読んで、<u>それからなら</u>ドストエフスキーを読ん
でもいい』って。」（BCCWJ）

　　从以上汉语与日语的连词分别后加"的话"与「なら」的调查可
以看到，与其他词性可以较自由地后加"的话"与「なら」不同，连
词后加"的话"与「なら」并不是普遍现象，只集中在少数几个词上。

　　连词"不然"表示如果不是上文所说的情况，就发生或可能发生
下文所说的事情[248]。也就是说，"不然"与单纯表示连接的普通连词
不同，还包含了前述内容，因而可以和其他词性的词一样具有明确表
述性，可以表示一个完整的事件。这点可以从与"不然"为近义词的
连词"要不""要不然""否则"，分别检索到"要不的话"（8例）、
"要不然的话"（58例）、"否则的话"（251例）的例句这点中得
到验证[249]。

　　这点在日语中也是相同的。上述对日语连词的调查中，能后加「な
ら」的「そのため」「そのために」「それから」都含有对前述内容
的回指（「その」「それ」），不是单纯仅起连接作用的词。因而也
具有明确表述性，可以表示一个完整的事件。

---

[248] 《现代汉语词典》（1983年版）P92。

[249] 付琨（2012：100）也提到现代汉语反证假设关系的标记"否则、要不、不然、要不然"
虽然是词，但句法功能却相当于一个分句，表示对先行句P的否定性假设。都可以和"的
话"搭配，而且一般是直接连用。

以上从句法特征上看，汉语的"的话"与日语的条件小句具有基本相同的特点。小句、复句、短语、单词都可以充当被附着成分"X"；单词中，除了谓词性词与体词性词外，副词以及含有对前述内容回指、具有明确表述性的个别连词也可以充当。

13.4　关联功能与情态功能

张谊生（2002：361-365）从关联功能、情态功能、篇章功能与语用功能等几个方面讨论了"的话"的表达功能。对于关联功能，张谊生认为"的话"具有连接前提句和结果句的连接功能。这点在日语中，条件小句中接续助词的关联功能是由它们的词性特征所决定的。接续助词接在前项的后面，起着连接前项与后项的作用。

张谊生认为"的话"表示或然性情态，与"的话"配合使用的主要是"如果、要/若是、假若/如、倘若"等典型的假设连词、"万一、一旦、只要"等副连兼类词，还可以同表示让步的连词"即使、即或、就是"等配合使用。认为以往关于"的话"只用于假设句的说法不全面。并指出这三种搭配关系中，"的话"的情态功能都是一致的，都表示或然性情态（张谊生 2002：362-365）。

从中日对译语料库的例句中，这些搭配关系的例句都能检索到。这里仅举与让步连词配合使用的例句。

（13-13）「あの水槽の中の人たちを見ているとね、なんだか赤ちゃんは死ぬにしても、一度生れて、はっきりした皮膚を持ってからでなくちゃ、収拾がつかないという気がするのよ」/ "一看水槽里的人们，我就觉得不管怎样，即使婴儿死了的话也要生下来，因为他毕竟有着清晰的皮肤。这想法简直不可收拾。"（中日对译）

除了张文提到的几种情况以外，还有以下这样表示比较的例句。

（13-14）そう考えた時私は少し安心しました。それで無理に

機会を拵えて、わざとらしく話を持ち出す<u>よりは</u>、自然の与えてくれるものを取り逃さないようにする方が好かろうと思って、例の問題にはしばらく手を着けずにそっとして置く事にしました。/这么一想，我就稍为安心了一点，所以我觉得<u>与其</u>勉强制造机会，特地提起那件事<u>的话</u>，不如不丢失自然所给予的东西要比较好吧。我决定把那个问题偷偷地搁下，暂时不去碰它。（=12－8）

付琨（2012：102）提到"的话"还可以表示"既、既然"等推论性因果复句，将其中隐含的或然性语义关系显现出来。

从第十二章的分析可以看出，"的话"有表示假设结果、让步结果、比较等的广泛的关联功能，而日语中则用不同的形式来表示这些不同的关联功能。不过不论是"的话"还是日语的条件小句，都表示或然性的情态功能。

13.5　语义功能[250]

"的话"有表示假设结果、让步结果、比较等的广泛的关联功能，与此相对地，也应该有相应的表示假设、转折、比较的语义功能。但因为日语的条件小句，特别是「と」「ば」「たら」「なら」只有假设的关联功能，所以本章主要就它们表示假设的语义功能进行分析。

13.5.1　提出假设

"提出假设"，张谊生（2002：367）解释到是对某个事件或某项发展提出一种可能的前提及其相应的结果，是"的话"最基本、最常见的一种语用功能（张谊生2002）。这里相应的结果在后项Q中体现，提出假设是前项条件小句的功能。

---

[250] 有些语义功能仅在条件句的前项中就能实现，有些则需要前后两项一起来完成。本研究对此不特别加以区别。

（13-15）家事をするのが損なのか得なのかは、その人の考え方しだいである。家事をさせられる、私ばかりにさせて—というふうに考えれ<u>ば</u>損なことに思え、よけい嫌になる。反対に、自分が家事をすることで相手が喜ぶことを幸せと考えることができれ<u>ば</u>、これは得であり、家事に対する抵抗など消えてしまう。/对于做家务是吃亏还是得益则要看当事人的想法了。比如让我做家务，倘若持这样的想法——怎么只让我一个人做，那自然就会感到是件吃亏的事，倍觉厌烦。反之，若能将对方因自己承担家务而感到高兴一事认为是无比幸福<u>的话</u>，那么，家务便成了件值得去做的事情，可谓得益，对做家务的抵触情绪也会随之烟消云散。（中日对译）

例（13-15）中日语原文有两个条件句，分别把「家事をするのが損なのか得なのか」这对立的两种想法用条件句的形式加以假设，后续句分别分析两种结果。如前所述，铃木把条件句的最基本的意义定义为把事情分为 P 成立和不成立的两种情况，例（13-15）就是把 P 与非 P 两种情况都分别作了假设、对比，表示"如果 P 的话，那么 Q。如果 P[251] 的话，那么 $\bar{Q}$。"

当然大多数条件句只假设 P 一种情况。表示"如果 P 的话，那么 Q"。如例（13-16）。

（13-16）あなたが行け<u>ば</u>、私も行く。（吴侃 2000：56、171）

但例（13-16）通常暗含「あなたが行かなければ、私も行きません。」的意义。即"如果 P 的话，那么 Q"中暗含"如果 $\bar{P}$ 的话，那么 $\bar{Q}$"的意思。这是被 Geis ＆ Zwicky 命名为 invited inference 的语言现象（吴炳章 2015：334），沈家煊（2004：34）把它译为"招请推理"。招请推理虽然在逻辑学上被视为是缺少妥当性的谬误推论（「誤謬推論」），但在自然语言的条件句中，则是非常普遍的，对于条件句的意义有着重要的影响力（莲沼 1987：12）。

---

[251] 本文中 P、Q 上面加上划线 $\bar{P}$、$\bar{Q}$ 表示 P、Q 的反义的内容，即"非 P""非 Q"的意思。

表示条件、引出后续句结果这个功能是由于"的话"与「と」「ば」「たら」「なら」表示假设的语义产生的，可以认为是它们的最基本的语义功能。

付琨（2012）认为"的话"除了出现在所有的假设条件复句中标记假设条件的或然性，还可以出现在虚拟性让步、或然性充分条件、或然性必要条件和推论因果等复句小类中，将其中隐含的或然性语义关系显现出来。铃木（2009）把日语条件句分为假定条件、一般条件、事实条件、表示反复关系的条件句、决定条件句、让步条件句几种。虽然条件的类型互不相同、各有特点，但都是对某一个事态类型进行假设，在后项提出结果。这点与汉语没有区别。

13.5.2　阐释原因

"阐释原因"就是用假设举例方式对前述原因提出相应的解释或推断（张谊生 2002：367）。

准确地说，与 13.5.1"提出假设"的功能是单纯由"的话"和「と」「ば」「たら」「なら」这些条件小句来完成不同，"阐释原因"是由条件小句与后续句子一起完成，来对前面句子的原因进行说明的。

（13-17）しかしいくらたっても私が敬礼しないのを見て、彼らはよってたかって私をその前へ引きずって行きました。それは、私にたいして侮辱を加えるためではなく私が頭を下げて礼拝しないと仏像が私にたいして腹を立て私に災がふりかかると困るからだということでした。/见我不管怎么劝就是不行礼，他们便围拢来，把我拉到了佛像的前面。当然，他们并不是要侮辱我，而是怕我不给佛像行礼的话，佛像将会发怒降灾难于我。（中日对译）

（13-17）中的条件句「私が頭を下げて礼拝しないと仏像が私にたいして腹を立て私に災がふりかかる」是嵌在「…と困るからだ」这样一个句子中，用来阐释前面句子「彼らはよってたかって私をそ

の前へ引きずって行きました」的原因。类似地，汉语中"的话"句也会出现在"因为"所引导的因果句里。

（13-18）中国第一条铁路盖了以后，他知道铁路是好的，可是他非拆它不可，因为不拆<u>的话</u>，老百姓认为破坏风水，那我就没有办法。（北大汉语语料库 CCL）

这里也能看到"的话"与日语条件小句间的共性。对于前面句子中所叙述的内容 X，阐释其原因是"如果 P 的话，那么 Q"，而 Q 通常为不太好的结果，为了避免 Q 这个结果，所以实施了 X 这个行为。这里 X 和 P 通常是相反或相对的内容。如（13-17）中，X 和 P 所示的内容可以表示如下：

X = 私が敬礼しないのを見て、彼らはよってたかって私をその前へ引きずって行きました（想让我行礼）

P = 私が頭を下げて礼拝しない（不行礼）

这里可以看出 X 和 P 意思相对（X=P̄），"阐释原因"功能的条件句 P → Q，阐释的是为了避免 Q（「仏像が私にたいして腹を立て私に災がふりかかる」）的结果，采取了P̄的策略，在行动上便是实施了 X 这个行为这样一种因果关系。

从上面日语例句与汉语译文及汉语例句来看，这种功能下两种语言间没有太大的区别。

13.5.3　排除例外

"排除例外"就是用排除特例的方式从反面对所述前提进一步修正和肯定（张谊生 2002：367）。

（13-19）長子は、下に弟や妹をもつことで、円満な性格形成ができる可能性があります。しかし、ひとりっ子には、お母さん、お父さんをはじめとする周囲のおとなに自覚がない<u>かぎり</u>、いつまでも変化のないまま大きくなっていきます。/老大由于下面有弟弟

妹妹，所以有可能形成健全的性格。然而独生子女，只要他的父母和其它人们认识不到的话，则永远不会有什么变化。（中日对译）

（13-20）しかも今日に於ては、一切の発明は実に一切の労力と共に全く無価値である——資本といふ不思議な勢力の援助を得ない限りは。/然而在今天，实际上一切发明同一切劳动力一样都毫无价值——只要得不到资本这个奇怪势力援助的话。（中日对译）

例（13-19）中排除的是「お母さん、お父さんをはじめとする周囲のおとなに自覚がある」的例外，例（13-20）中条件小句倒装放在了主句后，但用法相同，仍然是排除「資本といふ不思議な勢力の援助を得る」这个例外。两例都表示在没有这些例外的情况下，主句中所示内容就得以成立。

这里可以发现，与汉语"的话"相对应的日语是「（ない）限り」。虽然这几例都可以改写成「と」「ば」「たら」「なら」等，意义基本不变，但因为日语中有排除例外的专用表达，所以「（ない）限り」就被优先选用了。另一方面，与「（ない）限り」相对应的汉语的表达方式"除非"既有与"的话"位于同一个句子内的（如例13-21），也有在"除非"后面的句子中再以"否则的话""不然的话""假如是那样的话"进行假设分析的（如例13-22）。

（13-21）我想，她并不认为两个人非结婚不可，除非他们要结婚的话。我们可以同居，如果我们乐意的话，你知道。（北大汉语语料库CCL）

（13-22）公司在面临困难时，公司高级职员并不总是乐意合作的，除非你有可能对该公司进行实质性的投资。假如是那样的话，你十之八九有机会详细考察该公司的财务状况。（北大汉语语料库CCL）

以上分析了"的话"与日语条件小句"提出假设""阐释原因""排除例外"几种功能，这些功能都是基于它们表示假设的语义而产

生的表示条件结果的功能。从上面的分析可以看到，这些功能中，汉语与日语之间没有太大的区别，只是在"排除例外"功能上，日语在形态上有时会选用「…（ない）限り」来代替「と」「ば」「たら」「なら」的使用，以凸显排除的语义；而汉语会用"除非"这个连词来凸显，"的话"仍然使用。

　　除了这些形态上的区别以外，"的话"与日语条件小句都是针对前项 P 的命题内容成立与否、即 P 的真伪进行假设，在这一点上两者是一致的。"提出假设"或者如例（13-15）同时假设 P 与 $\overline{P}$ 的两种情况，分别分析结果，进行比较；或者如例（13-16），虽然只提出 P 一种假设，但蕴含 $\overline{P} \rightarrow \overline{Q}$ 的意思。"阐释原因"如前所述，也是表示"之所以做了 X，是因为如果 P 的话，就 Q"。P→Q 蕴含 $\overline{P} \rightarrow \overline{Q}$ 的意思。因为 X = $\overline{P}$ 的关系，"阐释原因"句意为做了 X 以后，就会使 $\overline{P}$ 成立，而 $\overline{P}$ 成立的话，$\overline{Q}$ 也会成立，从而避开 Q 这个不好的结果。"排除例外"句也是一样，$\overline{P} \rightarrow \overline{Q}$ 意为除非 $\overline{P}$ 的情况有可能导致 $\overline{Q}$，不然的话，只要 P 成立 Q 就成立。

　　这些对命题真伪进行假设的功能是基于语义而产生的功能，这点与这些条件小句的语用功能有所不同。由于篇幅的关系，汉语"的话"与日语条件小句语用功能的对比将在第十四章中进行分析。

13.6　结语

　　本章以中日对译语料库中的日语条件句及其译文中的"的话"的例句为切入点，考察了汉日假设条件小句的句法特征与语义功能。

　　在汉语中，"的话"既可以单独使用，也可以和"如果"等连词呼应使用，有时也可以省略。即有"如果……的话""如果……""……的话"三种形式。而「と」「ば」「たら」「なら」在句中即使与「もし」相呼应使用，也不能省略。可以说与「と」「ば」

「たら」「なら」的使用是必需的不同，"的话"还处于语法化的过程中。在与"如果"等相呼应使用时，假设意义同时来自"如果"与"的话"，"的话"起着增强假设语义的作用。

对于"的话"条件小句与日语条件小句，本章主要进行了定性的分析。如果进一步对例句进行数据统计的话，应该能得到有价值的结论。限于篇幅，本章暂没做相应的分析，留作以后的课题。同时，在汉语中，除了"的话"条件小句外，还有各种类型的条件小句。这些句子与日语条件小句的对应关系如何，也有待今后展开进一步的对比研究。

第十四章　汉日假设条件小句的语用功能[252]

14.1 引言

对于一个语言现象，从逻辑语义探讨其辞典意义、句法意义，讨论其命题真伪条件是语义学的范畴。而探讨说话人通过某一个发话，在做"承诺""忠告"等什么样的行为，讨论发话行为合适与否则是语用学研究的课题[253]。对于日语与汉语的条件句，除了语义学范畴的研究外，也有必要进行语用学范畴的研究，弄清通过条件结果这样的发话，说话者所实施的行为的目的。

本章拟对汉语与日语的条件小句的语用功能进行分析[254]。基于第十二章中所提到的"的话"与「と」「ば」「たら」「なら」的相似性，可以把两者间的对比分析作为汉语与日语假设条件句对比研究的一个切入口。具体地从中日对译语料库中，检索以日文为原文、译文中含有"的话"的例句，建立研究所需的例句库。如前所述，汉语有多种假设条件的句式，如本文后面的汉语例句所示，很多"的话"条件句中前项也含有连词"如果"等，后项则含有副词"就""那么"等，所以本文选取"的话"为例进行的分析，也适用于其他形态的汉

---

[252] 本章的主要内容已整理成论文《汉日假设条件小句的语用功能》发表（《汉日语言对比研究论丛·第 9 辑》，华东理工大学出版社，2018 年）。因为原文以中文发表，所以本章也用中文。

[253] 参考毛利（1980：3-5）。

[254] 有些语用功能仅在条件句的前项中就能实现，有些则需要前后两项一起来完成。本研究对此不特别加以区别。

语假设条件小句[255]。

14.2　先行研究

对于表示假设的"的话"，张斌（2010：676）提到"的话"在口语中经常单用，也可以加在假设分句末尾，跟前面的假设连词呼应，加强假设语气。

对于"的话"的语用功能，如第十三章中所提到的，张谊生（2002：367）认为"X的话"（有时也须借助前面假设连词的帮助）所具有的表示各种言语表达的功能，即语用功能大致包括五个方面：提出假设、阐释原因、排除例外、委婉推测、补充说明。罗进军（2008）分析说话人使用"如果说P的话，Q"[256]类句式的目的是基于"兴式"言语策略，即句式的前半部分充当后半部分的引子，其作用是引出后半部分。张斌（2010：674-675）也分析了假设句的实际用途，包括：推知性假设、违实性假设、对比性假设、解证性假设、倚变性假设、时间性假设等。

专门针对日语条件小句语用功能的研究不太多，本书第三章从语用层面讨论了日语条件句。认为仅从语义的层面不能完全说明清楚条件句的意义用法，还需要加入语用的层面才能全面描述日语条件句；并据此把日语条件句分为命题层次条件句、情态层次条件句、发话层次条件句三种。第四章对其中的发话层次条件句进行了下位分类，并把发话条件句的特点归纳为：与一般的条件句为对命题真伪的假设不同，发话条件句的特点为对发话表达是否合适的假设。

无论是汉语的假设条件句还是日语的条件小句，从其语义特征来

---

[255] 汉语中这几种形态有所不同的假设条件句之间有无具体的差异问题将另文分析，本文暂不考虑它们之间的差异。

[256] 罗文中P、Q用的是小写的形式"如果p的话，q"，为了行文的统一，这里改成了大写。以下同。

看，基本功能自然是假设。但仅从语义层面分析条件句还是不够的，尚有不少条件句需要从语用层面分析，才能说明清楚其功能。基于语言使用功能上的共通性，可以想见先行研究中提到的"的话"的功能在日语条件小句中应该也能观察得到。除了第十三章中所分析的语义层面的特点外，在语用层面上分别有怎样的特点，也是值得研究的课题。另外，对于先行研究中提到的这些功能是否涵盖了汉日条件小句的语用功能，也值得做一些考察分析。

14.3 条件小句的语用功能

张谊生（2002）提到的"的话"的几个语用功能中，"提出假设""阐释原因""排除例外"几个功能，是基于条件小句的语义特点而产生的表示条件结果的功能，在第十三章中已经作了分析。

为了更好地分析汉语与日语的语用功能，这里再简单提及"提出假设"的功能。

（14-1）家事をするのが損なのか得なのかは、その人の考え方しだいである。家事をさせられる、私ばかりにさせて—というふうに考えれば損なことに思え、よけい嫌になる。反対に、自分が家事をすることで相手が喜ぶことを幸せと考えることができれば、これは得であり、家事に対する抵抗など消えてしまう。/对于做家务是吃亏还是得益则要看当事人的想法了。比如让我做家务，倘若持这样的想法——怎么只让我一个人做，那自然就会感到是件吃亏的事，倍觉厌烦。反之，若能将对方因自己承担家务而感到高兴一事认为是无比幸福的话，那么，家务便成了件值得去做的事情，可谓得益，对做家务的抵触情绪也会随之烟消云散。（=13-5）

如第十三章所述，语义功能"提出假设"是对某个事件或某项发展提出一种可能的前提及其相应的结果（张谊生 2002：367）。与之

相应的结果在后项 Q 中体现，提出假设是前项条件小句 P 的功能。或者同时假设 P 与 P̄ 两种情况，分别分析结果，进行比较；或者虽然只提出 P 一种假设，但蕴含 P̄ → Q̄ 的意思。两者都是针对前项 P 的命题内容成立与否，即 P 的真伪进行假设。这点与下面要讨论的语用功能有些不同。为了加以区别，本研究把这个功能叫做"对命题内容提出假设"。

14.3.1　对言语行为提出假设

言语行为是指读、说、听、写等实施语言文字活动的行为。通常说话人说的就是他所主张的命题内容，言语行为本身是无标的；说话人对自己的言语行为特别加以某种说明，是一种元语言化的语言现象。封宗信（2005：24）认为元语言（metalanguage）是有关语言的语言，它既是语言学家必不可少的描写工具，又是普通人指称和谈论语言的手段。

（14-2）「才能とはなんでしょうか」こんなふうに尋ねられると、実は、ひと口で答えようがなくて困ってしまいます。ちょっとむずかしく定義してみますと「才能とは、ある活動を立派に成就させるいろいろな能力が結合された力」といえます。もっとかみくだきますと、「なにかが"どれだけできるか""できないか"という力」。/如果有人问起什么是才能的话，确实难以回答。如果下一个比较复杂的定义，可以说："才能，即为了出色地完成某种活动而使各种能力有机结合的一种力量。"（中日对译）

例（14-2）中，说话人一步步地就「才能とはなんでしょうか」这个问题组织答案。从开始引出问题，表示"难以回答"后，设定了「ちょっとむずかしく定義してみます」这个条件，尝试着作了回答；然后又更一步地，设定了「もっとかみくだきます」这一个前提条件。虽然第二个条件的译文没有用"的话"对应、第三个条件句则漏译了，

但完全可以补充进去"如果下一个比较复杂的定义的话""如果更简明易懂地解释的话"。

与"对命题内容提出假设"的例（14-1）不同的是，例（14-2）中的日语条件小句与"的话"假设的不是命题内容的真伪，即通常并不分别针对「こんなふうに尋ねられない」「ちょっとむずかしく定義してみない」「もっとかみくだかない」这些情况进行假设。句中的条件小句只是说话人对自己的言语行为本身加以解释、说明。

冉永平（2005：1）认为元语言可对目标语言进行标示、说明或评述等。例（14-2）的条件小句在导入命题内容前，通过元语言化的方法，作了一些铺垫，使自己的表达更准确、严谨，避免太直截了当而造成唐突之感，以使自己的表达更容易为听话人所接受。通过减少唐突摩擦，调节与听话人间的关系，使人际交往更融洽。

例（14-2）中 Q 不是 P 这个假设必然导致的结果，P 主要起某种补充作用，"的话"句与条件小句并不是句中必需的成分。稍微改动一下句子的话，甚至可以省略条件小句，而不影响句子的大意。

（14-2）′「才能とはなんでしょうか」という問題は、実は、ひと口で答えようがなくて困ってしまいます。「才能とは、ある活動を立派に成就させるいろいろな能力が結合された力」とちょっとむずかしく定義できます。「なにかが"どれだけできるか""できないか"という力」ともっとかみくだくこともできます。/什么是才能这个问题，确实难以回答。可以下一个比较复杂的定义："才能，即为了出色地完成某种活动而使各种能力有机结合的一种力量。"也可以更简明易懂地解释为"多大程度上能做什么、不能做什么的能力"。

从以上分析可以看出，在对言语行为提出假设这一功能下，汉语与日语间没有太大的区别。在句法上，如下面例（14-3）所示，汉语中如果 P 部分本身就含有非短语结构"的话"，作为假设助词的"的

话"出于简洁的目的通常被省略，但补进句子里也是合乎汉语语法的
（（14-3）'）。

（14-3）②と③は、私流にいえば、発想の転換である。たと
えば、こんな状況がある。/关于②和③，若用我的话来讲就是想法
的转换。比如说有这样的情况。（中日对译）

（14-3）' /关于②和③，若用我的话来讲的话就是想法的转换。
比如说有这样的情况。

14.3.2　对思维行为提出假设

与14.3.1对言语行为提出假设类似，人们经常会把自己的思维行
为也用语言加以表达。

（14-4）個人プレーの作品の場合はともかく、対人関係を前提
とする仕事の場合は、アルタネイティブ設定の方法のほうが、相手
（ならびに第三者）にもわかりやすく、納得させやすく、さらに、
当事者が諸条件を完全にコントロールしていない場合を考慮する
と、より有効で安全な方法であると考えられる。/姑且撇开作为个
人欣赏的艺术作品，在以人际关系为前提的日常工作中，"二者择一"
的方法容易取得对方（或第三者）的理解。如果进一步考虑到任何人
在工作中都难以把握全部因素的话，"二者择一"的方法就显得更为
有效而可靠。（中日对译）

与14.3.1中的例句类似，这里的例句假设的也不是针对命题的真
伪而提出的条件结果的关系，Q不是P假设导致的结果。例（14-4）
中说话人并非把「考慮する」与「考慮しない」作比较。把例（14-4）
与下面的例（14-5）进行比较的话，能发现细微的差别。

（14-5）石垣の中のトン表示の石が大企業であり、グラム表示
の石が零細・中小企業だと考えれば、もっとわかりやすい。石垣も
大きな石だけではつくれないし、いわんや小さな石だけでも不可能

である。/如果把石垣中以吨为单位的石块比作大企业，把以克为单位的石块比作零散的中小企业<u>的话</u>，<u>那</u>就更便于理解了。石垣如果尽用大石块是砌不成的，但又不可能都是小石块。（中日对译）

例（14-5）中主句「もっとわかりやすい」是「…と考えれば」假设的事项为真时必然出现的结果，从句与后项主句关系紧密，不可省略。省略后的句子（14-5′）与原句相比，意思严重缺损。而（14-4）中「考慮すると」更像是一个插入语，省略这个部分，句子也完全成立（14-4′）。「考慮すると」起到的是交代背景、使结论更严谨的作用。

（14-5）′ ＊もっとわかりやすい。

（14-4）′ （前略）対人関係を前提とする仕事の場合は、アルタネイティブ設定の方法のほうが、相手（ならびに第三者）にもわかりやすく、納得させやすく、より有効で安全な方法であると考えられる。/在以人际关系为前提的日常工作中，"二者择一"的方法容易取得对方（或第三者）的理解，显得更为有效而可靠。

张谊生（2002：368）提到"的话"的"补充说明"的功能，就是通过追加一个前提，使前面的结论更准确合理、更符合事实。其例句都是"的话"小句倒装放在主句后的句子。如果更宽泛地来看的话，14.3.1、14.3.2 对言语行为、思维行为提出假设的情况，也可看作是补充说明。

从上面的日语例句与其译文来看，这个功能下两种语言间没有太大的区别。

14.3.3　对某一说法提出假设

（14-6）きたなくなった年数の多いものを先輩と呼ぶならば、私はたしかに貴方より先輩でしょう。/如果把玷污年数多的人称做"前辈"<u>的话</u>，<u>那</u>我的确是你的前辈。（=6-6）

例（14-6）后项中的结论「私はたしかに貴方より先輩でしょう」是以前项 P「きたなくなった年数の多いものを先輩と呼ぶ」为前提而得出的。P 是作为已知信息来处理的事态，以 P 被认可为前提，假设 P 中所示说法成立的话，得出 Q 中所示内容也是妥当的这个结论。如果没有这些前提，直接说后项的话，会显得唐突。而有了前项的铺垫后，后项的说法就有了依据，显得自然了。

这种用法中，通常可以观察到"回指反复"（anaphoric repetition）的句法现象。如例（14-6）小句里的「先輩」在主句中再次出现，后项的表达建立在前项表达的基础上。

这种对某一说法提出假设的用法与张谊生（2002）提到的"委婉推测"的用法类似。张谊生认为委婉推测就是将推断的依据作为未定的前提，以使推测显得委婉而留有余地（张谊生 2002：368）。下面的例（14-7）是张谊生（2002）中视为"委婉推测"的例句，（14-8）是与该用法相对应的日语中的例句。

（14-7）<u>如果我没记错</u>的话，你服役的那艘军舰驻泊北方一个海滨城市的港口。（张谊生 2002：368）

（14-8）私の記憶に誤まりがないとすれ<u>ば</u>、この痛烈な一句を山本周五郎は、生涯の全著作のうちただこの一箇所だけにしか記し留めていない。/<u>如果</u>我的记忆无误<u>的</u>话，对这样一句如雷灌耳的话，山本周五郎在其一生的全部创作中只引用过一次。（中日对译）

除了这类"如果我记忆还靠得住的话""如果我没记错的话"句子以外，例（14-6）这样对某一说法进行假设的句子也起着"委婉推测"的功能。与 14.3.1、14.3.2 中分析过的一样，是出于说话人使自己的表达更严谨、礼貌，减少唐突、摩擦的发话意图。当说话人提出一个新的说法时，说明一下这个说法的由来，交代其前提背景，能使表达更有说服力、严谨性，更容易为听话人所接受，不显得唐突。同样，后项 Q 也不是基于 P 的命题内容而必然得出的结果。Q 才是说

话人想表达的主要内容，P 是使 Q 显得合理、合适的一种修辞手段。

从上面的例句看，这种用法下，汉语与日语没有太多的不同。

14.3.4　同时认可前后两个事项

与 14.3.3 中前项为后项的基础、意在突出后项相比，下面例句中前项与后项间不是修饰与被修饰的关系，而更像是并列的关系。说话人意在强调前后两个事项都成立。

（14-9）しかし、このように病床の伯父を苦しめるのも高利貸<u>なら</u>、お峰を苦境に追い求む主家も金貸しである。/<u>如果说</u>造成伯父卧床呻吟的是高利贷<u>的话</u>,<u>那么</u>把阿峰推入火坑的也是放高利贷的债主。（中日对译）

（14-10）新幹線鉄道が線にそって日本列島の開発を誘導するものだと<u>すれば</u>、道路は面としての地域開発を可能にする。/<u>如果</u>铁路新干线是沿着"线"来推动日本列岛建设<u>的话</u>,<u>那</u>公路就可能从"面"的范畴来发展地区。（中日对译）

例（14-9）的前项所示的「このように病床の伯父を苦しめるのも高利貸なら」在意义上是后项「お峰を苦境に追い求む主家も金貸しである」这个主张成立的前提。后项的成立建立在前项的前提基础上，句法上「高利貸」「金貸し」是近义表达。在这点上，与 14.3.3 有共通之处。但这里的例句更显示出前后两项句式相似、对两个事项进行对比的特征。

与例（14-9）中前后两项是同类事项不同，例（14-10）则更清晰地显示出前后两项的相对关系，哪个用于从句、哪个用于主句，完全取决于说话人主要是就哪方而言。仅从单个句子来看，前项与后项句式相似、意义相对，语序甚至可以互换，也就是说更接近于并列复

句了[257]。

14.3.4 看似后项 Q 是以前项 P 为前提进行的假设，但是通常并不蕴含"如果 P̄ 的话，那么 Q̄"的意思。即例（14-9）如果说话人意识到 P̄ 的情况，通常会像下面例（14-9）′这样，换一个他认可的 P 来说。也就是说这类句子更着重于发话意图的假设，而不是命题内容的假设。例（14-10）也一样。

（14-9）′しかし、このように病床の伯父を苦しめるのも嘘つきなら、お峰を苦境に追い求む主家も嘘つきである。/如果说造成伯父卧床呻吟的是骗子的话，那么把阿峰推入火坑的也是骗子。

从上述例句与汉语译文来看，这个功能下汉语与日语没有太多的区别。从译文看，这类条件句前面的连词除了"如果"以外，很多也用"如果说"来翻译。张斌（2010：676）提到"如果说 P，那么 Q"句式是以某种说法为假定的前提，引出有关联的某个结论，分句之间有对比性，或者是同类性对比，或者是相对性对比。上面的例（14-9）就属于同类性对比，例（14-10）为相对性对比。

14.3.5　对前项进行强烈否定

（14-11）よく嘘をつく男だ。これで中学の教頭が勤まるなら、おれなんか大学総長がつとまる。おれはこの時から愈赤シャツを信用しなくなった。/真是个擅于扯谎的东西！如果他这样的人可以当中学教务主任的话，那么像俺，就该能当大学校长。俺从这时起，就更不相信"红衬衫"了。（中日对译）

例（14-11）与 14.3.4 中的用法有相似之处，都是基于条件句的假设功能，做出"如果 P 成立的话，那么 Q 也成立"的推断。区别

---

[257] 仁田（1987：15）曾指出，并列与从属是连续的，并列小句根据所表达的意义内容，可以表示与从属小句基本等价的关系；从属小句通过两个句子表示的事态为独立性事态，可以表示接近于并列小句的关系。

在于与 14.3.4 中说话人是通过认可前项，同时也认可了后项，即同时认可 P、Q 两项相比，例（14-11）中说话人的意图是对前项进行否定。这可以从例（14-11）中条件句前后的句子都表示消极的评价与态度这点中得到验证。

通常条件句中，P 为 Q 成立的充分条件（sufficient condition）的同时，另一方面 Q 也是 P 的必要条件，这是换质位推理（contraposition, contrapositive）[258]。例（14-11）中条件句"如果 P，就 Q"背后的逻辑是 $\overline{Q} \rightarrow \overline{P}$。即 Q 的不成立是显然的（显然我当不了大学校长），基于 $\overline{Q} \rightarrow \overline{P}$ 的推理，让听话人得出 P 也不成立（他这样的人也不可以当中学教务主任）的结论。

这里说话人本意是要否定命题 P，但他采取的不是直接否定的策略（如「勤まるもんか」「勤まるはずがない」等），而是先让一步，把对方的主张、别人的行为姑且先接受下来，假设 P 成立。如果 P 成立，那么 Q 也成立。而 Q 是否定性的内容，通过"Q 不成立，那么 P 也不成立"的原理，让听话人得出 P 不成立的结论，从而达到对 P 的成立提出异议的目的。这样的条件句含有讽刺、强烈否定 P 的修辞效果。如果说 14.3.4 是委婉推测的话，14.3.5 就是反话与讽刺。

从上述例句与汉语译文来看，这种功能下汉语与日语也没有太多的区别。

14.3.6　对前项与后项中的人（组织）给予负面评价

（14-12）成程狸が狸なら、赤シャツも赤シャツだ。生徒があばれるのは、生徒がわるいんじゃない教師が悪るいんだと公言している。/如果说狐狸不愧为狐狸的话，那么，红衬衫也不愧为红衬衫。他这番话的意思是：学生胡闹，并非学生有错，而是教师不好。（中

---

[258] 参考毛利（1980：171）。

日对译)

　　分析例（14-12）的句法结构，可以发现这个句子里 P、Q 分别为主题与述语内容相同的特殊的题述句。这点与前面的例（14-10）形成对照。例（14-10）为「A は B なら、C は D だ」句式的条件句，前后项分别是一个典型的题述句，述语部分给出了新信息，成为句子的焦点。而例（14-12）中，A 与 B、C 与 D 为同一词汇，即 A=B、C=D，成了「A が（も）A なら C は（も）C だ」句式。述语的内容与主题相同，并没有出现新信息，似乎信息不足而显得不知所云。

　　例（14-12）从条件句的上下文可以得知说话人对这里的 A（「狸」）与 C（「赤シャツ」）都是持消极评价的。这种判断句看似并没有对 A 或 C 给出任何新的信息，但语用意义为如果说 A 具有 A 的典型特征的话，那么 C 也是一样，具有 C 的典型特征。根据グループ・ジャマシイ（2001：525），这个句型中「なら」前后接如"妻""夫"那样成对关系的人物或表示机关、组织的名词，用于对该人物或组织的作法及态度给予负面的评价，例如"都同样糟糕""简直是些不可救药的家伙"。

　　这种功能的日语句子译成汉语时，如例（14-12）所示，一般要补充副词"不愧"等。有些缺少上下文的条件句（如例 14-13），则需要在中文中补全述语部分内容，才能译出日语的意义。

　　（14-13）親が親なら子も子だ。/老子和儿子都够差劲的。（グループ・ジャマシイ 2001：525）

　　从句法上看，14.3.6 似乎是 14.3.4 型句子的紧缩句式，又带有 14.3.5 句子的讽刺、否定的意味。

14.4　分析

　　与 14.3 开头提到的"对命题内容提出假设"的语义功能相比，

14.3.1～14.3.6分析的几种语用功能呈现出不一样的特点。

"对命题内容提出假设"为对命题事态真伪的假设，说话人意识到命题的真伪，并且对其中一种情况进行假设。常含"如果P的话，那么Q。如果$\overline{P}$的话，那么$\overline{Q}$。"的意思。前项是后项结果的前提条件、后项是前项条件必然导致的结果。

而后面的诸多用法中，说话人并不是就命题的真伪展开讨论。14.3.1对言语行为提出假设、14.3.2对思维行为提出假设的例句，是一种元语言化的表达。假设的是实际进行的言语行为与思维行为，只存在真的情况，并不存在伪的情况。14.3.3对某一说法提出假设、14.3.4同时认可前后两个事项，也是旨在通过对前项为真的假设，来主张后项的真。后项的成立固然是以前项的成立为前提的，但很难说说话人同时意识到了前项为伪的情况。14.3.5对前项进行强烈否定似乎涉及条件与结果的伪了，但这种用法的句子旨在以后项的不成立来推论前项的不成立，前后项为真的情况并不在说话人的意识中。14.3.6更是一种固定为肯定形式的句子，并不存在否定形式的情况。与第四章中对一般条件句与发话条件句的分析类似，这些条件句的语用功能在于对某种说法、某个发话行为合适性的假设。如果前项所示的某种说法、某个发话行为是合适的、可以得到认可、进行实施的话，那么后项中所示的说法、结论就成立。

从14.3的分析来看，这些条件句的语用功能，在汉语与日语中并没有太大的区别。在句法上，"对言语行为提出假设"时，汉语中为了避免与非短语结构"的话"重叠，假设助词"的话"通常被省略；"对前项与后项中的人（组织）给予负面评价"时，日语有固定的句式，而中文则需要补充"不愧"等副词或补全述语部分内容。这表明这些语用功能是假设条件句所普遍具有的功能。

另外，这些句子的日语的译文很多可以用"如果说……的话"来翻译。李晋霞、刘云（2003）认为"如果说"中的"说"是一个标志

言者对所述内容的真实性持主观弱信任态度的传信（evidential）标记。罗进军（2008）认为"如果说 P 的话，Q"句式的"兴式"言语策略体现在：说话人真正要说的、真正关注的是 Q，即句式的后半部分，说话人的言语交际意图是通过后半部分表现出来的；而前半部分只是作为一条引线，它的作用就在于为后半部分铺平道路，从而使后半部分的出现更加自然、更加具有说服力。从 14.3 的分析中，我们也可以看到这些条件句中，前项经常为修饰后项而使用，很多时候甚至可以省略。

冉永平（2005：5）分析了几种语用元语言现象，认为从句法制约的角度来说，可将它们视为一种附加结构，具有句法上的非制约性与可取消性；从语义信息的构成来说，它们也不是所在目标信息的组成部分，将它们去掉以后，所在话语同样可以传递相同的语义信息，因此在语义信息的传递上这些语用元语言结构具有可分离性和附加性。结合上文的分析，可以认为发挥着语用功能的条件小句也具有与此类似的句法制约与语义信息特点，可以认为是广义范围内的语用元语言现象。

14.5 结语

本章以"的话"与「と」「ば」「たら」「なら」为切入点，分析了汉语与日语假设条件小句的语用功能。汉语中"如果……的话"与"如果说……的话"，既可替换使用，又有各自的意义用法，而在日语中则都可以对应为「と」「ば」「たら」「なら」。从这点来看，日语条件句显示出更复杂多样的意义与功能，且这四种表达间又有异同，分别都有一些形态上的变化。本研究没有对此进行细分，而是对日语条件句统一进行了考察。本研究所讨论的六种语用功能，与日语典型的四种条件表达「と」「ば」「たら」「なら」对应情况如何，

是否有倾向性特点，不同的语用功能下使用的条件表达是否有差异，给我们留下了饶有兴趣的课题。

　　本章所进行的语用视角分析，是以笔者建立的小型语料库为基础进行的，并不是穷尽式的分析。另外主要以日文为原文、汉语为译文的例句为考察对象。如果语料扩大，或者以汉语为原文、日语为译文的例句为对象进行考察，也许能考察到「と」「ば」「たら」「なら」的具体对应情况，发现本文所没有观察到的其他特点。这将作为接下来的课题继续研究。

　　另外，"的话"与日语条件小句的共通之处还在于，除了表示假设条件外，它们都有提示主题的用法。这种用法下各自有怎样的特点、异同，也将作为今后的课题。

第十五章　終章

　本書はまず日本語の条件文を、仮定的且つ順接の因果関係を表す論理文と定義し、前提－焦点の視点から、条件文を後件焦点条件文と前件焦点条件文に分け、それぞれ考察を行ってきた。また、「場合」と「時」を中心に条件文の周辺形式も視野に入れた。そして、中国語の「的話」との対照を切口に、日本語の「条件節＋の話」構文、中国語と日本語の条件文の構文的特徴、意味機能と語用的機能などを分析した。

　以下、本書の研究成果をまとめた上で、今後の研究課題を示しておく。

15.1　本書の研究のまとめ

　本書の目的は、語用的な視点から日本語の条件表現の典型的な形式と周辺的な形式をそれぞれ多角度的に考察し、日本語の条件文の全貌を見出そうとすることにある。本書の研究は主に下記のようにまとめられる。

　1.日本語の条件文を後件焦点条件文と前件焦点条件文に分けた。

　本書は、条件文における従属節と主節の関係は、図と地、或は前景と背景の関係と見ることが出来るとし、日本語の条件文を、どちらが前提で、どちらが焦点になるのかという視点から見直し、前件が前提（背景）で後件が焦点になっている条件文を「後件焦点条件文」、逆に前件が焦点になって、後件が前提（背景）になっている条件文を「前件焦点条件文」というふうに、二種類に分けた。これでは、先行研究で背景と焦点の関係が逆転しているものもある、と指摘するにとどまった、前件に焦点の置かれた条件文も、日本語条

件文の体系に入れることができるようになる。そして条件文と主題文との関連を考察する時にも、前提－焦点という統一した、新しい視点が与えられることになる。

2. 条件文の研究における発話三層構造理論の合理性を主張した。

本書は毛利の発話三層構造理論から理論の根拠を見つけ、日本語条件文の研究においては、語用論的視点から、命題レベル・モダリティレベルと発話レベルの三層を設定すべきであると主張した。この三層はそれぞれ独立しているとともに、作用しあって、ともに一つのまとまった条件表現をなしている。

日本語条件文の研究においては、語用論的視点に基づく発話というレベルの確立によって、命題レベルやモダリティレベルと、はっきり違った条件文を反映することができるようになる。それゆえ、条件文全体に対し、発話三層構造理論がより総括的で体系的な解釈を与えることが出来る点で、合理性があるのである。

この研究成果は、日本語条件文の研究に、いかに概念レベルの基準を設けていいのか、二極対立がいいのか、それとも三層構造がいいのかについて、提案しただけでなく、日本語の概念構造そのものについての研究も、豊富にさせたことになるのではないかと思われる。

3. 発話三層構造理論に基づいて、日本語の条件文を分類し、三つのレベルにおけるト・バ・タラ・ナラの分布を考察した。

後件焦点条件文について、本書は発話三層構造理論に基づき、発話の三層構造において、日本語の条件文はそれぞれどうなっているのか、という視点から考察し、（I say ＜if P, it is〔Q〕＞）.（I型）、（I say ＜if P, M〔Q〕＞）.（II型）、（I say ＜it is〔Q〕＞, if P）.（III型）の三種類に分類した。この中でI型とII型は、それぞれ命題レベルの条件文とモダリティレベルの条件文で、普通条件文であ

るが、Ⅲ型は発話レベルの条件文で、疑似条件文である。

　普通条件文では、前件 P が後件 Q にかかり、P と Q の命題・モダリティレベルの条件と帰結・態度・推論等の関係を表している。P が成り立てば、Q も成り立ち、P が Q の十分条件を成している。P が成り立たなければ、Q も成り立たないという裏の意味を、含んでいるものが少なくない。疑似条件文では、前件 P が後件 Q の外部にあり、Q という発話にかかり、発話成立のための前提条件を表している。P が成り立たなければ、Q も成り立たない、という裏の意味は含まれていないが、P に示された言い方が成り立たなければ、Q に示される言い方が成り立たなくなる、というメタ言語的な意味を含有しているものがある。

　四種類の条件文のプロトタイプ的用法を中心にして考えれば、命題レベルにおいては、ト・バが現れやすく、モダリティレベルには、タラとナラが現れやすい傾向がある。ナラの判断の特徴と比べれば、タラは事柄的であると言える。発話レベルにおいては、ト・バ・タラ・ナラの四つとも見られているが、単純形として発話レベルに最も多く用いられているのはナラである。

　4.　発話レベルの条件文の特徴を考察した。

　本書は、発話レベルの条件文の下位分類を概観し、命題レベルとモダリティレベルの条件文と比べ、どんな特徴を持っているのかをみた。

　具体的には、発話の主題を表す条件文、言語活動・思考活動そのものについて説明する条件文、発話の表現の成立条件を示す条件文、発話の情報の出所・根拠や比較基準などを示す条件文、発話の主張の関連性を示す条件文と、発話の意図を正当化するための条件文を、発話レベルの条件文としている。こういう発話レベルの条件文は、命題レベルとモダリティレベルの条件文と比べれば、違った意味特

徴を持っている。具体的に次のようなものが挙げられる。

　まず命題レベルの条件文とモダリティレベルの条件文は、主として真偽条件について仮定しているのに対し、発話レベルの条件文は、主として適切性についての仮定である、という大きな違いがある。

　次に命題レベル・モダリティレベルの条件文では、前件Pと後件Qが一つの発話内にあって、PとQが組み合わさってはじめて、意味的にまとまった文ができるのに対し、発話レベルの条件文では、PはQと同じ発話にあるのではなく、PがQの外にあり、文の完成にとっては、前件Pは必ずしも不可欠なものではない、という違いが観察された。言い換えれば、発話レベルの条件文では、Pが省略され、後件Qだけでも、一応文として成り立つものが少なくないのである。これでは、命題レベル・モダリティレベルにおいて、PとQはお互いに依存関係にあるのに対し、発話レベルにおける条件文では、両者は依存関係にあるのではなく、何か語用論的ニュアンスを付加して、一種の修飾関係になっているのである。

　他に取り上げられるのは、命題レベル・モダリティレベルにおける条件文では、Qはほとんど非過去時制になっているのに対し、発話レベルの条件文において、Qは必ずしも非過去時制であるとは限らない、という点である。発話レベルの条件文において、問題になるのは、後件事態が実現したかどうか、という実現の未定であるというよりは、後件に示された発話が適切かどうか、という適切性の未定であると言える。

　命題レベル・モダリティレベルと発話レベルのように、発話三層構造理論に基づいて、日本語の条件文を考察すれば、従来周辺的用法とか、慣用的用法とかと見なされ、研究対象から除外されてきた条件文も、日本語条件文の体系に入れられ、統一的な解釈を与えることができるようになる。

　5．日本語条件文の前件と後件の間の時間的先後関係を考察した。

　本書は命題レベル・モダリティレベルと発話レベルにおいて、日本語条件文の前件と後件の間の時間的先後関係を見た。

　命題レベルにおいては、トとバが現れやすいが、前件と後件の間の時間的関係はP　→　Qの関係であり、しかもそれは緊密的な時間関係で、「同時的」に近い。

　モダリティレベルには、タラとナラが現れやすいが、ナラ条件文において、前件と後件がともに動作性動詞の場合は、P　←　Qの時間関係をしている。一方、前件と後件の両方かいずれかが動作性動詞でなく、状態性述語の場合や、反実仮想の用法の場合は、P　←　Qの制約が働かなくなり、P　→　Qになることが可能である。タラはナラの判断の特徴と比べ事柄的であり、その上、完了の意味をしている「タ」からできたため、ナラについての分析はタラには適用しなくなる。それゆえ、タラにはト・バと同様に、P　→　Qの一種の時間関係しかないのである。

　発話レベルにおいては、PはQという発話が成り立つための前提をなして、Pという前提があってはじめて、Qという発話ができるので、P　→　Qの時間関係をしている。

　ト・バ・タラには一種の時間関係しかないのに対し、ナラだけが二種の時間的先後関係があるというのは、日本語の条件文はそれぞれ違った概念レベルにあり、ナラ条件文はト・バとは違った概念レベルにあり、タラとは性質が違っている、ということからもたらされているのである。

　6．前件焦点条件文について考察を行った。

　本書では条件文の前件と後件で、どちらが前提（背景）で、どちらが焦点なのかという視点から、日本語の条件文を見直し、後件焦点条件文と前件焦点条件文の構文的特徴を考察した。後件焦点条件

文に見られる構文的特徴をまとめてみれば、前件においては、①「こ・そ・あ」などの指示代名詞で、前述内容とのつながりが示されていることや、②直前の内容と統語的或いは意味的に照応反復をしていること、後件においては、③後続する文が補足的に説明していることや、④疑問の形式になる場合があること、などが挙げられる。

　一方前件焦点条件文については、ドウ条件文を代表として見てきたが、その後件の述語の種類を見れば、著しい傾向があることが分かる。ドウ条件文の後件は主として三種類あり、一番多いのは「いい」類で、次は可能動詞、他は状態動詞や動詞の打ち消し形式などの状態性述語である。その意味用法をまとめてみれば、「（これから）どうすれば（言えば）いい（ある望ましいことが達成できる）か」ということを表すのである。前件では、「どうすれば」「どう言えば」「（これから）どう対策を取っていけば」等を条件として提示し、後件にはプラス評価や積極的な意味の述語が来て、前件に示された条件が満たされた場合、達成できる目標や、それに対するプラス的な価値判断等を表す。

　ドウ条件文についてのコーパス調査の結果からいえば、バとタラは後件焦点条件文と、前件焦点条件文の両方とも作っている。そして、バとタラが用例の半々を占めていることは、前件焦点条件文と共起する傾向では、バとタラには大きな違いが見られないことを示している。これに対し、ドウ条件文においては、トとナラの例はほとんど見当たらなかった。

　本書は「といい」「ばいい」「たらいい」など、いわゆる評価的用法についても、前提－焦点という視点から考察した。ドウ条件文についての調査であまり見られなかった「といい」も視野に入れ、「といい」「ばいい」「たらいい」は前件焦点条件文を作るのに対

し、「ならいい」は後件焦点条件文の用法であることや、「といい」「ばいい」「たらいい」だけでなく、「なければならない（いけない・だめ）」「ないといけない（だめ）」なども、前件焦点条件文の体系に入れていいことを見た。

　前提－焦点という視点による考察を通して、先行研究に指摘された、バとタラは、「レバ（タラ）のN」「レバ（タラ）というN」という修飾句を作っているのに対し、「ト」ならびに「ナラ」形式には、このような修飾機能が見られないような言語現象や、バとタラには言いさしの言い方があるのに対し、トとナラにはこうした言いさしの言い方が見られない、という現象も、説明できるようになる。

　本書で扱っている前件焦点条件文は、今まで「文型」とか「定形」とかと呼ばれ、周辺的用法として扱われて、条件文の体系から除外されてきた。後件焦点条件文だけでなく、前件焦点条件文にも注目して考察すれば、この種の文も条件文の統一した体系に入れることが出来るようになる。

　本書の日本語条件文についての研究は、図15－1のようにまとめることが出来る。

　7．ナラ文の焦点問題をめぐって、条件文と主題文との関連を見た。

　本書では先行研究における、いわゆる焦点（或いは選択）のナラも、広義的な提題の用法であるとし、非節のナラの二つの用法と、非節のナラと条件節のナラとの関連を、統一した視点で検討してみた。

　具体的に、ナラはスポットライトをその前の名詞（或いは副詞など）Xに浴びせる働きをしていると思う。ハと比べ、ナラの場合は、前にくるものにスポットライトが当てられ、焦点化されるが、一度

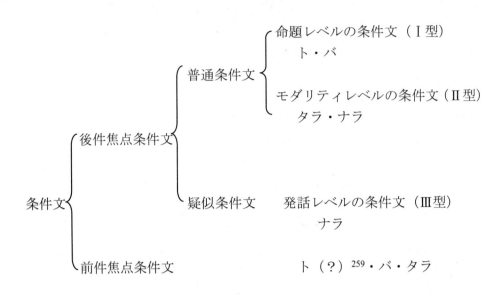

図 15－1　前提－焦点の視点から見る日本語の条件文

　焦点化されたものは、登録済みのものとして、既知の主題になる。
そして、これについて言えばどうなるのかを後件で述べ、後件が焦
点になる。言い換えれば、ナラにおいては、二段階の処理が含まれ
ているのである。ナラにおいて、スポットライトが当てられる対象
は、ハと違い、いくつかのものから選択されたものであるというの
が特徴である。選択肢は、先行文脈で言語化されている場合もある
し、具体的に言語化されていない場合もある。極端な場合は、疑問
詞のようなものも現れている。

　ナラの情報構造やXを焦点化させる方法や文の焦点についての
分析から見れば、非節のナラは二段階の処理が含まれているのであ
る。第一段階では、会話の明示なり、心内の処理なり、パラディグ

---

259 ここの「？」は、第六章において、トの前件焦点条件文の用法は、ドウ条件文には見
られなかったのに対し、先行研究では、述べ立ての形としては用いられるという考察が
行われている、ということを表している。次節 15.2 においてふれるように、なぜ疑問の
形ではいけないのに、述べ立ての形では用いられるのかは、今のところ原因が不明であ
り、今後の研究をまたなければならない。

マティックにコンテキストや脳裏の母集団（例えば X、A、B、C、D）から一つ（X）を選び、第二段階では、シンタグマティックに文の焦点 Y を示す。受け取り主題のナラと、焦点（或は選択）のナラ、この非節のナラの二つの用法間は並行している。

　条件節のナラは後件焦点になる傾向があるのと同様に、非節のナラも前件を焦点化させてはいるが、それを際立たせ、登録済みのものにするだけで、文の焦点はやはり後件になるのである。いわゆる受け取り主題のナラと、焦点（或は選択）のナラとでは、いくつかあるものの中から、何かを選択する過程での作業は異なっているが、根本的な違いは見られないのである。また確定した主題を表わすことができないことから、非節のナラと条件文のナラとの間も並行していることが分析された。これでは、非節のナラの二つの用法の間の関連も、非節のナラと条件節のナラとの関連も、統一した視点で検討したことになる。本書は非節のナラの本質も考察し、非節のナラの本質は仮定性と選択性であると結論している。

　8. 条件表現の周辺形式「場合」の意味用法を考察した。

　本書は「場合」の三つの意味用法の間の関係を見て、「場合」が状態・事情・局面を表す用法から条件を表す用法を獲得したメカニズムを明らかにし、条件用法の「場合」の使用場面やその存在意義も見た。

　「場合」の基本的な意味用法は名詞として用いられ、状態・事情・局面のタイプ、即ち事態類型を表す。こういう「場合」が接続助詞として用いられる時は、前件事態と後件事態との関係を表すようになり、前件に示される事態類型が成り立てば、後件で示される事態も必ず成り立つということを表す。言い換えれば、「場合」が条件を表す用法は、状態・事情・局面を表す用法から派生してできたものである。

　決定条件文以外の条件文、つまり仮定条件文、一般条件文、事実的条件文、反復関係を表す条件文とテモ接続条件文は、すべて「場合」によって表されることができる。「場合」が決定条件文を表せないのは、仮定性のない決定条件文は事態のタイプではないので、「場合」で表されないのである。

　「場合」と「と・ば・たら・なら」の大きな違いは文体上の違いであり、「と・ば・たら・なら」は書き言葉にも話し言葉にも広く用いられているのに対し、「場合」は法律関係の文章や、「広報紙」などの改まったな文章に多用され、他の条件文の補足的な役割を果たしている。「と・ば・たら・なら」に似て条件を表す用法がある一方、用いられるジャンルや構文上その補足的な役割を果たしているのが、「場合」の存在意義だと思われる。

　「場合」が条件を表す用法は、意味上前件と後件の間に事態のタイプ間の条件結果の関係にあるという条件は満足させなければならないが、前に完了の形式を用いるかどうか、文末形式に推量の形式を用いるかどうかは、あまり重要な条件ではない。つまり形式上特に要求がないのである。

　9．日本語における時間カテゴリーと条件カテゴリーの関係についてみた。

　本書は代表的な時間関係を表す表現「時」を研究対象に、日本語における時間カテゴリーと条件カテゴリーの関係についてみた。

　行為や状態を表す連体修飾を受ける「時」は文の連用節になっているが、意味用法によっては、格関係をなしている時間を表す名詞的な用法と、条件関係を表す接続助詞的な用法がある。時間関係を表す「時」は、通常だれかが或いはどこかでというように、具体的な事柄に特定できるが、条件関係を表す「時」はそれが特定されていなく、不特定多数についていっているのが普通である。そして時

制の視点から見ても二つの用法の間に違いが見られる。時間関係を
表す「時」は通常過去時制か、現在もしくは将来などの非過去時制
のどれかである。一方、状況を仮定的に表す用法では、過去か非過
去かの時制の対照が意識されていない。言いかえれば、事態類型を
表す「時」は「場合」と同じように条件関係を表す用法を獲得して
いる。

　中国語の「时」と比べれば、条件を表す「時」は過去時制とも共
起しているが、過去を表すのではなく、事態が完了したことを仮定
しているのであり、中国語に共通していると思われる。先行研究に
指摘されていた時間領域と論理領域が同じ語彙によって表されて
いるという言語現象は、中国語、英語、ドイツ語、韓国語にだけで
なく、日本語にも観察されている。

　日本語において、時間カテゴリーから条件カテゴリーへの拡張は
「時」の他にもみられる。接続助詞「たら」は時間カテゴリーと条
件カテゴリーにまたがっているといっていいだろう。

　10. 中国語の「的話」と日本語の条件節と「条件節＋の話」構文
についてみた。

　「的話」と「と」「ば」「たら」「なら」は、両方とも助詞で、
条件複文の前件の節末に位置している。また両方とも仮定条件を表
すなど、似ているところが多い。この両者についての対照研究は中
国語と日本語の条件文の対照研究の切り口となっていると思われ
る。一方、日本語には、「条件節＋の話」構文がある。本書は、中
国語の「的話」と日本語の条件節と「条件節＋の話」構文について
もみてきた。

　条件文の中で、仮定条件文・一般条件文・事実的条件文・反復関係
を表す条件文・決定条件文・テモ接続条件文がすべて「的話」で翻
訳されている例文が観察される。

　「的話」は文中で単独で用いられる他、「如果」「如」「如果説」「仮如」「仮使」「仮定」「仮若」「要是」「要」「要説」「只要」「倘若」「若」「若是」「若要」「万一」「一旦」「果真」「不然」「要不然」「否則」などの連詞と共起する。

　一方、日本語の条件節は前件の末に位置し、主節を従えて条件文をなしている。副詞「もし」はよく条件節と共起するが、必須ではない。対訳コーパスにおいては、中国語の「的話」に翻訳された日本語の原文の条件節には、典型的な条件表現「と」「ば」「たら」「なら」以外、「日には」「時は」「場合（に）（は）」「限り（は）」「ちゃ」「ては」「（の）では」「以上は」などがある。

　「的話」は仮定条件と結果、譲歩条件と結果、比較条件と結果などの関係を表す広い連結機能があるのに対し、日本語では、これらの連結機能は異なる形式で表されている。でも、「的話」でも日本語の条件節でも、蓋然性モダリティ機能を表すのが同じである。

　「条件節＋の話」構文にはいくつかの特徴が観察される。①この構文が位する文は、よく前後に点線や破線或いは括弧に区切られ、挿入成分として文に入れられている。②よく倒置の構文に用いられている。「条件節＋の話」構文の典型的な用法は話の内容や表現の仕方についての補足説明である。③「条件節＋の話」構文の文末にはよく「が」「けど」等の接続助詞（言いさし用法も含めて）が現れている。④「条件節＋の話」構文の文頭にはよく接続詞「ただし」「もっとも」、副詞「もちろん」「あくまでも」、感嘆詞「まあ」「いや」などが現れている。

　「条件節＋の話」構文は通常の条件文と比べれば、よく挿入成分や倒置構文としてふるまっている。主文にとって必須成分ではなく、補足的な成分であり、その背景や前提条件を解釈したり、補足説明をしたりして、ある種の語用論的機能を果たしている。通常の条件

文を「Ｐならば、Ｑ。」と表せば、「条件節＋の話」構文の典型的な用法は「Ｑ。Ｐならばの話だが。」と表していい。通常の条件文では、条件節と主節とが緊密につながっているのに対し、「条件節＋の話」構文は主節から独立した特殊な仮定表現である。

11. 中国語と日本語の条件節の構文の特徴と意味機能について考察した。

構文的特徴からみれば、中国語の「的話」と日本語の条件節は似ている特徴を持っている。節・複文・連語・単語などが「的話」と条件節の前に現れ、単語の場合は、動詞や形容詞などの用言や、名詞・代名詞などの体言の他に、副詞や照応反復をし、事柄を表している接続詞も現れることができる。

本書は「仮定を提示する」「原因を述べる」「例外を排除する」など「的話」と「と」「ば」「たら」「なら」の意味機能を考察した。これら命題の真偽について仮定を表す機能は意味から生じる機能で、語用的機能と違っている。

12. 中国語と日本語の条件表現の語用的機能について考察した。

中国語と日本語の条件文は、意味範疇の研究の他に、語用論的範疇での研究も必要で、条件－結果という発話を通して、話者が実施しようとする行為の目的を窮する必要がある。

本書は「言語行為について仮定を表す」「思惟行為について仮定を表す」「ある言い方について仮定を表す」「前件と後件の事態を同時に認める」「前件を強く否定する」「前件と後件にある人（組織）に対してマイナス評価を与える」などから、中国語と日本語の条件表現の語用的機能について考察した。

これらの条件文の語用的機能はある言い方、発話行為の適切性についての仮定である。もし前件に示された言い方・発話行為が適切で、認められ、実施されれば、後件に示される言い方や結論が成り

立つ。こういう条件文の語用的機能は中国語と日本語で大きな違いがない。構文上、「言語行為に対して仮定を表す」場合、中国語では非連語構造の「的話」との重複を避けるため、仮設助詞「的話」が省略されることがある。「前件と後件にある人（組織）に対してマイナス評価を与える」場合、日本語には決まり文句があるが、中国語では「不愧」などの副詞を付け加えたり、述語の内容を詳しく補足したりしなければならない。中国語と日本語に大差がないことは、これらの語用的機能は仮定条件文にある普遍的な機能であるということを物語っている。

こういう条件文では前件は後件を修飾するものとして用いられ、省略しても文意にあまり影響がないものが多い。広い意味でのメタ言語の現象であるとも言える。

以上、本書ではまず前提－焦点の視点と発話三層構造理論に基づいて、日本語の条件表現の典型的な形式ト・バ・タラ・ナラについて考察し、語用論的視点に基づく発話レベルの確立によって、命題レベルとモダリティレベルとはっきり違った条件文を反映することができることを示した。

また、条件表現の典型的な形式だけでは十分な描写ができるとはいいがたいので、周辺的形式についても研究の視野に入れ、典型的な形式との関連や、その具体的な振舞い方や意味用法、条件を表す用法を獲得する条件などをある程度明らかにした。そして、中国語の条件表現との対照研究の試みとして、「的話」を中心に、日本語の条件節との共通点や相違点、また両言語の条件表現の意味的機能や語用的機能についてみた。

これで、本書の目的はほとんど達成できたと言えるだろう。従来研究対象から除外されていた数多くの条件文を、できる限り日本語条件文の体系に収め、語用論的の視点からシステマティックに考察

したことが有意義であると思われる。

15.2　今後の研究課題

　本書において、出来る限り多くの条件文に注目をし、日本語の条件文の全貌を見出そうとしたが、まだ明かにされていない、不明なままの点も多く残されている。今後の研究課題として、次のいくつかが挙げられる。

　1.　本書は発話三層構造に基づいて、日本語の条件文を見ているが、命題レベル・モダリティレベルと発話レベルにおいて、日本語の条件文はどうなっているのかを中心に研究している。前件と後件の時間的先後関係について見た場合は、位置するレベルが違っているということから、ナラ条件文とト・バ・タラ条件文との違いにも注目していたが、これらの考察を行う時は、それぞれの条件文のプロトタイプ的意味用法を元にしていて、各条件文の内部に存在する具体的な意味用法の違いは捨象することにした。今後はこの四種類の条件文の、それぞれ違った意味用法も視野に入れ、本書の考察で出した結論を検証する必要があると思われる。

　2.　3.2.1 において、誘導推論にふれた際に、李光赫（2010：41）では、「＜必須条件＞読みの場合、前件をクリアしないと後件が成立しないとの意味で誘導推論を引き起こせるのに対して、＜前提条件＞読みの場合はそのような意味合いを持っておらず誘導推論を引き起こさない」と述べたのを引用した。ここの＜必須条件＞というのは、本書では前件焦点条件文のことになっており、後件焦点条件文とは違ったものである。この観点が正しければ、後件焦点条件文については、誘導推論は引き起こさないことになる。今後、日本語の条件文と誘導推論の問題、そして李光赫の＜必須条件＞と＜前

提条件＞、並びに今仁の後件成立のための条件としての a と b の条件文と、本書でいう後件焦点条件文と前件焦点条件文との関連について、研究を続け、明かにしなければならない。

3．本書は三層構造の中で、命題レベル・モダリティレベルと発話レベルにおける、日本語条件文のそれぞれの様相を中心に見ていたが、三つのレベルの間にお互いにどういう関連があるのかについては、今後研究を深めていく必要がある。

4．ドウ条件文におけるト・バ・タラ・ナラの分布は、6.5において見たが、前件焦点条件文の用法はその仮定の用法からの拡張であるとされ、「仮定」→「条件」→「裏の条件」→「反事実」という方向が示されいる。これでは、ト・ナラが前件焦点条件文になれないのは、仮定の用法のままで、条件の用法への拡張ができないのに対し、バ・タラが前件焦点条件文になれるのは、この種の拡張ができるからなのであろうと述べた。が、トには「裏の条件」、ナラには「反事実」という意味用法があり、二つとも「条件」への拡張はできなくても、その先への拡張ができるのである。なぜこの現象が起こるのか、今のところまだ不明なままである。

5．本書は前件に「どう」が現れた、いわゆるドウ条件文を中心にして、前件焦点条件文を見たが、ここから出た結論が、他の疑問詞が前件に現れた条件文をはじめ、すべての前件焦点条件文に適用できるかどうかは、もっとコーパスの検索範囲を広げたり、他のコーパスも使って比べたりして検証しなければならない。そして、トの前件焦点条件文の用法は、ドウ条件文には見られなかったのに対し、先行研究では、述べ立ての形としては用いられるという考察が行われている。なぜ疑問の形ではいけないのに、述べ立ての形では用いられるのかは、今のところ原因が不明であり、今後の研究をまたなければならない。

　他に、本書は「といい」「ばいい」「たらいい」と「ならいい」の区別についても、前件焦点条件文なのか、後件焦点条件文なのか、という視点から考察してみたが、ここから出た結論も「といい」「ばいい」「たらいい」と「ならいい」の大量な例文を通して、検証されなければならない。

　6. 本書は第七章において、条件文と主題文との関連を見たが、いわゆる焦点のナラは、一種の特殊な主題であり、ナラにおいては、二段階の処理が含まれているという見方である。こういう見方は、先行研究に現れた例文に対しては、問題なく説明でき、ある程度説得力があることを示したが、今後もっと多くの例文を通して、この見方を検証していきたい。

　7. 本書は第九章において、事が行われているときの状態・事情・局面を表す「場合」は状態・事情・局面のタイプ、即ち事態類型を表すと分析したが、「場合」が主題を表す時は、不特定多数ではなく、内容を特定した例もある（例えば例 9-10）。この問題についても今後の課題にしておく。

　8. 本書は第十章において、「場合」が表すことのできる条件文を考察した時、表せる条件文の種類を見ただけで、各種の条件文の具体的な使用頻度や使用傾向の量的研究はしていない。条件用法の「場合」が表す事態のタイプは法律関係の文章や「広報紙」によく用いられていることを考えれば、何種類かの条件文の中で、「場合」は一般条件文に一番多く用いられているのではないかと推測されるが、これを検証することも今後の課題になる。

　9. 本書は第十一章において、「時」を中心に、時間関係と条件関係の関連を見ていたが、時間関係を表す「時」の他に、日本語には時点・時間を表す表現が多く存在している。同じ時間関係を表す「おり（に）」「さい」などは、条件関係を表す用法が観察されて

いなく、もっぱら時間関係専用の表現といえる。これは文法化が行われているものと、ほとんど文法化がなされていないものがあることによるのだろうと思われるが、もっと詳しい研究は今後の課題としておく。

10. 本書は第十三章において、中国語と日本語の条件表現の意味的機能をみていたが、主に質的な考察をしていた。量的に例文のデータを統計すれば、何か新しいものが見えてくるかもしれない。また、中国語の中では「的話」条件文の他に、いろんなタイプの条件文が存在している。これらの条件文と日本語の条件文とはどういうふうな対応関係があるのかも、さらなる研究が必要である。

11. 本書は第十四章において、中国語と日本語の条件表現の語用的機能について考察したが、中国語では「如果……的話」と「如果説……的話」はお互いに入れ替わることができると同時に、それぞれ違った意味用法もある。一方日本語では両方とも「と」「ば」「たら」「なら」に対応している。こういうことから見れば、日本語の条件文の方がもっと複雑な意味・機能を持っていることがわかる。そしてこの四種の条件表現には共通していると同時に相違点もあり、形態的にもバリエーションがある。本書は細分しないで日本語条件文について統一的に考察したが、第十四章でみた六種類の語用的機能と、「と」「ば」「たら」「なら」の四種の日本語条件表現の典型的な形式とはどういうふうに対応しているのか、何か傾向があるのか、各語用的機能の下で用いられている条件表現にはどんな違いがあるのかも、課題を残している。

12. 本書の意味的機能や語用的機能の考察は小型コーパスをもとに行ったものであり、日本語が原文で、中国語を訳文とした例文を研究対象にしている。もし、コーパスを広げ、あるいは中国語が原文で、日本語を訳文とした例文を研究対象にすれば、「と」「ば」

「たら」「なら」との詳しい対応関係や、本書においてまだ観察していない他の特徴も見えるのではないかと思われるが、今後の課題にしておく。

13．「的話」と日本語の条件文は、仮定を表す用法の他に、主題を提示する用法もあるという共通点がある。この用法ではそれぞれどんな特徴と共通点・相違点があるのかも、今後考察を続けたい。

14．他に本書では、日本語の条件文について、主に理論的な考察が行われているが、学習者の視点からは考察が行われていない。日本語を外国語として勉強している中国人学生に対し、教育現場において本書で得た研究成果をいかに生かしていけるかを、今後の研究課題としておく。教室での実践を通し、本書の研究成果を検証しながら、不備な点を直していきたい。

今後、上記の残された課題について、考察を続け、研究を進めていきたい。

参考文献

英文文献

Eve, Sweetser. From Etymology to Pragmatics: Metaphorical and Cultural Aspects of Semantic Structure[M]. Cambridge: Cambridge University Press, 1990.

Haiman, John. *Conditionals are topics*[J]. Language，1978（54）：564－589.

John, Lyons. *Semantics* Vol2.[M].　Cambridge: Cambridge University Press，1977.

中文文献

北京大学中国语言学研究中心. 北京大学中国语言学研究中心语料库（CCL）［DB］

北京日本学研究中心. 中日对译语料库（CJCS）（第一版）［DB］. 2003.

封宗信. 元语言与外语教学[J]. 外语与外语教学，2005（9）：24-27.

付琨. 试论后置关联标记"的话"的篇章分布与关联特征[J]. 安阳师范学院学报，2012（3）：99-103.

江蓝生. 时间词"时"和"后"的语法化[J]. 中国语文，2002（4）：291－301.

江蓝生. 跨层非短语结构"的话"的词汇化[J]. 中国语文，2004（5）：387-400.

李晋霞，刘云. 从"如果"与"如果说"的差异看"说"的传信义[J]. 语言科学，2003（4）：59-70.

罗进军. "如果说 p 的话，q"类有标假设复句检视[J]. 汉语学习，

2008（5）：21-26.

吕叔湘. 中国文法要略 第二十二章[M]. 北京：商务印书馆，1982.

皮细庚. 日语概说[M].上海：上海外语教育出版社，1997.

冉永平. 论语用元语言现象及其语用指向[J]. 外语学刊，2005（6）：1-6.

沈家煊. 复句三域"行、知、言"[J]. 中国语文，2003（3）：195－204.

沈家煊. 说"不过"[J]. 清华大学学报（哲学社会科学版），2004（5）：30-36,62.

吴炳章. 条件完美的允准条件[J]. 外语教学与研究，2015（3）：333-344.

吴侃. 日语语法教程[M]. 上海：同济大学出版社，2000.

吴侃. 实用日语语法[M]. 上海：上海外语教育出版社，2010.

吴侃·金玺罡. 表达发话对象的「は」[J]. 外语研究，2013（1）：59－65.

邢福义. 汉语复句研究[M]. 北京：商务印书馆，2001.

徐卫. 现代日语顺接条件表达的研究[M]. 北京：学苑出版社，2007.

徐秀姿. 日语中的疑似假定条件句[J]. 日语学习与研究，2010（4）：76－80.

徐秀姿. 主题性と条件性との関連[C]//修刚、李运博. 跨文化交际中的日语教育研究（1）.北京：高等教育出版社，2011：611-612.

徐秀姿. 从句子概念结构看日语假定条件句[J]. 外语与外语教学，2012a（1）：66-70.

徐秀姿. 発話にかかわる仮定表現[C]//吴大纲. 日语教学的本土化研究——2011年度上海外国语大学日本学国际论坛纪念文集.上海：华东理工大学出版社，2012b：217-221.

徐秀姿. 文の概念構造に関する研究の共通点と相違点——日本語

条件文をめぐって[C]//刘晓芳. 日本教育与日本学研究——大学日语教育研究国际研讨会论文集（2012）.上海：华东理工大学出版社，2013：165-168.

徐秀姿. 从焦点的观点看非条件句中的ナラ的用法[J]. 日语学习与研究，2014a（6）：18-24.

徐秀姿. 前件焦点条件文[C]//西安外国语大学、中国日语教学研究会. 中日跨文化交际研究 中国日语教学研究文集之 10. 大连：大连理工大学出版社，2014b：221-230.

徐秀姿. 从前提－焦点的视角看日语条件句[C]//日本教育与日本学研究——大学日语教育研究国际研讨会论文集（2015）.上海：华东理工大学出版社，2016a.

徐秀姿. 非条件句的ナラ的本质[C]//上海海事大学日本学研究文集（2015）.上海：上海浦江教育出版社；2016b：60-70.

徐秀姿. 条件表达的周边形式「場合」[J]. 日语学习与研究，2016c（5）：60－67.

徐秀姿. 汉日假设条件小句的语用功能[C]//汉日语言对比研究论丛. 第 9 辑. 上海：华东理工大学出版社，2018a：108-118.

徐秀姿. 汉语"的话"与日语条件小句的句法特征与语义功能[C]//日语教育与日本学. 第 12 辑. 华东理工大学出版社，2018b：148－158.

张斌. 现代汉语描写语法[M]. 北京：商务印书馆，2010.

张谊生. 助词与相关格式[M]. 合肥：安徽教育出版社，2002.

中国社会科学院语言研究所词典编辑室. 现代汉语词典[M]. 北京：商务印书馆，1983.

日文文献

E. E. Sweetser. 認知意味論の展開　語源学から語用論まで[M]. 澤田治美訳.　東京：研究社，2000.

アリアルタディ. 条件文の周辺形式「場合」の用法と主節のモダリティについて［J］.語学教育研究論叢 大東文化大学語学教育研究所，2014（31）：1－18.

有田節子. 日本語条件文研究の変遷［C］//益岡隆志. 日本語の条件表現. 東京：くろしお出版，1993：225－278.

有田節子. プロトタイプから見た日本語の条件文[J]. 言語研究，1999（115）：77－108.

有田節子. 条件文研究の最近の動向[J]. 大阪樟蔭女子大学日本語センター報告，2001（9）：57－84.

有田節子. 時制節性と日英語の条件文［C］//益岡隆志. 条件表現の対照. 東京：くろしお出版，2006：127－150.

今仁生美. 否定量化文を前件にもつ条件文について［C］//益岡隆志.日本語の条件表現. 東京：くろしお出版，1993：203－222.

大坂朋史. 主語廃止論と主語必要論の統合——統語論的主語と語用論的主語の観点から——[J]. 日本日本語学研究と資料，2011（34）：16－45.

大野剛・キンベリー　ジョーンズ. 文法規則の使用と形式の選択の実際　会話における「条件節」の観察から［C］//南雅彦. 言語学と日本語教育 Ⅳ. 東京：くろしお出版，2005：73－85.

大堀寿夫. 認知言語学Ⅱ：カテゴリー化[M]. 東京：東京大学出版会，2002.

奥田靖雄. 日本語における主語［C］//ことばの研究・序説. 東京：むぎ書房，1956：269－293.

奥田靖雄. 文のこと［C］//ことばの研究・序説. 東京：むぎ書房，1984：227－240.

奥田靖雄. 条件づけを表現するつきそい・あわせ文——その体系性をめぐって——[J]. 教育国語，1986（87）：2－19.

奥田靖雄. 文の意味的なタイプ[J]. 教育国語, 1988 (92) : 14-28.

小野米一・巴璽維. 条件表現「と」「ば」「たら」「なら」の異同について——中国人学習者のために——[J]. 北海道教育大学紀要第一部 A 人文科学編, 1983 (1) : 13-24.

尾上圭介. 文法論——陳述論の誕生と終焉——[J]. 国語と国文学, 1990 (5) : 1-16.

加藤理恵.「時」を表す「たら」と「と」について[J]. 日本語教育, 1998 (97) : 83-93.

上林洋二. 理由を表す接続詞補稿——「から」と「ので」——[J]. 東海大学紀要 留学生教育センター, 1992 (12) : 23-27.

木下正俊. 条件法の構造[J]. 国語国文, 1966 (5) : 153-165.

グループ・ジャマシイ. 教師と学習者のための日本語文型辞典[M]. 東京：くろしお出版, 1998.

グループ・ジャマシイ. 中文版日本语句型辞典[M]. 徐一平等翻译. 東京：くろしお出版, 2001.

久野暲. 日本文法研究［M］. 東京：大修館書店, 1973.

言語学研究会・構文論グループ. 条件づけを表現するつきそい・あわせ文（三）——条件的なつきそい・あわせ文——[J]. 教育国語, 1985 (83) : 2-37.

現代日本語書き言葉均衡コーパス（少納言）.

http://www.kotonoha.gr.jp/shonagon/

小泉保. 譲歩文について[J]. 言語研究, 1987 (91) : 1-14.

広辞苑（第五版）. 岩波書店, CASIO 電子辞典

江田すみれ. 複合辞による条件表現——「ば」「とすれば」——[J]. 日本語教育, 1994 (83) : 85-95.

江田すみれ. 主題の「なら」の表現する内容について［J］.日本女子大学紀要文学部, 2005 (54) : 1-11.

国立国語研究所. 現代雑誌九十種の用語用字　第三分冊　分析[M]. 東京：秀英出版，1964.

坂原茂. 日常言語の推論[M]. 東京：東京大学出版会，1985.

坂原茂. 疑似条件文について[J]. 月刊言語，1988（8）：178－179.

定延利之. 資源としての現実世界［C］//益岡隆志. 条件表現の対照. 東京：くろしお出版，2006：197－215.

定延利之. 推論利用可能性と染み込み速度に関する知識と体験の異なり［J］.電子情報通信学会信学技報. 2013（354）：35-40.

サワリー、ワッタナチョンコン. 日本語の条件表現——その意味・用法[J]. 言語学論叢，1984（3）：46－62.

杉戸清樹. 言語行動についてのきまりことば[J]. 日本語学，1989（2）：4－14.

徐秀姿. 中国語の「的話」と日本語の条件節と「条件節＋の話」構文[J]. 連語論研究＜VII＞，2017：119-129.

徐秀姿. 日本語における時間関係と条件関係の関連——「時」を中心に[J]. 連語論研究＜IX＞，2018：31-40.

徐秀姿. 条件表現の周辺形式「場合」の存在意義と条件用法を獲得する条件[J]. 東アジア言語文化研究　創刊号，2019.

鈴木義和. 提題のナラとその周辺［J］.園田学園女子大学論文集. 1992（26）：1-12.

鈴木義和. ナラ条件文の意味［C］//益岡隆志. 日本語の条件表現. 東京：くろしお出版，1993：131－148.

鈴木義和. 条件表現各論——バ／ト／タラ／ナラ——[J]. 日本語学，1994（8）：81－91.

鈴木義和. 条件文とは何か[J]. 神戸大学文学部紀要，2009（36）：69－94.

鈴木義和・孫哲. 日本語と韓国語の条件文の対照研究［J］.国文論

叢，2010（43）：52－31.

高梨信乃. 非節的Xならについて[C]//仁田義雄. 複文の研究(上).
東京：くろしお出版，1995：167－187.

高橋太郎. 動詞の条件形の後置詞化［C］//渡辺実. 副用語の研究.
東京：明治書院，1983：293－316.

田中寛. 条件文と条件表現の体系的研究：序章［J］.大東文化大学
紀要　人文科学.2005（43）：277-304.

角田三枝. 日本語の節・文の連接とモダリティ[M]. 東京：くろし
お出版，2004.

中右実. 英語における文の連接[J]. 日本語学，1986（10）：76－85.

中右実. 日英条件表現の対照[J]. 日本語学，1994a（8）：42－51.

中右実. 認知意味論の原理[M]. 東京：大修館書店，1994b.

中里理子. 順接条件を表す「には」「からには」「以上」[J]. 学校
法人佐藤栄学園埼玉短期大学研究紀要，1997（6）：115－123.

中島信夫. 日本語の条件文「…ナラ…」について[J]. 甲南大学紀要
文学編，1989（73）：102－124.

永野賢. 表現文法の問題──複合辞の認定について［C］//伝達論
にもとづく日本語文法の研究. 東京：東京堂出版，1970：167－203.

仁科明.「なら」──全体像の把握のこころみ──[J].国際関係・比
較文化研究，2003（2）：63－77.

西光義弘. 条件表現とは何か？［C］//益岡隆志. 条件表現の対照.
東京：くろしお出版，2006：217－226.

仁田義雄. 条件づけとその周辺[J]. 日本語学，1987（9）：13-27.

丹羽哲也. 仮定条件と主題、対比［J］. 国語国文，1993（10）：19-33.

丹羽哲也. 主題の構造と諸形式[J]. 日本語学，2000（5）：100－109.

野田尚史・益岡隆志・佐久間まゆみ・田窪行則. 日本語の文法4
複文と談話［M］. 東京：岩波書店，2003.

蓮沼昭子.「ナラ」と「トスレバ」[J]. 日本語教育，1985（56）：65－78.

蓮沼昭子. 条件文における日常的推論──「テハ」と「バ」の選択要因をめぐって──[J]. 国語学，1987（150）：1－14.

蓮沼昭子.「たら」と「と」の事実的用法をめぐって［C］//益岡隆志. 日本語の条件表現. 東京：くろしお出版，1993：73－97.

蓮沼昭子・有田節子・前田直子. 日本語セルフマスターシリーズ条件表現［M］.東京：くろしお出版，2001.

林四郎. メタ言語機能の働く表現[J]. 文藝言語研究・言語編，1978（3）：53－71.

姫野伴子.「から」と文の階層性　1──演述型の場合──［C］//阪田雪子先生古希記念論文集. 東京：三省堂，1995：129－145.

藤城浩子・宗意幸子.（ノ）ナラの意味と特徴[J]. 三重大学日本語学文学，2000（11）：92－81.

堀恵子. バ条件文の文末制約を再考する──日本語母語話者に対する適格性判断調査から──[J]. 麗澤大学大学院言語教育研究科論集 言語と文明，2004a（2）：108－135.

堀恵子.4種類のコーパスにおける日本語条件表現の用いられかた──高等教育機関での日本語教育をめざして──[J]. 麗澤大学紀要，2004b（78）：31－57.

堀恵子. 日本語条件文のプロトタイプ的意味・用法と拡張──コーパス調査と言語学的有標性の2つの観点から──[J]. 日本語教育，2005（126）：124－133.

前田直子. 条件文分類の一考察[J]. 東京外国語大学日本語学科年報，1991（13）：55－80.

前田直子. バ、ト、ナラ、タラ──仮定条件を表す形式──［C］//宮島達夫・仁田義雄. 日本語類義表現の文法（下）　複文・連文

編. 東京：くろしお出版，1995：483－495.

前田直子. 現代日本語における原因・理由文の三分類［C］//山田進他. 日本語　意味と文法の風景——国広哲弥教授古稀記念論文集——. 東京：ひつじ書房，2000：301－315.

前田直子.日本語の複文——条件文と原因・理由文の記述的研究——［M］. 東京：くろしお出版，2009.

益岡隆志. モダリティの文法[M]. 東京：くろしお出版，1991.

益岡隆志. 条件表現と文の概念レベル［C］//益岡隆志. 日本語の条件表現. 東京：くろしお出版，1993a：23－39.

益岡隆志. 日本語の条件表現について［C］//益岡隆志. 日本語の条件表現. 東京：くろしお出版，1993b：1－20.

益岡隆志. 複文[M]. 東京：くろしお出版，1997.

益岡隆志. 条件表現再考［C］//日本語文法の諸相. 東京：くろしお出版，2000：153－175.

益岡隆志. 条件表現の対照[M]. 東京：くろしお出版，2006a.

益岡隆志. 日本語における条件形式の分化——文の意味的階層構造の観点から——［C］//益岡隆志. 条件表現の対照. 東京：くろしお出版，2006b：31－46.

益岡隆志.日本語モダリティ探究——モダリティの意味と構造——[M].東京：くろしお出版，2007.

益岡隆志・田窪行則.基礎日本語文法——改訂版——[M]. 東京：くろしお出版，1992.

増倉洋子. 論説文体における「〜ば」の記述的研究——論説文体における「〜ば」の分類の試み——[J]. Polyglossia，2002（6）：47－54.

松木正恵. 複合辞の認定基準・尺度設定の試み[J]. 早稲田大学日本語研究教育センター紀要，1990（2）：27-52.

松下大三郎. 改撰標準日本文法[M]. 東京：勉誠社，1974.

松下大三郎. 増補校訂標準日本口語法[M]. 東京：勉誠社，1977.

三上章. 現代語法新説（復刊）[M]. 東京：くろしお出版，1955（1972）.

三上章. 続・現代語法序説（復刊）[M]. 東京：くろしお出版，1959（1972）.

三上章. 象は鼻が長い［M］. 東京：くろしお出版，1960.

三上章. 日本語の論理［M］. 東京：くろしお出版，1963.

南不二男. 現代日本語の構造[M]. 東京：大修館書店，1974.

毛利可信. 英語の語用論[M]. 東京：大修館書店，1980.

毛利可信. 疑似仮定文の構造について[J]. 月刊言語，1988（6）：122－123.

森田良行. 条件の言い方［C］//講座日本語教育. 第3分冊. 早稲田大学語学教育研究所，1967：27－43.

山口堯二. 条件表現の起源[J]. 日本語学，1994（9）：18－25.

山梨正明. 自然論理と推論プロセス［C］//坂原茂. 日常言語の推論. 東京：東京大学出版会，1985：169－184.

山梨正明. 認知文法論[M]. 東京：ひつじ書房，1995.

山梨正明. 認知言語学原理[M]. 東京：くろしお出版，2000.

油谷幸利. 仮想の「なら」と伝聞・様態の「なら」[J]. 愛知教育大学研究報告人文科学篇，1995（44）：185－195.

李光赫. 条件文の誘導推論をめぐる日中対照——前提条件と必須条件の視点から——[J]. 国語学研究，2007（46）：100－111.

李光赫. バ条件文の期待性と必須条件[J]. 国語学研究，2010（49）：31－43.

李光赫・張建偉. 必須条件を表す条件表現における日中対照——中国語の"（只有）p、才q"との対照を中心に——[J]. 国語学研究，2012（51）：38－49.

渡辺やす子. 日本語における「なら」と「は」の関連性について[J]. 純心人文研究，1995（創刊号）：145－158.

謝　辞

　博士論文を仕上げるまでに数多くの方々にお力添えをいただきました。ここに記して心から感謝の意を表します。

　まず、指導教官の呉侃教授に厚く御礼を申し上げます。入学から今日まで暖かい励ましと、熱心なご指導をいただきました。論文の構想をはじめ、執筆の諸段階において、懇切丁寧なご指導をくださり、心より深く感謝の意を申し上げます。

　博士論文の審査委員である上海外国語大学の皮細庚教授、許慈恵教授、呉大綱教授、華東師範大学の高寧教授、浙江大学の馬安東教授、南京三江学院の掲侠教授、同済大学の張徳禄教授と蔡敦達教授からも貴重な助言と示唆をいただきました。厚く御礼申し上げます。

　博士論文の執筆に当たり、特に資料収集の段階で、日本中央大学の留学生張萱萱さん（現在は上海行健職業学院の先生）、北京日本学研究センター図書館の銭軍強先生をはじめ、同済大学と上海海事大学の図書館の先生方にもお世話になりました。深く御礼を申し上げます。

　博士課程が終わった後も日本語の条件文の研究を続け、現在に至りますが、指導教官だった呉侃先生からは、引き続き暖かい激励をいただき、精神的に大きな支えとなっています。また論文を投稿した際に各雑誌社の編集者や審査官から貴重な意見をいただきました。心より感謝いたします。

　最後に、家族の支持なしには論文や著書の執筆は考えられませんでした。仕事の面でも生活の面でも絶えず支えてくれた家族に感謝の意を表したいと思います。

后　记

时光荏苒，距离博士论文完成、通过答辩已过去 6 年了。

在博士学习期间，一次普通的课上，我很偶然地提出对当时用作教材的著作中某一章内容的非常不成熟的思考，竟得到了导师吴侃教授的认可。慢慢地发展成了一篇外语核心期刊的论文，后来竟就以日语的条件表达作为了博士论文的主题，真是当初所不曾预料到的。博士毕业后，仍然以日语的条件表达为主要研究对象，陆续完成并发表了一些论文，也是意料外的事情。本专著在博士论文的基础上，再加上近年的论文构成。

日语条件表达历来是研究的热点和难点，日本与国内都有丰硕的研究成果，这也是刚开始没有想过自己会以此为博士论文以及后续研究的对象的主要原因。博士学习过程中，从文献中得到启发，把发话视作一个切入点的想法，得到了吴侃老师的认可，最终完成了博士论文。现在再来读当时的论文，不少地方觉得分析过粗、需要更严谨的论证。但考虑到是反映了当时笔者对日语条件句的思考的，所以这次除了个别字词以外，主要内容不做修改，都原样放在专著里了。如果能作为日语条件表达研究、复句研究的一个尝试，抛砖引玉，得到日语研究者和学习者的宝贵意见、建议，将不胜荣幸。

从博士课程学习、博士论文的写作直至完成，得到了导师吴侃教授的悉心指导、热情的鼓励与支持。毕业后依然得到吴老师的教诲、暖心的引领、鼓励，还专门为本专著写了推荐词，深表感谢！上完吴老师的课，想着课上的内容，走在有着漂亮的樱花、挺拔的杉树，有很多美丽的建筑的同济校园里，是很长一段时间里的美好记忆。

一系列论文的完成、发表和本专著的出版，也得到了各学术期刊编辑、审稿专家、出版社编辑的宝贵意见，得到了所任职的上海海事

大学外国语学院领导和同事们的各种帮助，在此一并表示感谢！

同时向一直无条件、全方位理解、支持我工作，在生活上给予我无数无私帮助的家人表示感谢！

徐秀姿

2019 年 11 月